Silke Petersen
Maria aus Magdala

Biblische Gestalten

Herausgegeben von
Christfried Böttrich und Rüdiger Lux

Band 23

EVANGELISCHE VERLAGSANSTALT
Leipzig

Silke Petersen

Maria aus Magdala

Die Jüngerin, die Jesus liebte

EVANGELISCHE VERLAGSANSTALT
Leipzig

Silke Petersen, Dr. theol., Jahrgang 1965, ist Privatdozentin für Neues Testament am Fachbereich Evangelische Theologie der Universität Hamburg. Arbeitsschwerpunkte: Johannesevangelium, apokryphe Texte des frühen Christentums, feministische Exegese und Genderforschung.

Die Deutsche Bibliothek verzeichnet diese Publikation in der Deutschen Nationalbibliographie; detaillierte bibliographische Daten sind im Internet über ‹http://dnb.ddb.de› abrufbar.

© 2011 by Evangelische Verlagsanstalt GmbH · Leipzig
Printed in EU · H 7406

Das Buch wurde auf alterungsbeständigem Papier gedruckt.

Cover: behnelux gestaltung, Halle/Saale
Satz: Steffi Glauche, Leipzig

ISBN 978-3-374-02840-5
www.eva-leipzig.de

INHALT

Vorwort   7

A. Einführung   9

  1. Maria Magdalenas Haare   9
  2. Wiedergefundene antike Texte und
     die historische Wahrheit   18
  3. Neutestamentliche Quellen   22

B. Darstellung   28

  1. Maria aus Magdala im Neuen Testament   28
    1.1. Jüngerinnen Jesu   28
    1.2. Maria aus Magdala als Zeugin
       der Kreuzigung Jesu   38
    1.3. Die Frauen am Grab   47
    1.4. Maria begegnet dem Auferstandenen   61
    1.5. Divergenzen neutestamentlicher
       Osterüberlieferungen   75
    1.6. Maria nach Ostern?   86
  2. Apokryph gewordene Texte des frühen
     Christentums   90
    2.1. Nag Hammadi. Zu den Bezeichnungen
       »gnostisch« und »apokryph«   90
    2.2. Marias apokryphes Profil   102
    2.3. Die Jüngerin, die Jesus liebte   112
       Exkurs: Küsse im frühen Christentum   128
    2.4. Der Konflikt zwischen Petrus
       und Maria   144
    2.5. Maria und die Weiblichkeit   163
  3. Mutmaßungen über die historische Maria
     aus Magdala   180

C. Wirkung 197

 1. Figurenkonstellationen: Maria aus Magdala,
  Petrus und die Mutter Maria 197
 2. Maria, das Hohelied, Eva und die Apostelin
  der Apostel 206
 3. Sünderin und Büßerin.
  Die Gebeine Maria Magdalenas 219
 4. Noch einmal: Die Jüngerin, die Jesus liebte 244
 5. Magdalena-Doppelgängerinnen und
  das Evangelium nach Maria 269
  Epilog: Maria Magdalena als Zeitdiagnose 274

D. Verzeichnisse 278

 1. Abkürzungen, Textausgaben
  und Übersetzungen der antiken Schriften 278
  1.1. Übergreifendes 278
  1.2. Einzelne apokryph gewordene
   Schriften 279
  1.3. Weitere antike Quellen 282
 2. Wissenschaftliche Monographien
  und Artikel 283
 3. Romane, Filme, Gedichte, Populäres 291
 4. Abbildungsverzeichnis 294

VORWORT

Die neutestamentliche Gestalt der Maria aus Magdala hat im Verlaufe der abendländischen Geistes- und Kulturgeschichte einen bemerkenswerten Veränderungsprozess durchlaufen. Von der neutestamentlichen Jüngerin und Zeugin der Osterereignisse führt dieser Prozess unter anderem über die Gestalt der reuigen Sünderin und Büßerin bis hin zur Geliebten und Ehefrau Jesu in neueren Romanen. In der Neuzeit hat sich zudem durch wiedergefundene antike Texte unsere Quellenbasis erweitert. In diesen Quellen, darunter einem »Evangelium nach Maria«, begegnet Maria aus Magdala vor allem als bevorzugte Jüngerin Jesu, die von ihm geliebt wird und besondere Offenbarungen erhält.

Dieses Buch geht den vielfältigen Veränderungen und Verwandlungen der Magdalenengestalt durch die Jahrhunderte nach. Gleichzeitig stellt es auch die Rückfrage nach der historischen Maria aus dem galiläischen Ort Magdala am See Gennesaret und ihrer Rolle innerhalb der Jesusbewegung. Gerade die vielen Leerstellen in den frühesten Quellen über Maria aus Magdala haben einen Raum eröffnet, in dem sich in den folgenden Zeiten neue und zum Teil ganz andere Darstellungen der Magdalenengestalt ansiedeln konnten. Die zahlreichen Verschiebungen im Magdalenenbild zeigen dabei wie in einem Spiegel die jeweils aktuellen Zeitthemen und sind insofern auch da von Interesse, wo sie sich weit von den neutestamentlichen Ursprüngen entfernen.

Bücher entstehen immer auch in einem Austauschprozess. Für hilfreiche Rückfragen und Diskussionen danke ich den Norddeutschen Neutestamentlern und

Neutestamentlerinnen, auf derem Treffen im Oktober 2009 in Ratzeburg ich Ausschnitte aus diesem Buch vorgestellt habe, sowie den Mitgliedern des neutestamentlichen Forschungskolloquiums der Universität Hamburg und den Neutestamentlerinnen der ESWTR (European Society of Women in Theological Research). Ganz besonderer Dank gilt darüber hinaus den Studierenden in meinen Lehrveranstaltungen zu Maria Magdalena in Gießen (Wintersemester 2008/09), Hamburg (Sommersemester 2009) und Kiel (Wintersemester 2009/10), die durch zahlreiche Fragen und in eigenen Beiträgen meinen thematischen Horizont beträchtlich erweitert haben.

Übersetzungen der antiken Texte sind, soweit nicht in den Anmerkungen anders angegeben, meine eigenen. In den Verzeichnissen am Ende dieses Buches findet sich unter anderem eine Zusammenstellung der apokryph gewordenen Quellen, die das Auffinden von Textausgaben und Übersetzungen in diesem zum Teil nicht ganz einfach zu überblickenden Literaturbereich erleichtern soll.

Hamburg, im Oktober 2010 *Silke Petersen*

A. EINFÜHRUNG

1. Maria Magdalenas Haare

Die Gestalt der Maria Magdalena hat im Laufe der letzten zwei Jahrtausende bemerkenswerte Verwandlungen erfahren, die auch ihre Haare betreffen. Diesen besonderen Haaren wurde eine beachtliche Karriere in der (west-)europäischen Kunstgeschichte zuteil. Über die Jahrhunderte etablierten sie sich zu einem der zentralen Bestandteile in Darstellungen der Magdalenerin. Viele dieser Darstellungen zeigen Maria Magdalena als reuige Sünderin und Büßerin in einer Höhle,

Abb. 1: Antonio da Atri, Maria Magdalena,
von zwei Engeln in den Himmel begleitet, um 1410/1420

Abb. 2: Donatello, Maria Magdalena,
Statue, um 1455

wobei sie oft mit einem Salbölgefäß ausgestattet ist. Weitere Attribute können ein Kreuz, ein Totenkopf oder ein aufgeschlagenes Buch sein – und auffallend sind zumeist ihre langen und oft üppigen Haare. Während sich frühere Darstellungen noch in erster Linie auf die Rolle Marias als büßender Sünderin konzentrieren, gewinnen die Abbildungen im Verlauf der Geschichte an erotischer Ausstrahlung, wobei gleichzeitig die Haare dazu tendieren, immer durchscheinender zu werden.

Gleich zu Beginn sei es deutlich gesagt: Dieses Bild der Maria Magdalena hat keine Grundlage in den Schriften des Neuen Testaments, und es lässt sich auch nicht aus weiteren Texten aus der Frühzeit des Christentums ableiten. Die benannte Darstellung Maria Magdalenas ist vielmehr maßgeblich geprägt von der Iden-

Abb. 3: Tizian, Büßende Maria Magdalena,
um 1533

tifikation verschiedener Frauengestalten des Neuen
Testaments, die sich erst sukzessive ab dem 4. Jh. n. Chr.
etablierte und in erster Linie durch Gregor den Großen (um 600 n. Chr.) verbreitet wurde. Später kam noch
eine ägyptische Maria dazu, eine Einsiedlerin, die dafür bekannt war, lediglich mit ihren Haaren bekleidet
gewesen zu sein. Die erstgenannte Verschmelzung verschiedener Frauengestalten – also die der Frauen des
Neuen Testaments – betrifft vor allem drei unterschiedliche Personen mit ursprünglich verschiedenen
Geschichten, die zu einer Frauengestalt vereinigt wurden. Zwei der Frauen tragen den Namen Maria; eine ist
ursprünglich namenlos. Die drei Frauen, deren Identifikation das Maria-Magdalena-Bild so nachhaltig prägen sollte, sind:

11

1. Die tatsächliche Maria aus dem galiläischen Ort Magdala.[1] Sie wird im Aufriss der neutestamentlichen Geschichte vor den Osterereignissen erstmals und ausschließlich in Lk 8,1–3 namentlich erwähnt. In den Personenlisten zu Beginn von Lk 8 ist Maria aus Magdala eine von mehreren Frauen, die von Jesus geheilt werden und ihm nachfolgen. Ihre Heilungsgeschichte ist insofern besonders betont, als Jesus nach der lukanischen Darstellung sieben Dämonen von ihr ausgetrieben haben soll. Man könnte sagen: Hier tritt eine Frau mit einer schwierigen Vergangenheit auf.

2. Zur Bereicherung dieser Vergangenheit wurde dann eine weitere Geschichte aus dem Lukasevangelium herangezogen: Direkt vor der eben genannten Notiz über die Frauen in der Nachfolge Jesu erzählt das Lukasevangelium nämlich die Geschichte einer »Sünderin«, die Jesu Füße mit ihren Tränen wäscht, mit ihren *Haaren* trocknet und schließlich salbt (Lk 7,36–50). Die Handlung der Frau stößt auf Kritik: Jesus sollte eigentlich wissen, dass die Frau, die ihn da berührt, eine Sünderin ist. Jesus jedoch verteidigt sie: »Ihre vielen Sünden sind ihr vergeben, denn sie hat viel geliebt.« Die lukanische Geschichte verwendet einen neutralen griechischen Begriff für die »Sünderin« (*hamartolos*), die »Sünden« werden nicht explizit als solche charakterisiert, die auf dem Überschreiten sexueller Normen

---

1   Der Beiname »Magdalena« ist kein zweiter Vorname, sondern bezeichnet die Herkunft; zur Namensform und dem Ort Magdala am See Gennesaret (vgl. unten B. 3). Ich gebrauche im Folgenden sowohl den Namen »Maria aus Magdala« wie auch »Maria Magdalena«, Letzteres steht dabei eher für die späteren Phasen der Entwicklung dieser Gestalt, Ersteres verwende ich für die historische Person und in Bezug auf die frühen Quellen. Eine absolute Konsequenz ist dabei nicht zu erreichen und nicht angestrebt.

beruhen (für eine solche »Sünderin« würde das griechische Wort *pornē* stehen). Dennoch hat die spätere Rezeption dieses Textes die »Sünderin« primär sexualisiert gedeutet – eine Frau, die viele Sünden begeht und viel liebt, was kann sie anderes sein als eine Ehebrecherin oder Prostituierte? Durch die Kombination der beiden aufeinanderfolgenden Episoden aus Lk 7 und 8 bekam Maria Magdalena also eine sexuell »sündige« Vergangenheit. Die Salbungsgeschichte aus Lk 7 wurde quasi zur Berufungsgeschichte Marias. Unterstützend für diese Identifikation hat dabei noch eine dritte Frau gewirkt, nämlich:

3. Maria aus Bethanien, einem Ort in der Nähe Jerusalems. Sie wird mehrfach in den Evangelien erwähnt; entscheidend in unserem Zusammenhang ist die Parallele zur lukanischen Salbungsgeschichte in Joh 12,1–8. Dort ist jene Frau, die die Füße Jesu salbt und mit ihren *Haaren* trocknet, Maria aus Bethanien, die Schwester von Martha und Lazarus. In der johanneischen Version der Geschichte wird sie zwar nicht als »Sünderin« charakterisiert – aber eine kombinierende Lektüre der Salbungsgeschichten führt zu »Maria« als Namen der anonymen salbenden »Sünderin«. Damit ist ein weiterer Baustein zu Anreicherung des Maria-Magdalena-Bildes und zur zahlenmäßigen Reduzierung von neutestamentlichen Personen durch Identifikation gegeben.

Solche Identifikationen von anonymen und namentlich genannten Gestalten hat es in der Überlieferung und Rezeption neutestamentlicher Geschichten häufig gegeben. Ein Beispiel sind etwa die verschiedenen Versionen von der Gefangennahme Jesu: So erzählt die markinische Version dieser Geschichte, dass einer der Anhänger Jesu einem aus der gefangennehmenden Gruppe dabei das Ohr abschlägt (Mk 14,47). Im Lukasevangelium erfahren wird schon mehr: Es ist das rechte Ohr (Lk 22,20). Die johanneische Version dieser Notiz kennt schließlich sogar die Namen: Petrus schlägt das Ohr des Malchus ab (Joh 18,10). In der späteren Rezeption haftet die Geschichte dann weiterhin Petrus an. Das bedeutet aber: Es gibt jetzt eine Petrusgeschichte mehr als noch in den synoptischen Evangelien. Und gleichzeitig ist eine kleine Geschichte, die von einem anonymen schwerttragenden Anhänger Jesu handelt, zu einer Petrusgeschichte geworden – und der anonyme Schwerträger damit als eigene Person aus dem Fundus der erzählten Geschichten verschwunden.

Im Falle von Maria Magdalena spielen noch weitere Geschichten eine Rolle: Durch die Identifizierung mit der »salbenden Sünderin« werden auch die beiden anderen Salbungsgeschichten einbezogen (vgl. Mk 14,3–9 und Mt 26,6–13), auch wenn es dort nicht die Füße Jesu sind, die gesalbt werden, sondern sein Kopf. Und durch die Gleichsetzung von Maria aus Magdala und Maria aus Bethanien kann das Bild durch die weiteren Maria-aus-Bethanien-Geschichten angereichert werden (vgl. Joh 11,1–45; Lk 10,38–42). In der lukanischen Geschichte von der Konkurrenz zwischen Maria und Martha spielen auch wieder die Füße Jesu eine Rolle – diese Maria salbt die Füße Jesu zwar nicht, aber sie sitzt immerhin zu seinen Füßen. Noch weitere Querverbindungen ergeben sich, wenn man andere Einzelheiten der unterschiedlichen Geschichten zu einem Bild zusammenfügt. So spielen mehrere der genannten Geschichten in Bethanien: Nicht nur wohnen die Geschwister Maria, Martha und Lazarus ebendort (vgl. Joh 11,1; 12,1), sondern auch die Kopf-Salbungsgeschichte mit der namenlosen Frau spielt an diesem Ort (vgl. Mk 14,3; Mt 26,6). Dies lässt sich, ist man erst einmal auf einer solchen Fährte, als eine weitere Bestätigung der Einheitsgestalt lesen. Diese Gestalt konnte dann noch weiter angereichert werden: So wird etwa in manchen Versionen der (Vor-)Geschichte Maria Magdalenas auch die Erzählung von der Ehebrecherin aus Joh 7,53–8,11 hinzugezogen – passend zur Kombination von Frau, Sünde und Sexualität. Und so hat Maria Magdalena etwa in einigen neuzeitlichen Darstellungen ihren ersten Auftritt als Ehebrecherin, die von Jesus gerettet wird.[2]

Die Folgen dieser Identifikationen waren und sind zum Teil bis heute – auch wenn sich in den letzten Jahren ein Umbruch abzuzeichnen beginnt – von großer Tragweite für die Reputation Marias. Auch wenn die Anreicherung der Person »Maria aus Magdala« durch andere Erzählungen, die ursprünglich nicht von ihr handeln, insgesamt kein Ausnahmefall ist, so ist sie doch in diesem Falle besonders weitreichend: Die wohl wichtigste Jüngerin Jesu und eine zentrale Zeugin der Osterereignisse ist über viele Jahrhunderte primär als ehemalige Prostituierte und reuige Sünderin wahrgenommen worden. Im Zuge der beginnenden (deutschsprachigen) feministischen Exegese wurde hier schon früh Kritik geübt. So schreibt Elisabeth Moltmann-Wendel: »Maria Magdalena ist zum Monster und zum Musterbeispiel von Sünde und Sexualität geworden.« Und: »Biblische Männer haben eine Vergangenheit, wie Fischer und Zöllner. Die biblische Frauengestalt hat die Vergangenheit einer ›Sünderin‹.« – »Wie sähe unsere

---

2   Vgl. die Beispiele unten in C. 4. und 5. – Joh 7,53–8,11 ist ein späterer Textzusatz zum Johannesevangelium, der in den älteren Handschriften fehlt und mit Maria aus Magdala tatsächlich nichts zu tun hat.

Tradition aus, wenn sie aus Petrus einen bekehrten Zuhälter gemacht hätten?«[3]

Die Gegenüberstellung von Maria und Petrus ist hier kaum zufällig; sie wird uns im Verlaufe dieses Buches noch häufiger begegnen. Sowohl Petrus als auch Maria werden in Namenslisten der antiken Texte fast durchgehend an erster Stelle genannt, Petrus in den Männerlisten, Maria in jenen Listen, die Frauennamen überliefern. Beide haben nach unterschiedlichen neutestamentlichen Zeugnissen Anspruch darauf, der bzw. die Erste gewesen zu sein, die eine Erscheinung des Auferstandenen erlebten. Auf diese Weise stehen beide Gestalten in einem indirekten Konkurrenzverhältnis zueinander, woraus in manchen Texten dann auch eine direkte Konkurrenz wird. Letzteres ist in einigen Schriften des frühen Christentums der Fall, die keinen Eingang in das Neue Testament gefunden haben. Wir wissen allerdings nicht, ob hinter diesem überlieferten Konkurrenzverhältnis noch eine historische Erinnerung steht, oder ob sich hier lediglich die Konkurrenz unterschiedlicher christlicher Richtungen im 2. und 3. Jh. widerspiegelt, in denen die beiden Gestalten jeweils als zentrale Symbolfiguren für eine bestimmte Richtung stehen. Im Zusammenhang mit der Diskussion der entsprechenden Texte werde ich auf diese Frage näher eingehen.[4]

Die Figur der Maria aus Magdala hat im Laufe der Geschichte einen langen und vielfältigen Wandlungsprozess durchlaufen, der nicht ohne Brüche und Widersprüche vor sich gegangen ist. Entsprechend ist es auch ein langer Weg zurück vom Bild der reuigen Sün-

---

3   ELISABETH MOLTMANN-WENDEL, Ein eigener Mensch werden. Frauen um Jesus, Gütersloh 1980, 87; 72 f.
4   Vgl. unten B. 2.4.

derin und (ehemaligen) Prostituierten zur neutestamentlichen Jüngerin und Zeugin der Osterereignisse. Denn selbst wenn sich in der Wissenschaft inzwischen nahezu einhellig durchgesetzt hat, dass die verschiedenen oben genannten neutestamentlichen Frauen keinesfalls identisch sind, so wirkt doch das Bild der »Sünderin« und sexuell anrüchigen Frau weiterhin in populärer Literatur, in Romanen, Gedichten und Filmen. Nahezu jeder Besuch in einem (west)europäischen Museum führt erneut dieses Bild vor Augen, und auch wer im Internet Bilder Maria Magdalenas sucht, trifft mehrheitlich auf Darstellungen der reuigen Sünderin in den unterschiedlichsten Varianten.[5]

In neuerer Zeit ist diese Darstellung der Magdalenerin in der öffentlichen Wahrnehmung noch von einem weiteren Bild überlagert worden: dem der Geliebten oder Ehefrau Jesu. Einhergehend damit gibt es auch Spekulationen über ein oder mehrere gemeinsame Kinder von Jesus und Maria Magdalena. Populär geworden ist diese Variante in den letzten Jahren vor allem durch Dan Browns Thriller »The Da Vinci Code«, auf Deutsch mit dem zusätzlichen Titel »Sakrileg« erschienen, der im Jahr 2006 auch verfilmt wurde.[6] Die Romanversion steht auf Platz fünf der meistverkauften Bücher in Deutschland in den letzten Jahren.[7] Die Dan-Brown-

---

5   Auch wenn die jeweils beigegebenen Texte zum Teil auf die irrtümliche Identifikation verweisen, so sprechen doch die Bilder eine andere Sprache. Es lässt sich überlegen, was wohl stärker im Gedächtnis haften bleibt.

6   Vgl. DAN BROWN, Sakrileg. The Da Vinci Code, Bergisch Gladbach 2006; sowie die Verfilmung: RON HOWARD, The Da Vinci Code. Sakrileg, Extended Version, USA, Columbia Pictures 2006.

7   Vgl. die Liste »Die meistverkauften Bücher (vom 1. 1. 2002 bis 27. 9. 2009)«, Rubrik »Belletristik« in: DIE ZEIT Nr. 42, 8. 10. 2009, 18.

Version lehnt die Sünderin/Prostituierten-Identifikation explizit ab. Der Autor beruft sich für sein Maria-Magdalena-Bild, in dem Magdalena die Frau Jesu und die Mutter einer gemeinsamen Tochter ist, unter anderem auf antike Quellen, so auf die Evangelien nach Maria und nach Philippus. Diese beiden Evangelien gehören zu jenen Schriften, die in den letzten gut 100 Jahren wiederentdeckt wurden, und die ein anderes Maria-Magdalena-Bild zeichnen als das der reuigen Sünderin und zerknirschten Büßerin. Allerdings sind die genannten Texte bei genauerem Hinsehen nicht dazu geeignet, Dan Browns Hypothese zu stützen.

2. Wiedergefundene antike Texte und die historische Wahrheit

Seit Ende des 19. Jh.s sind eine Reihe von antiken Texten wieder aufgefunden worden. Viele dieser Texte waren zuvor unbekannt, in einigen Fällen wusste man zwar von ihrer Existenz, hatte aber keine oder kaum Informationen über ihren Inhalt. Für die Gestalt der Maria aus Magdala sind insbesondere zwei Textsammlungen von Bedeutung: zunächst ein Papyruscodex, der u. a. eine Schrift mit dem Titel *Evangelium nach Maria* enthält und in der Wissenschaft »Codex Berolinensis Gnosticus« (= BG)[8] heißt, da er vom Berliner ägyptischen Museum 1896 gekauft wurde und dort heute aufbewahrt wird. Daneben ist ein Zufallsfund von 13 Papyruscodices von besonderer Bedeutung, der sich

---

8   Zu diesen und weiteren Abkürzungen vgl. auch das Verzeichnis am Ende dieses Buches, wo die Abkürzungen entschlüsselt werden und einschlägige Textausgaben und Übersetzungen aufgeführt sind.

im Jahr 1945 in der Nähe des oberägyptischen Ortes Nag Hammadi zutrug. Dieser Fund fand nahezu zeitgleich mit dem der Qumranrollen statt (beides wird oftmals vermischt oder verwechselt); es handelt sich bei den Nag-Hammadi-Schriften jedoch um gebundene Bücher und nicht um Schriftrollen, zudem sind die Texte koptische[9] Übersetzungen griechischer Vorlagen. Und sie stammen im Gegensatz zu den Rollen aus Qumran aus einem christlichen und nicht aus einem jüdischen Umfeld. Die Abfassungszeit der meisten dieser Texte ist das 2. oder 3. Jh. n. Chr., die wieder aufgefundenen koptischen Codices sind im 4. Jh. angefertigt worden.

Mehrfach wurden und werden Funde wie die genannten jenseits wissenschaftlicher Solidität sensationell hochgespielt: Dabei wird gerne behauptet, jetzt käme endlich die »ganze Wahrheit« ans Licht, die zuvor unterdrückt worden sei. Unterdrückt vom Vatikan, von innerkirchlich oder außerkirchlich operierenden Geheimbünden oder Verschwörergruppen, die das Geheimnis hüten, tradieren und gleichzeitig vor Aufdeckung schützen. Solche Verschwörungstheorien funktionieren allerdings nur auf der Basis eines ungenauen Umgangs mit den Quellen, bei dem oftmals deren Entstehungszeit und -kontext nicht ausreichend berücksichtigt sind. So werden etwa mittelalterliche Legenden über den heiligen Gral und Spekulationen über die Geschichte der Tempelritter für historische

---

9   Koptisch ist eine Form des Ägyptischen, die dort seit dem 3. Jh. n. Chr. in Gebrauch ist (heute nur noch als Kirchensprache der christlichen koptischen Minderheit in Ägypten). Die Schrift besteht überwiegend aus griechischen Buchstaben (mit einigen Ergänzungen), und es werden griechische Lehnwörter verwendet. Die Sprachstruktur entspricht jedoch nicht dem Griechischen oder anderen indogermanischen Sprachen.

Rückschlüsse auf die Antike herangezogen und wiedergefundene Evangelien aus dem 2. oder 3. Jh. n. Chr. kritiklos für die Historie des 1. Jh.s in Anspruch genommen. Fehlende Belege oder verzögerte Veröffentlichungen antiker Quellen sind in so gearteten Geschichtskonstruktionen Beweise für eine absichtliche und organisierte Unterdrückung des Materials. Tatsächlich allerdings liegt verzögerten Veröffentlichungen (die es durchaus gibt) oftmals eher eine Mischung aus Unkenntnis und zufälligen Umständen zugrunde – oder es handelt sich um die Konsequenzen daraus, dass zu wenige Personen einbezogen werden, um die mühsame Publikationsarbeit zügig voranzutreiben. Gelegentlich kann auch ein Wasserrohrbruch eine fatale Rolle spielen.

Letzteres geschah im Fall des *Evangeliums nach Maria* (gemeint ist Maria aus Magdala). Bei diesem Text dauerte es über 50 Jahre, bis endlich eine kritische Textausgabe mit Übersetzung der Öffentlichkeit zugänglich wurde, was neben dem Tod des Erstherausgebers, zwei Weltkriegen und dem zwischenzeitlichen Fund von Paralleltexten auch maßgeblich an einem Wasserrohrbruch lag, der 1912 im Keller einer Druckerei in Leipzig die gesamte, schon gedruckte Auflage vernichtete.[10] Eine verschwörungstheoretische Erklärung dieser Ereignisse existiert meines Wissens bislang noch nicht – vielleicht wäre dies ein lohnendes Unterfangen für einen weiteren populären Thriller.

---

10 Vgl. die Beschreibung der unglücklichen Veröffentlichungsgeschichte in der Erstausgabe: WALTER C. TILL, Die gnostischen Schriften des koptischen Papyrus Berolinensis 8502, TU 60, Berlin 1955, 1, sowie bei CHRISTOPHER TUCKETT, The Gospel of Mary, Oxford Early Christian Gospel Texts, Oxford 2007, 5–7.

Zurück zu den wiederentdeckten Schriften: Maria aus Magdala tritt nicht nur im gerade erwähnten *Evangelium nach Maria* (EvMar) auf, sondern auch in einigen weiteren Texten. Zu nennen sind hier vor allem das *Evangelium nach Thomas* (EvThom), das *Evangelium nach Philippus* (EvPhil), der *Dialog des Erlösers* (Dial), die erste *Jakobusapokalypse* (1ApcJac), die *Sophia Jesu Christi* (SJC) und die *Pistis Sophia* (PS). Die meisten dieser Schriften sind mit einem Exemplar im Textfund von Nag Hammadi vertreten, mehrfach gibt es noch andere Textzeugen. Allen diesen Schriften ist gemeinsam, dass sie in der uns vorliegenden Form später entstanden sind als die neutestamentlichen Texte. Sie sind damit auch zeitlich weiter entfernt von der historischen Maria aus Magdala. Ob in ihnen dennoch Material enthalten sein könnte, das auf das 1. Jh. zurückgeführt werden kann, werde ich an gegebener Stelle diskutieren; sie direkt für eine Rekonstruktion der Verhältnisse im 1. Jh. heranzuziehen, ist jedenfalls nicht möglich.

Die genannten Texte zeichnen ein Bild der Maria aus Magdala, das mit dem der neutestamentlichen Texte in vielfältigen Beziehungen steht. Maria tritt in ihnen als bedeutende und paradigmatische Jüngerin Jesu auf. Ihre Beziehung zu Jesus ist die einer besonderen Nähe: Jesus bevorzugt Maria, er liebt sie »mehr als die anderen«, und sie erhält spezielle Offenbarungen von ihm. Im zweiten Abschnitt des Hauptteils dieses Buches werde ich die für Maria aus Magdala relevanten Texte diskutieren – verraten sei aber schon jetzt, dass es in ihnen um die *geistige* Beziehung von Jesus und Maria geht – nicht aber um Maria als Ehefrau Jesu und Mutter seiner Nachkommenschaft. Besonders Letzteres ist schon deshalb nicht plausibel, weil die genannten Texte eher asketische Tendenzen zeigen: Fortpflanzung gilt es zu vermeiden. Nachkommenschaft perpetuiert nur diese Welt, die letztlich als wenig gelungen angesehen wird und der es zu entkommen gilt.

Die Weltanschauung der genannten Texte ist keine durchgehend einheitliche. Vielfach werden sie in der Forschung der sog. »Gnosis« zugeordnet – was dies ist und warum der Begriff auch auf Irrwege führen kann, wird zu diskutieren sein. Zunächst aber möchte ich im Rahmen dieser Einführung noch einen kurzen Blick auf jene Texte werfen, die ihren Weg in den neutestamentlichen Kanon gefunden haben. In ihnen ist Maria weder eine bekehrte Sünderin noch die Ehefrau Jesu, sondern in erster Linie Zeugin von Kreuzigung und Auferstehung.

3. Neutestamentliche Quellen

Die neutestamentlichen Texte sind die ältesten erhaltenen Zeugnisse über Maria aus Magdala. In allen vier Evangelien hat Maria einen prominenten Platz bei den Ereignissen rund um Ostern. Nach übereinstimmender Aussage der vier Evangelien ist sie Zeugin von Jesu Kreuzigung. Darüber hinaus berichten die drei synoptischen Evangelien (Matthäus, Markus, Lukas) von ihrer Präsenz bei Jesu Grablegung, und alle Evangelien enthalten eine Geschichte, in der sie das Grab Jesu am Ostermorgen leer vorfindet. Zudem ist Maria aus Magdala nach dem Zeugnis dreier neutestamentlicher Texte (Mt 28,9 f.; Joh 20,11–18; Mk 16,9–11) die Erste, die eine Begegnung mit dem Auferstandenen erlebt.

Eine genauere Analyse der Einzeltexte ergibt eine ganze Reihe von Widersprüchen und Schwierigkeiten, deren Lösung in der Forschung sehr unterschiedlich ausfällt. Entscheidend ist dabei u. a. das Gesamtbild vom Verhältnis der Evangelien untereinander. Es exis-

tiert eine relative Übereinstimmung in der neutestamentlichen Forschung, dass das Markusevangelium
das älteste ist (um 70 n. Chr. entstanden), und die Evangelien nach Matthäus und Lukas diesen Text als Vorlage genutzt haben. Beide verwendeten darüber hinaus
noch einen weiteren Text, die so genannte Logienquelle
(Q), die aus Mt und Lk rekonstruiert werden kann, aber
nicht erhalten ist. Dieses relativ konsensfähige Modell
der Forschung heißt Zwei-Quellen-Theorie; es liegt
auch den Textanalysen im ersten Abschnitt des Haupt-
teiles dieses Buches zugrunde. Unerwähnt blieb bislang das Johannesevangelium: Hier gibt es keinen Konsens in der Forschung, wie das Verhältnis zu den drei
anderen, synoptischen Evangelien einzuschätzen ist.
Dieses Thema wird uns noch beschäftigen, da es für die
Bewertung der Erscheinungserzählungen von Bedeutung ist.

Zwei weitere Probleme der Quellen seien hier noch
vorläufig und als Vorschau angesprochen. Erstens: Der
älteste Text, der eine Kurzfassung der Osterereignisse
enthält, findet sich in einem Brief des Paulus (1Kor
15,3–8, geschrieben Anfang der 50er Jahre des 1. Jh.s).
In ihm wird der Name der Maria aus Magdala im Zusammenhang mit den Osterereignissen nicht genannt;
der erste benannte Zeuge der Auferstehung ist Petrus.
Daraus ergibt sich die Frage, wie dieser Widerspruch
zwischen Paulus und den Evangelientraditionen zu
erklären sein könnte. In der Forschung gibt es unterschiedliche Theorien dazu, die u. a. um die Fragen kreisen: Hat Paulus den Namen Marias absichtlich unterdrückt? Wenn das Zeugnis des Paulus zuverlässig ist,
wie kommen dann die Evangelien zu ihren andersarti-
gen Erzählungen? Begründen die Erscheinungen apos-
tolische Autorität oder setzen sie diese voraus? Ist die
Erzählung von der Auffindung des leeren Grabes eine

sekundäre Explikation der Erscheinungen? Oder verhält es sich gerade andersherum? Und: Lässt sich bei diesen Fragen überhaupt noch plausibel historisch argumentieren? Lösungsvorschläge für einige der genannten Fragen werde ich im Zusammenhang mit der Analyse der Einzeltexte vorstellen.[11]

Das zweite Problem betrifft die Vorgeschichte Marias: Drei der vier Evangelien erwähnen ihren Namen erstmals bei der Kreuzigung Jesu. (Eine Ausnahme ist nur Lk 8,1–3.) Wie aber kommt Maria aus ihrem ehemaligen Wohnort Magdala in Galiläa zur Jesusbewegung und nach Jerusalem? Ist sie bei allem zuvor Erzählten als anwesend zu denken? Wie ist ihre Partizipation in der Jesusbewegung als Frau vorstellbar? Ist es adäquat, sie als Jüngerin Jesu zu bezeichnen, obwohl sie im Neuen Testament nicht so genannt wird? Warum wird sie in drei Evangelien erstmals bei der Kreuzigung erwähnt und was bedeutet es, dass das Lukasevangelium ihr eine von den männlichen Nachfolgern Jesu abweichende Rolle zuweist?

Die genannten Fragen zeigen, wie eng die Suche nach der historischen Maria aus Magdala mit der Rekonstruktion der Jesusbewegung sowohl vor wie nach Ostern verbunden ist. Die Frage nach der Beteiligung von Frauen in dieser Bewegung führt nach wie vor eher ein randständiges Dasein in klassischen Monographien über den historischen Jesus und die Jesusbewegung. Wo diese Frage behandelt ist, wird sie zumeist nicht als Querschnittsthema analysiert, sondern in einen separaten Abschnitt ausgelagert und damit für die Gesamtsicht auf die Jesusbewegung tendenziell ausgeblendet.

---

11 Vgl. unten B. 1.3.–5.

Von Bedeutung ist in diesem Zusammenhang ein klassisches Problem neutestamentlicher Forschung, das nicht nur im Hinblick auf die »Frauenfrage« aktuell ist: Unsere Quellen entstammen einer bestimmten Zeit und sind unter Voraussetzungen und in einem Umfeld geschrieben, das nicht (mehr) das unsere ist. Sie bewegen sich im Rahmen von Grundannahmen der antiken Weltsicht und sind auch deshalb in einer androzentrischen Sprache verfasst. Das heißt unter anderem: Wenn in den Quellen Gruppen von Personen auftreten, wird normalerweise nicht kenntlich gemacht, ob es sich um eine reine Männergruppe oder um eine gemischtgeschlechtliche Gruppe handelt (nur reine Frauengruppen werden anders benannt). So kann etwa der grammatisch maskuline griechische Plural *adelphoi* ebenso »Geschwister« meinen wie auch »Brüder«. Die Entscheidung, welche von beiden Übersetzungen die je angemessene ist, ist in vielen Fällen schwierig. Bei der Darstellung der Maria aus Magdala ist diese Frage dennoch wichtig: Sollen die Lesenden sich etwa vorstellen, dass Maria in Joh 20,17 vom Auferstanden zu ihren »Brüdern« oder zu ihren »Geschwistern« geschickt wird, um seine Botschaft mitzuteilen? Anders formuliert: Steht hier eine Frau einer Gruppe von Männern gegenüber, denen sie etwas mitzuteilen hat, was diese nicht wissen – oder ist Maria lediglich eine herausgehobene Gestalt aus der Gruppe der Anhänger und Anhängerinnen Jesu, ohne dass ihr Frau-Sein in diesem Falle relevant ist? Eine Entscheidung in dieser Frage lässt sich nicht allein von Joh 20,17 her treffen, und – wie auch immer sie getroffen wird – die Entscheidung ist abhängig vom Vorverständnis der interpretierenden Person, von ihrer oder seiner Sicht auf die Jesusbewegung sowie auf die johanneische Art und Weise, die Geschichte darzustellen. Dieser Frage aber überhaupt nachzugehen, ist erst im Kontext einer gewissen Sensibilisierung denkbar geworden, die in der neueren Exegese eingesetzt hat und durch hermeneutische Reflexion und präzisere Fragestellungen einen gewissen Erkenntniszugewinn verspricht und ermöglicht. Dabei lässt sich allerdings so etwas wie eine »endgültige Wahrheit«, eine Sicherheit, »wie es denn eigentlich gewesen ist«, prinzipiell nicht erreichen; anzustreben ist jedoch ein verantwortungsvoller Umgang mit den historischen Quellen unter Berücksichtigung ihres jeweiligen zeitgebundenen Kontextes.

Den sehr unterschiedlichen Texten (sowie Bildern und Filmen), um die es in diesem Buch gehen wird, liegt kein einheitliches oder zu vereinheitlichendes Maria-Magdalena-Bild zugrunde. Aussagen über die historische Maria aus Magdala lassen sich nur im Rahmen begrenzter Plausibilitäten treffen; vieles bleibt unerreichbar oder der Imagination überlassen. Die Faszination der Gestalt Maria Magdalenas erschöpft sich jedoch nicht in der historischen Rückfrage – die dennoch auch zu stellen ist –, überaus aufschlussreich ist diese Maria vielmehr als ein Spiegel, der in seinem Bild die Projektionen zurückwirft, die sich jeweils mit ihr verbunden haben. Ob Maria primär als Jüngerin, Osterzeugin und Empfängerin spezieller Offenbarungen, als reumütige Sünderin und Büßerin oder als Geliebte und Ehefrau Jesu konzipiert wird, sagt nicht in erster Linie etwas über Maria aus Magdala aus, sondern vielmehr darüber, welche Themen in einer je bestimmten Epoche der europäischen Geistesgeschichte diskutiert und debattiert wurden und prägend auf das Maria-Bild wirkten. An Maria Magdalena wird also mehr und oft auch anderes verhandelt, als es zunächst den Anschein hat. Im Anschluss an die Darstellung der unterschiedlichen Texte und Traditionen werde ich auf diese Rolle Maria Magdalenas als »Zeitdiagnose« zurückkommen.

B. DARSTELLUNG

1. MARIA AUS MAGDALA IM NEUEN TESTAMENT

1.1. Jüngerinnen Jesu

In den Evangelien des Neuen Testaments treten zahlreiche Frauen auf, mit denen Jesus redet, die er heilt, die ihn unterstützen und mit ihm diskutieren. Keine dieser Frauen wird dort allerdings explizit »Jüngerin« (*mathetria*) Jesu genannt, auch nicht Maria aus Magdala.[12] Von den im Neuen Testament auftretenden Frauen heißt nur Tabita in Apg 9,36 explizit »Jüngerin«. Auch in der Zeit nach Ostern wurden also noch weiterhin Personen so bezeichnet, die der (zunächst weitgehend innerjüdischen) Bewegung der Christusgläubigen angehörten. Rückschlüsse auf die Zeit vor Ostern erfordern einige detektivische Bemühungen und einen genaueren Blick auf die Formulierungen. In den meisten neutestamentlichen Belegen ist nämlich nicht von Einzelpersonen die Rede, die Jesus nachfolgen, sondern von einer Gruppe von *mathetai* im Plural. Wie ist dieser Plural zu übersetzen? Grammatisch handelt es sich um die maskuline Pluralform des Singulars *mathetes*, »Jünger«. Diese Form kann sowohl eine reine Männergruppe wie auch eine gemischte Gruppe bezeichnen, nicht jedoch eine Gruppe, die ausschließlich aus Frauen besteht. Die Gruppenbezeichnung zeigt

---

12   Die Bezeichnung »Jüngerin« wird für Maria aus Magdala im apokryphen Petrusevangelium aus dem 2. Jh. verwendet (Ev-Petr 12,50), ebenso auch für eine Salome im Thomasevangelium (EvThom 61).

also, dass nicht *ausschließlich* Frauen Jesus nachfolgten, sie gibt aber keinen Hinweis darauf, ob *auch* Frauen an der Jesusbewegung in dem Sinne partizipierten, dass sie Herkunftsfamilie und -ort verließen, um sich Jesus anzuschließen.

Ergiebiger für die Frage von Frauen als Jüngerinnen sind Teile der sog. Logienüberlieferung. In einigen Worten Jesu werden nämlich Bedingungen der Nachfolge aufgestellt und dabei jene Familienmitglieder aufgezählt, die verlassen werden – woraus wir im Subtraktionsverfahren schließen können, wer diejenigen sind, die aktiv verlassen haben. In der bei Mt und Lk verarbeiteten Logienquelle (Q)[13] findet sich so eine Liste der zu verlassenden Familienmitglieder. An der entscheidenden Stelle weicht diese Liste allerdings in den beiden Fassungen voneinander ab:

Mt 10,37 f.	Lk 14,26 f.
Wer Vater oder Mutter mehr liebt als mich, ist meiner nicht wert; und wer Sohn oder Tochter mehr liebt als mich, ist meiner nicht wert.	Wenn jemand zu mir kommt und hasst nicht seinen Vater, *Mutter*, *Frau*, Kinder, Brüder, Schwestern und dazu sich selbst, der kann nicht mein Jünger sein.
Und wer sein Kreuz nicht auf sich nimmt und mir nachfolgt, ist meiner nicht wert.	Und wer sein Kreuz nicht trägt und mir nachfolgt, kann nicht mein Jünger sein.

---

13   Erinnert sei an die Zwei-Quellen-Theorie (vgl. oben in der Einführung A. 3.): Mk ist das älteste Evangelium (um 70 n. Chr. entstanden), Mt und Lk nutzen diesen Text als Vorlage. Beide verwendeten gleichzeitig auch die Logienquelle (Q), die aus Mt und Lk rekonstruiert werden kann, aber nicht erhalten ist. Mk

Der Vergleich beider Texte zeigt eine Reihe von Unterschieden. In der Forschung zur Logienquelle wird an solchen Stellen diskutiert, welche Fassung die jeweils ursprünglichere ist. Dabei ist bei jeder einzelnen Abweichung zu überlegen, ob eine Änderung durch Mt oder durch Lk plausibler ist; die jeweils andere Fassung entspricht dann der von beiden verarbeiteten Vorlage aus Q. Ein Beispiel: In Mt 10,37 ist vom »mehr lieben« die Rede, in Lk 14,26 jedoch vom »hassen« der Familienmitglieder. Welche Änderung ist nun wahrscheinlicher?

Die Forschung zur Logienquelle ist sich in diesem Fall einig,[14] dass die lukanische Version die ursprüngliche ist: Es ist nämlich plausibler, dass die harte und anstößige Fassung (»hassen«) nachträglich abgeschwächt wurde, als dass die weniger provokative Variante (»mehr lieben«) die ursprüngliche ist und nachträglich verschärft wurde.

Nun unterscheiden sich beide Fassungen auch in Bezug auf die Verwandtenlisten: Bei Mt verlässt die mittlere Generation sowohl Eltern (»Vater oder Mutter«) als auch Kinder (»Sohn oder Tochter«), bei Lk werden nicht nur Eltern und Kinder (sowie Geschwister) verlassen, sondern auch die (Ehe-)Frau. Das bedeutet: In der lukanischen Version verlässt eine männliche Person alle anderen Mitglieder des großfamiliären Haushaltes, bei Mt jedoch ist es denkbar, dass sowohl Männer wie Frauen – oder auch Ehepaare gemeinsam – die

---

und Q sind nicht voneinander abhängig, Q ist möglicherweise etwas älter als Mk.

14   Eine rekonstruierte Fassung der Logienquelle mit deutscher Übersetzung bieten PAUL HOFFMANN / CHRISTOPH HEIL, Die Spruchquelle Q. Studienausgabe Griechisch und Deutsch, Darmstadt 2002.

Familie verlassen, um sich Jesus anzuschließen. Auch hier stellt sich wieder die Frage: Welche Version ist ursprünglicher? Hat Lk die Ehefrau ergänzt oder Mt sie gestrichen?

Um diese Frage zu beantworten, ist der Blick auf einen anderen, thematisch ähnlichen Logientext hilfreich. Bei dem nun folgenden Text existiert nämlich die Vorlage noch (es ist in diesem Falle der Text bei Mk), und wir können daher sehen, wie einerseits Mt und andererseits Lk mit ihrer Vorlage verfahren sind. Der Sprecher ist wieder Jesus:

Mt 19,29	Mk 10,29f.	Lk 18,29f.
	Es gibt niemanden,	Es gibt niemanden,
Und wer Häuser	der Haus oder	der Haus oder *Frau*
oder Brüder oder	Brüder oder	oder Geschwister
Schwestern oder	Schwestern oder	oder Eltern
Vater oder Mutter	Mutter oder Vater	oder Kinder wegen
oder Kinder oder	oder Kinder oder	des Reiches Gottes
Äcker verlässt um	Äcker verlässt um	verlässt,
meines Namens	meinetwillen und	der es nicht vielfach
willen, der wird	um des Evange-	wieder empfange in
hundertfach emp-	liums willen, der	dieser Zeit
fangen	nicht hundertfach	
	empfange: jetzt in	
	dieser Zeit Häuser	
	und Brüder und	
	Schwestern und	
	Mütter und Kinder	
	und Äcker mitten	
	unter Verfolgun-	
	gen – und in der	und in der kom-
und das ewige	kommenden Welt	menden Welt das
Leben ererben.	das ewige Leben.	ewige Leben.

Sowohl Mt wie auch Lk kürzen den Markustext, wohl um die Wiederholungen zu vermeiden (beide bemühen sich häufig darum, den markinischen Stil zu verbessern). Die Verwandtenlisten (hier noch erweitert um zu verlassende Häuser oder Äcker) stimmen in ihrem Personenbestand bei Mk und Mt überein, d. h. Mt hat den Text von Mk nahezu unverändert übernommen. Die lukanischen Liste jedoch ist verändert: Sie ist einerseits verkürzt (so werden etwa »Mutter oder Vater« durch »Eltern« zusammengefasst), andererseits aber erweitert: Hier begegnet uns die zu verlassende Frau wieder. Lk hat also den Text durch Hinzufügen der Frau so verändert, dass Männer die Subjekte der Handlung sind.[15] Die Schlussfolgerung liegt nahe – und sie wird auch von der Q-Forschung einhellig gezogen –, dass Lk auch in dem zuvor zitierten Text (Lk 14,26) die »Frau« hinzugefügt hat. Das bedeutet aber, dass die verlassenen Frauen und damit auch die sie verlassenden Männer ein Bestandteil der lukanischen Redaktion sind. In der ursprünglichen Version wurden also (ebenso wie in Mk 10,29f.) Männer, Frauen und Paare gleichermaßen angesprochen und mit den Voraussetzungen für die Nachfolge konfrontiert.[16] Den Angesprochenen wird dabei auch Lebensgewinn in Aussicht gestellt: Nach Mk 10,29f. gibt es nicht erst einen Ge-

---

15 Vgl. zur Diskussion über diese Passage u. a. ELISABETH SCHÜSSLER FIORENZA, Zu ihrem Gedächtnis … Eine feministisch-theologische Rekonstruktion der christlichen Ursprünge, München 1988, bes. 195–198.

16 Ein weiteres Indiz für die Teilhabe von Frauen in der Jesusbewegung findet sich in Bildworten und Doppelgleichnissen der Logienquelle, in denen durch die auf beide Geschlechter bezogene Metaphorik auch Frauen angeredet und damit für die Jesusbewegung geworben werden (vgl. Q/Lk 12,24–27; 13,18–21; 17,34f. u. ö.).

winn für das ewige Leben, sondern schon »in dieser Zeit« neue Verwandte innerhalb der Jesusbewegung, die die alten (»leiblichen«) Verwandten ersetzen. Der Gedankengang erinnert an die Geschichte von den »wahren Verwandten« Jesu, die in allen drei synoptischen Evangelien überliefert ist. Dort lehnt Jesus es ab, mit seiner Mutter, seinen Brüdern und seinen Schwestern zu sprechen, und bezeichnet diejenigen, die bei ihm sind, als Bruder, Schwester und Mutter (Mk 3,31–35; vgl. Mt 12,46–50; Lk 8,19–21). Wieder sind gleichermaßen Frauen wie Männer als solche vorgestellt, die Jesus nachfolgen: Es gibt nicht nur metaphorische »Brüder« Jesu, sondern auch ebensolche »Schwestern«.[17] Was hingegen hier, ebenso wie auch in der Liste der neu gewonnenen Verwandten in Mk 10,30, fehlt, ist ein »Vater« unter den neuen Familienmitgliedern: Diese Stelle ist in der Jesusbewegung Gott vorbehalten und kann deshalb nicht von einer irdischen Person besetzt werden.

Zusammenfassend lässt sich sagen, dass unterschiedliche Texte aus Q, Mk und Mt die aktive Teilhabe von Frauen in der Jesusbewegung bezeugen. Nur Lk ergänzt unter den zu Verlassenden die Ehefrau und zeichnet damit das Bild einer exklusiv männlichen Anhängerschaft Jesu. Wir haben es an den genannten Stellen also mit lukanischen Änderungen zu tun – und nicht mit einem zutreffenden Bild des historischen Jesus und der Jesusbewegung. Die ältesten erhaltenen

---

17 Auch hier wieder formuliert Lk so, dass Frauen nicht explizit einbezogen werden, indem er nicht von »Brüdern und Schwestern« redet, sondern lediglich von *adelphoi* im Plural, wobei unklar bleibt, ob Schwestern mitgemeint sein könnten – dann wäre die Übersetzung »Geschwister« adäquat – oder ob tatsächlich ausschließlich an »Brüder« zu denken ist.

Texte legen mithin Zeugnis ab von der Partizipation von Frauen in der Jesusbewegung, wobei ihnen keine spezielle oder andere Rolle zugesprochen wird als den Männern. Elisabeth Schüssler Fiorenza hat für diese Bewegung den Begriff der »Nachfolgegemeinschaft von Gleichgestellten« geprägt, in der »die Rolle der Frauen nicht peripher oder trivial, sondern zentral und daher von höchster Bedeutung für die Praxis der ›Solidarität von unten‹« sei.[18] In der Forschung gibt es inzwischen einen weitreichenden Konsens, dass Frauen zur Jesusbewegung gehörten,[19] allerdings wird ihre Rolle dennoch oft in Abweichung von der der Männer beschrieben: Frauen werden eher unter den lokalen Sympathisanten und Sympathisantinnen Jesu gesucht und gefunden als im Kontext des sog. »Wanderradikalismus«.[20] Man kann es sich anscheinend bei Frauen schwerer vorstellen, dass sie Familie und Haus verlassen haben, als bei Männern. Ein solchermaßen tradiertes Bild hängt u. a. mit der lukanischen Darstellung der Verhältnisse zusammen, in der männliche und weibliche Nachfolgende Jesu je unterschiedlich vorgestellt werden. Interessant ist in diesem Zusammenhang Lk 8,1–3, jener Text, in dem die Gestalt der Maria aus Magdala bei Lk eingeführt wird (die drei anderen Evangelien nennen ihren Namen erst später im Verlauf der Jesus-Geschichte, nämlich im Zusammenhang mit seiner

---

18   SCHÜSSLER FIORENZA, Zu ihrem Gedächtnis …, 203.

19   Vgl. ANGELA STANDHARTINGER, Geschlechterperspektiven auf die Jesusbewegung, in: Zeitschrift für Pädagogik und Theologie 4, 2004, 308–318.

20   Zu dieser Unterscheidung vgl. GERD THEISSEN, Die Jesusbewegung. Sozialgeschichte einer Revolution der Werte, Gütersloh 2004, bes. 55–90; vgl. auch MARKUS TIWALD, Wanderradikalismus. Jesu erste Jünger – ein Anfang und was davon bleibt, ÖSB 20, Frankfurt a. M. 2002.

Kreuzigung). Lk 8,1–3 besteht aus einem einzigen langen Satz, in dem die Bezüge der Satzteile aufeinander unterschiedlich deutbar sind:

»1 Und danach geschah es, dass er durch Städte und Dörfer wanderte, das Reich Gottes predigend und verkündigend, und die Zwölf mit ihm, 2 und einige Frauen, die geheilt worden waren von bösen Geistern und Krankheiten, Maria, genannt Magdalena, aus der sieben Dämonen ausgefahren waren, 3 und Johanna, die Frau des Chuza, eines Verwalters des Herodes, und Susanna und viele andere (fem. pl.), die ihnen (mask. pl.) dienten / sie unterstützten (*diakonoun*) aus ihrem Vermögen / nach ihren Möglichkeiten (*ek ton hyparchonton autais*).« (Lk 8,1–3)

Die am Ende verwendete, hier doppelt übersetzte griechische Formulierung kann sich auf Geldvermögen beziehen, aber auch in weiterem Sinne gebraucht werden. Ebenso hat auch das griechische Verb *diakoneo* ein breiteres Bedeutungsspektrum als das deutsche »dienen«, abgeleitet von diesem Verb existiert z. B. auch die frühchristliche Amtsbezeichnung *diakonos*, Diakon, ein Titel, der auch für Frauen belegt ist.[21] Unklar ist dabei, auf welche Frauen sich der abschließende Relativsatz bezieht: Nur auf die »vielen anderen« oder auf alle zuvor genannten Frauen, also auch auf Maria aus Magdala? Ebenso bleibt undeutlich, ob wir uns vorstellen

---

21 Vgl. Röm 16,1, wo Phöbe als *diakonos* der Gemeinde in Kenchräa bezeichnet wird. Für weitere, vor allem inschriftliche, Belege vgl. Ute E. Eisen, Amtsträgerinnen im frühen Christentum. Epigraphische und literarische Studien, FKDG 61, Göttingen 1996, 154–192. Vgl. auch Anni Hentschel, Diakonia im Neuen Testament. Studien zur Semantik unter besonderer Berücksichtigung der Rolle von Frauen, WUNT II, 226, Tübingen 2007.

sollen, dass die Frauen ebenso wie die Zwölf[22] mit Jesus herumwanderten: Hat Susanna ihren Ehemann verlassen? Wohnen die anderen Frauen noch an ihren angestammten Orten? Woher haben sie das Geld, wenn sie ihre Familien und Häuser verlassen haben? Und wie transportieren sie es, in einer Zeit ohne Geldautomaten und Reiseschecks? (Es kann sich bei dem »Dienen« nicht um eine einmalige Unterstützung handeln, da die griechische Verbform im Imperfekt steht und so eine wiederholte oder andauernde Handlung anzeigt.) Oder – sollte kein Geld gemeint sein – worin besteht dann die Unterstützung der Frauen? Und wer von den genannten Frauen ist geheilt worden? Gilt dies auch für Susanna, Johanna und die vielen anderen, oder nur für »einige« und Maria aus Magdala?

Alle diese Fragen beantwortet der Text nicht eindeutig und lässt so Spielräume für unsere eigene Interpretation.[23] Er erweckt allerdings den Eindruck, als seien die Frauen, anders als die Zwölfergruppe, deshalb Anhängerinnen Jesu geworden, weil sie von ihm geheilt wurden. Und durch die abschließende Formulierung (»sie dienten *ihnen* …«) werden mindestens die

---

22 Die Zwölf sind nicht mit der Gesamtgruppe der Jünger und Jüngerinnen gleichzusetzen. Sie sind in den synoptischen Evangelien mit Listen männlicher Namen verbunden (vgl. Mk 3,13–19; Mt 10,1–4; Lk 6,12–16), die jedoch nicht miteinander deckungsgleich sind. Es handelt sich um eine ideale Zahl, abgeleitet von den zwölf Stämmen Israels, durch die die vollkommene endzeitliche Gemeinschaft repräsentiert wird (vgl. Mt 19,28/Lk 22,30). So kann auch dort noch von den »Zwölf« die Rede sein, wo die Logik eine andere Zahl erfordern würde (vgl. 1Kor 15,5).

23 Zur lukanischen Jüngerinnendarstellung und ihren verschiedenen Lektüremöglichkeiten vgl. SABINE BIEBERSTEIN, Verschwiegene Jüngerinnen – vergessene Zeuginnen. Gebrochene Konzepte im Lukasevangelium, NTOA 36, Freiburg (Schweiz) 1998.

zuletzt erwähnten Frauen nicht in direktem Bezug auf Jesus definiert, sondern in Bezug auf die zuvor genannte größere Gruppe, und damit in einer anderen Art von Nachfolge beschrieben als »die Zwölf«.

Es ist m. E. aussichtslos, aus der uneindeutig formulierten lukanischen Passage eindeutige Rückschlüsse auf die Verhältnisse in der Jesusbewegung zu ziehen. Vermutlich spiegelt diese Darstellung eher eine spätere Situation, in der es wohlhabende Frauen als Unterstützerinnen in den Lk bekannten hellenistischen Gemeinden gab. In den beiden zuvor besprochen Texten (Lk 14,26f. und 18,29f.) hatte sich zudem gezeigt, wie Lk ihm vorgegebene Texte dahingehend verändert hat, dass die direkte Jesusnachfolge auf Männer eingeschränkt wird, die Frauen jedoch bei Haus und Familie bleiben. Die lukanische Redaktion an diesen Stellen sollte auch gegenüber der sich in Lk 8,1–3 abzeichnenden Tendenz, zwischen männlicher und weiblicher Nachfolge abzustufen, skeptisch stimmen. (Im weiteren Verlauf dieses Kapitels werden uns noch weitere Texte begegnen, in denen Lk die Bedeutung der Jüngerinnen Jesu einschränkt, womit sich ein gewisses Misstrauen gegenüber der lukanischen Redaktion im Hinblick auf die Jüngerinnen Jesu nur bestätigen kann.)

Meine Skepsis hinsichtlich der lukanischen Darstellung betrifft auch die Art und Weise, wie Maria aus Magdala eingeführt wird. In Lk 8,1–3 ist zwar grammatisch unklar, ob auch sie zu den Frauen gehört, auf die sich der abschließende Relativsatz (»die ihnen dienten …«) bezieht, eindeutig ist aber, dass sie zu denjenigen gehört, die Jesus von »bösen Geistern und Krankheiten« geheilt hat, wobei die aus Maria ausgefahrenen »sieben Dämonen« die Schwere ihrer Erkrankung unterstreichen und in der Rezeptionsgeschichte u. a. zu Spekulationen über psychische Probleme Marias geführt haben. Nun ist aber diese Darstellung singulär bei Lk:[24] Es gibt kein einziges von Lk unabhängiges Zeugnis für eine Erkrankung Marias. Die schon beschriebenen lukanischen Tendenzen im Hinblick auf Frauen legen zumindest den Verdacht nahe, dass Marias »Dämonen« eher der lukanischen Redaktion als der historischen Erinnerung entsprungen sein könnten. Auch wenn uns die Quellenlage keine endgültig sicheren Rückschlüsse erlaubt, so scheint es doch nicht angemessen, die singuläre Darstellung Marias in Lk 8,1–3 ins Zentrum des neutestamentlichen Bildes dieser Frauengestalt zu rücken. Aus den anderen bislang behandelten Texten konnten wir auf die aktive Partizipation von Frauen in der Jesusbewegung schließen. Dass Maria aus Magdala hier eine zentrale Gestalt war, ergibt sich schon aus der Tatsache, dass ihr Name in den Frauenlisten der synoptischen Evangelien immer an erster Stelle steht; von ausschlaggebender Bedeutung für Marias Rolle im Neuen Testament sind dabei die Ereignisse rund um Ostern.

1.2. Maria aus Magdala als Zeugin der Kreuzigung Jesu

In drei von vier Evangelien des Neuen Testaments wird Maria aus Magdala erst spät im Ablauf der Ereignisse namentlich genannt. In den Kreuzigungsberichten bei Mt und Mk führt sie jeweils eine Liste von Zeuginnen des Todes Jesu an, mit der die Darstellung der Kreuzigung abgeschlossen wird:

---

24 Die sieben Dämonen werden im Neuen Testament außer in Lk 8,2 nur noch im nachträglich hinzugefügten Schluss des Mk erwähnt (Mk 16,9), dort sind sie aus Lk übernommen.

Mk 15,40 f.	Mt 27,55 f.
Es sahen aber auch Frauen von ferne zu, unter ihnen Maria aus Magdala	Es sahen aber dort viele Frauen von ferne zu,
und Maria, die des Jakobus des Kleinen	die Jesus aus Galiläa nachgefolgt waren (*Aorist*)
und die Mutter des Joses, und Salome, die ihm nachgefolgt waren (*Imperfekt*), während er in Galiläa war, und ihm gedient hatten, und viele andere Frauen, die mit ihm hinauf nach Jerusalem gezogen waren.	und ihm gedient hatten, unter ihnen war Maria aus Magdala und Maria, die Mutter des Jakobus und Josef, und die Mutter der Söhne des Zebedäus.

Maria aus Magdala und andere Frauen werden durch die Verben »nachfolgen« (*akolouthein*) und »dienen« (*diakonein*) näher charakterisiert. Beides sind Begriffe, mit denen Jüngerschaft beschrieben werden kann. Mk und Mt zeichnen allerdings ein je unterschiedliches Bild dieser Nachfolge: Mk verwendet eine Form des Verbs *akolouthein* im Imperfekt: Die Nachfolge ist also eine länger andauernde Handlung schon in Galiläa, die sich nur auf die namentlich gekennzeichneten Frauen bezieht. Zusätzlich werden noch weitere Frauen (»viele andere«) erwähnt, die Jesus auf seinem Weg nach Jerusalem begleitet haben, von denen wir aber nicht wissen, ob sie schon zuvor in Galiläa mit ihm umhergezogen sind. Mt ändert die Verbform vom Imperfekt in den Aorist, ein Tempus, das im Griechischen im Gegensatz zum Imperfekt in sich abgeschlossene Handlungen der

Vergangenheit beschreibt. Entsprechend ändert Mt auch das markinische »in Galiläa« zu »aus Galiläa«. Auf diese Weise verschiebt sich das Bild von einer andauernden Nachfolge der Frauen schon in der galiläischen Zeit zu ihrem einmaligen Mitziehen aus Galiläa nach Jerusalem und zur Kreuzigung. Die Dauer der Nachfolge Marias und der anderen namentlich genannten Frauen wird bei Mt potenziell begrenzt, allerdings fehlt eine eindeutige Aussage über die vorhergehende galiläische Zeit Jesu, womit auch hier wieder ein gewisser Interpretationsspielraum bleibt.

Nach beiden Darstellungen ist eine Gruppe von Frauen schon längere Zeit mit Jesus auf dem Weg, bevor einige von ihnen im Evangelium erstmals namentlich erwähnt werden; aus dem markinischen Text kann man sogar schließen, dass die Frauen nahezu über die gesamte Zeitspanne des im Evangelium erzählten Geschehens als Anwesende vorzustellen sind. Warum werden sie dann erst an dieser Stelle namentlich in die Erzählung eingeführt?

Die Antwort ist in diesem Falle eindeutig: Weil die männlichen Jünger abwesend sind. Petrus hat Jesus verleugnet, Judas ihn an die Römer ausgeliefert und die Jünger sind bei seiner Verhaftung geflohen (vgl. Mk 14,50; Mt 26,56). Nachdem Mk und Mt solches berichtet haben, bleiben ihnen nur die Frauen als Zeuginnen der Kreuzigung übrig; und jetzt erst wird – innerhalb des androzentrischen Sprachgebrauchs der Evangelien – die Namensnennung narrativ notwendig. Von der Logik der Erzählung her ist an dieser Stelle die Anwesenheit von Personen aus der Jesusbewegung von Vorteil, da sich ansonsten für die Lesenden das Problem stellen würde, woher denn die genauen Informationen über die Kreuzigung stammen sollten. Doch spricht einiges dagegen, die Abwesenheit der

Jünger und die Anwesenheit der Frauen insgesamt für eine literarische Fiktion zu halten. Das Berichtete ist nämlich für die männlichen Jünger Jesu, die ja zum Teil nach Ostern ein wichtige Rolle in der Gemeinde spielten, so wenig ruhmreich, dass es auf historische Erinnerung zurückgehen dürfte: So lässt es sich etwa kaum vorstellen, dass die Geschichte von der Verleugnung Jesu durch Petrus erst nachträglich erfunden sein könnte.[25]

Auch in den Kreuzigungsdarstellungen der beiden anderen Evangelien werden die Frauen erwähnt, jedoch mit signifikanten Abweichungen von den bisher behandelten Texten. Dabei ist ein Seitenblick auf den lukanischen Text durchaus geeignet, das oben über die Redaktion des Lk Gesagte zu bestätigen. Im lukanischen Paralleltext sind die Frauen nämlich nicht mehr die Einzigen, die das Geschehen beobachten:

»Es standen aber alle seine Bekannten von ferne dabei und Frauen, die ihm aus Galiläa nachgefolgt waren und dies sahen.« (Lk 23,49)

Nicht mehr allein die Frauen sind Zeuginnen der Kreuzigung, sondern auch »Bekannte« Jesu. Diese stehen im Griechischen im Plural Maskulinum, es handelt sich also um eine männliche (oder eine gemischte) Gruppe. Damit entfällt die singuläre Rolle der weiblichen Anhängerinnen Jesu. Von der Formulierung her ist nicht ganz deutlich, ob unter den »Bekannten« die männlichen Jünger eingeschlossen sind.[26] Die nähere Be-

---

25 Vgl. CHRISTFRIED BÖTTRICH, Petrus. Fischer, Fels und Funktionär, Biblische Gestalten 2, Leipzig 2001, 123–131.

26 Die lukanische Formulierung verdankt sich wohl auch Anklängen an Ps 37,12 und 87,9 (so in der Zählung der griechischen Bi-

zeichnung als »alle« Bekannte scheint dies allerdings zu implizieren, ebenso auch die Tatsache, dass Lk (anders als Mt und Mk) von einer Flucht der Jünger bei Jesu Verhaftung nichts berichtet. Insgesamt erscheinen die männlichen Jünger bei Lk somit gleichsam rehabilitiert, was im Gegenzug auch zeigt, wie sperrig die ältere Tradition von der Flucht aller männlichen Anhänger Jesu für die Überlieferung gewesen ist. Ebendiese Sperrigkeit wertet die Tradition historisch auf.

Bei Lk sind also die Frauen nicht die einzigen Zeuginnen, und auch ihre Anwesenheit ist für die Lesenden unauffälliger, da ihre Namen fehlen. Dies ist im lukanischen Kontext möglich, weil die Namen der Frauen schon in Lk 8,1–3 bekannt gemacht wurden. Zudem trägt Lk an späterer Stelle noch eine Frauenliste im Zusammenhang der Osterereignisse nach (vgl. Lk 24,10).

Wie bei Mk und Mt tritt Maria aus Magdala auch im Johannesevangelium erstmalig bei der Kreuzigung explizit in Erscheinung. Die johanneische Aufzählung weicht dabei von den synoptischen Frauenlisten in mehrfacher Hinsicht ab:

»Es standen aber beim Kreuz Jesu seine Mutter und die Schwester seiner Mutter, die Maria des Klopas, und Maria aus Magdala.« (Joh 19,25)

Es ist nicht eindeutig, ob drei oder vier Frauen aufgezählt werden. Denn fraglich ist, ob die »Schwester« und die »Maria des Klopas« – sie könnte Frau, Mutter

---

belübersetzung Septuaginta; in der hebräischen Bibel entsprechen dem Ps 38,12; 88,9). – Die beiden Verbformen am Ende von Lk 23,49 sind feminine Partizipien; hier könnte sich die ältere Tradition der Frauen als alleiniger Augenzeuginnen erhalten haben, da nach den Regeln der griechischen Grammatik eigentlich ein maskulines Partizip, geltend für beide Geschlechter, zu erwarten gewesen wäre.

Abb. 4: Matthias Grünewald, Isenheimer Altar (Außenseite): Kreuzigung, um 1514. Unter dem Kreuz befinden sich die Mutter Jesu mit dem Lieblingsjünger, Maria Magdalena (mit einem Salbölgefäß) sowie Johannes der Täufer, der auf Jesus als »Lamm Gottes« verweist, vgl. Joh 1,29

oder Tochter eines uns ansonsten nicht bekannten Klopas sein – identisch miteinander oder zwei Personen sind. Mir scheint es plausibler, von einer Person auszugehen, da zwischen beiden Benennungen kein »und« die Aufzählung unterbricht, was in den beiden anderen Fällen geschieht.[27] Dann stünden in Joh 19,25 drei Frauen unter dem Kreuz, unter denen Maria aus Magdala – abweichend von den anderen Frauenlisten

---

27 Dabei ist auch zu bedenken, dass die frühen Manuskripte keine Satzzeichen enthielten: In der Abwesenheit von Kommata fungiert das »und« als Gliederungssignal.

des Neuen Testaments – nicht als Erste, sondern zuletzt genannt wird. Nur hier steht sie nicht auf dem prominentesten ersten Platz (sondern auf dem zweitwichtigsten letzten), was sich wohl damit erklären lässt, dass die Frauen in der johanneischen Liste nach absteigendem Verwandtschaftsgrad geordnet sind.

Singulär ist bei Joh die Anwesenheit der Mutter Jesu unterm Kreuz, singulär ist ebenfalls, dass die erwähnten Personen hier nicht »von ferne« zusehen, sondern sich direkt »unterm Kreuz« befinden. Die johanneische Darstellung ist nicht zuletzt durch die abendländische Kunstgeschichte prominent geworden. Wir alle kennen zahlreiche Kreuzigungsbilder, in denen die Mutter Jesu und Maria Magdalena beide unter dem Kreuz stehen. Dennoch dürfte diese Darstellung nicht dem historischen Sachverhalt entsprechen. Die Kreuzigung war die römische Todesstrafe für politische Aufrührer: Wer diesen nahestand oder zu offensichtlich mit ihnen sympathisierte, riskierte dasselbe Schicksal. Es ist auch belegt, dass Frauen gekreuzigt wurden,[28] ihre Anwesenheit bedeutet also auch für sie ein hohes Risiko. Wenn daher die synoptischen Evangelien berichten, dass die Anhängerinnen Jesu »von ferne« dem Geschehen zusahen, so dürfte dies eher der Realität entsprochen haben.

Auch die Anwesenheit der Mutter Jesu scheint fraglich. Die johanneische Frauenliste schließt den Bericht von der Kreuzigung nämlich nicht ab, sondern leitet einen Dialog ein, den Jesus vom Kreuz herab mit seiner Mutter und seinem Lieblingsjünger führt (vgl. Joh 19,26 f.). In diesem Dialog stiftet Jesus eine Mutter-Sohn-Beziehung zwischen diesem Jünger und seiner eigenen Mutter, die also beim Tod ihres Sohnes einen

---

28 Vgl. Josephus, *De bello Iudaico* 2,14,9.

neuen Sohn erhält. Zugleich nimmt der Lieblingsjünger damit die Stelle Jesu ein. Die ganze Szene ist deutlich von johanneischer Theologie geprägt; der Lieblingsjünger ist eine (möglicherweise symbolische) Gestalt, die nur in diesem Evangelium auftritt und auch nur hier unter dem Kreuz zu finden ist.[29] Die Szene macht aber genau jene Abweichungen von der Darstellung der drei synoptischen Evangelien nötig, die nicht historisch sein dürften: nämlich die Versetzung der Personen aus der Ferne unter das Kreuz, wo Jesus direkt

Abb. 5: James Tissot, View from the Cross, 1886–94.
Ein seltener Wechsel der Perspektive!

---

29 Vgl. HARTWIG THYEN, Das Johannesevangelium, HNT 6, Tübingen 2005, 737–740.

Abb. 6: Rogier van der Weyden, Kreuzabnahme, um 1435.
Eine Szene, die so im Neuen Testament nicht erzählt wird:
Im Vordergrund die Mutter Jesu, ganz rechts Maria Magdalena,
deren Blick auf die Füße Jesu gerichtet ist,
links neben ihren Kopf das Salbölgefäß

mit ihnen sprechen kann, und die Anwesenheit der Mutter Jesu, die für die Übertragung der Sohnesrolle auf den Lieblingsjünger gebraucht wird. Lassen sich die johanneischen Änderungen auf diese Weise erklären, so ist die synoptische Darstellung damit historisch wahrscheinlicher: Maria aus Magdala und andere Jüngerinnen Jesu (nicht aber seine Mutter) sind Zeuginnen der Kreuzigung, sie beobachten das Geschehen aus der Distanz und sind mutig genug, dabei ihr eigenes Leben zu riskieren.

1.3. Die Frauen am Grab

Im Anschluss an die Kreuzigung berichten die vier Evangelien übereinstimmend, dass Josef von Arimatäa Pilatus um den Leichnam Jesu bittet und diesen in einem bislang ungenutzten Felsgrab beerdigt, das durch einen vor den Eingang gerollten Stein verschlossen wird (vgl. Mk 15,42–47; Mt 27,57–61; Lk 23,50–55). In der johanneischen Parallelstelle (19,38–42) erfahren wir noch, dass das Grab in einem Garten gelegen habe. Die drei synoptischen Evangelien notieren zum Abschluss dieses Berichtes – ebenso wie am Ende der Kreuzigungsszene – die Anwesenheit der Frauen. Bei Mk und Mt wird Maria aus Magdala wieder zuerst genannt, dazu noch eine weitere Frau mit Namen Maria (nach Mk »die Maria des Joses«, nach Mt »die andere Maria«). Lk erwähnt auch hier keine Namen, sondern redet allgemein von Frauen, die mit Jesus zusammen aus Galiläa gekommen waren.[30]

Die Frauenlisten am Ende der Grablegungsperikopen bilden in den synoptischen Evangelien den Übergang zur nächsten Erzählung. Die Anwesenheit der Frauen erklärt nämlich, woher sie die Lage des Grabes kannten, das sie ja in der nächsten Szene wieder aufsuchen. Zugleich verknüpft die Erwähnung der Frauen auf der Erzählebene auch die drei Abschnitte, in denen von Kreuzigung, Grablegung und leerem Grab die Rede ist: Maria aus Magdala und die anderen Frauen verbinden damit als Erzählfiguren die vorösterliche mit der nachösterlichen Zeit.

---

30 Bei Joh werden die Frauen im Zusammenhang mit der Grablegung nicht erwähnt, implizit ist jedoch auch hier vorausgesetzt, dass Maria aus Magdala das Grab kennt, da sie es am Ostermorgen besucht.

Der dritte Abschnitt, also die Erzählung vom leeren Grab, beschließt bei Mk den ursprünglichen Text des Evangeliums. Zunächst wird berichtet, dass Maria und zwei weitere Frauen Salböle einkaufen gehen – was sie als Jüdinnen in einem jüdischen Kontext dann tun, wenn die Geschäfte nach Ende des Sabbats wieder geöffnet haben, d. h. am Samstagabend nach Einbruch der Dunkelheit. Als es wieder hell wird, also am Morgen des Sonntags, gehen sie zur Grabstätte, wo sie zu ihrer Überraschung den Leichnam Jesu nicht mehr vorfinden. Sie können also ihre ursprüngliche Absicht, diesen zu salben, nicht ausführen. Stattdessen werden sie mit einer Botschaft konfrontiert, die sie so erschreckt, dass sie schweigen:

»1 Und als der Sabbat vergangen war, kaufen Maria aus Magdala und die Maria des Jakobus und Salome Salböle, um zu gehen und ihn zu salben. 2 Und sehr früh am ersten Tag der Woche kamen sie bei Sonnenaufgang zum Grab. 3 Und sie sagten zueinander: Wer wird uns den Stein vom Eingang des Grabes wegwälzen? 4 Und sie blickten auf und sahen, dass der Stein weggewälzt war – er war nämlich sehr groß. 5 Und sie gingen hinein in das Grab und sahen einen Jüngling, sitzend auf der rechten Seite und mit einem weißen Gewand bekleidet, und sie erschraken heftig. 6 Er aber sagt ihnen: Erschreckt nicht; Jesus sucht ihr, den aus Nazaret, den Gekreuzigten; er ist auferweckt worden, er ist nicht hier: Siehe, der Ort, wo sie ihn hingelegt haben. 7 Aber geht und sagt seinen Jüngern und Jüngerinnen und dem Petrus, dass er euch nach Galiläa vorangeht; dort werdet ihr ihn sehen, wie er euch gesagt hat. 8 Und sie gingen hinaus und flohen weg vom Grab, denn Zittern und Entsetzen hatte sie befallen; und sie sagten niemandem etwas, sie fürchteten sich nämlich.« (Mk 16,1–8)

Ein eigenartiges Ende für ein Evangelium, das doch qua Benennung als solches »gute Nachricht« zu sein verspricht.[31] Trotz expliziter Beauftragung geben die Frauen ihre Botschaft nicht weiter, sondern schweigen. Eine Erscheinung des Auferstandenen wird nicht erzählt.

Die anderen Evangelien verfahren hier anders, und auch dem ursprünglichen Text des Mk wurden schon bald – wohl im 2. Jh. – sekundäre Schlüsse hinzugefügt,[32] was zeigt, dass das Ende von 16,8 als defizitär wahrgenommen wurde. Vielfach hat auch die moderne Forschung erwogen, ob nicht ein ursprünglicher Schluss des Mk verloren gegangen sei oder unterdrückt wurde.[33] Inzwischen allerdings hat sich die Ansicht durchgesetzt, dass dies nicht der Fall ist: Der Text des Mk endet tatsächlich und beabsichtigt mit 16,8 – und provoziert damit interpretatorische Bemühungen. Eine Deutung des Markusschlusses lässt sich nun auf zwei Ebenen durchführen: Erstens ist zu fragen, wie der Schlussabschnitt im Kontext des Mk funktioniert, inwiefern er also in den Gesamtzusammenhang jenes

---

31 So die Ursprungsbedeutung des griechischen Wortes *euaggelion*, das dann sekundär zur Bezeichnung einer literarischen Gattung wurde.

32 Dabei gibt es alternativ einen kürzeren und einen längeren Schluss, die in vielen Handschriften auch beide hintereinander überliefert sind, oft mit Markierungen, dass es sich bei ihnen um Zusätze handelt. Ausführliches zur Textkritik und Datierung der Schlüsse bei KURT ALAND, Bemerkungen zum Schluß des Markusevangeliums, in: E. E. Ellis / M. Wilcox (Hrsg.), Neotestamentica et semitica. Studies in Honour of Matthew Black, Edinburgh 1969, 157–180.

33 Zu den verschiedenen Theorien und Deutungen vgl. z. B. JOACHIM GNILKA, Das Evangelium nach Markus (Mk 8,27–16,20), EKK II,2, Solothurn und Düsseldorf/Neukirchen-Vluyn ⁴1994, 337–351.

Textes, innerhalb dessen wir ihn vorfinden, eingebunden ist. Die zweite Fragerichtung betrifft das Verhältnis der Geschichte vom leeren Grab zu den Erscheinungserzählungen, die bei Mk ja gerade fehlen. Dieser zweiten Frage kann erst nach der Untersuchung der Erscheinungstraditionen nachgegangen werden – angedeutet sei jedoch schon hier, dass der Gesamtbefund m. E. die ursprüngliche Unabhängigkeit beider Überlieferungskomplexe nahelegt.

Zunächst also zur Deutung der Perikope innerhalb des markinischen Kontextes. Die Auferstehung Jesu wird im Verlauf des Mk zwar nirgendwo *erzählt*; allerdings wird mehrfach auf sie *verwiesen*, sie ist also im Text präsent als ein Geschehen, das selbst außerhalb des Textes liegt. Diese Spannung von An- und Abwesenheit prägt auch die vorliegende Perikope: Der Stein, den die Frauen als ein anwesendes Hindernis vermuteten, ist nicht mehr an seinem Ort vor dem Grab. Der Leichnam, den die Frauen salben wollen, ist ebenfalls abwesend. Genau diese *Abwesenheit* verweist aber andererseits auf Jesu erneute *Anwesenheit* durch die Auferstehung. Der Jüngling, der als himmlischer Bote für die Frauen überraschend im Grab anwesend ist, deutet auf die Leerstelle (»seht …«), auf den Ort des nun abwesenden Körpers, der gerade als nicht mehr sichtbarer ein sichtbares Zeichen der Auferstehung ist. Der leere Platz des Körpers bezeugt die Botschaft, im Griechischen in einem Wort formuliert: *egerthē*, er ist auferweckt worden.

Diese Auferweckung kommt für aufmerksame Lesende nicht überraschend; sie wurde zuvor mehrfach vorausgesagt (vgl. Mk 8,31; 9,9.31; 10,34; 14,28). Auf eine dieser Ankündigungen wird im vorletzten Vers des Textes Bezug genommen, wenn es heißt, Jesus werde nach Galiläa vorangehen, »wie er euch gesagt hat« (Mk 16,7). Dieser Verweis führt auf einen zuvor geäußerten Satz des markinischen Jesus: »Aber nach meiner Auferweckung werde ich euch nach Galiläa vorangehen« (Mk 14,28). Das »Vorangehen nach Galiläa«, in 14,28 noch im Futur angekündigt, ist in der Botschaft des Jünglings in 16,7 ins Präsens gesetzt: »er geht euch nach Galiläa voran« – jetzt, zu dieser Zeit, in der er als Auferstandener (vorübergehend) wieder anwesend ist. Wer Jesus begegnen will, wird also vom leeren Grab und aus Jerusalem weg- und nach Galiläa zurückgeschickt. Galiläa ist bei Mk Heimat des Evangeliums, der Schwerpunkt des irdischen Wirkens Jesu liegt dort, und nicht in Jerusalem, dem Ort von Feindschaft, Verzweiflung und Tod.[34] Aus Jerusalem nach Galiläa zurückzugehen bedeutet also auch eine Rückkehr zum irdischen Wirken Jesu. Dies gilt auf unterschiedlichen Ebenen: Den Erzählfiguren wird aufgetragen, jenen Weg aus Galiläa nach Jerusalem, den sie zuvor gegangen waren, jetzt in umgekehrter Richtung erneut zu gehen, um Jesus wiederzusehen. Auf der Ebene der Textlektüre werden gleichzeitig auch wir als Lesende – mit einem kurzen Zwischenstopp in Mk 14,28 – nach Galiläa, an den Anfang des Evangeliums, zurückgeschickt. Mk 16,1–8 lässt sich so auch als Aufforderung zu einer erneuten Lektüre, zur Wiederbegegnung mit Jesus in Galiläa beim Wiederlesen des Evangeliums verstehen. Das Evangelium fungiert als »Ersatz für Jesus während seiner Abwesenheit«.[35] Der

---

34 Zum grundlegend zweiteiligen Aufbau des Mk vgl. u. a. MARY ANN TOLBERT, Sowing the Gospel. Mark's World in Literary-Historical Perspective, Minneapolis 1996, 90–126.

35 So DAVID S. DU TOIT, Der abwesende Herr. Strategien im Markusevangelium zur Bewältigung der Abwesenheit des Auferstandenen, WMANT 111, Neukirchen-Vluyn 2006, 298–302.

offene Schluss des Mk ist kein Abbruch und kein Ende der Geschichte, sondern lädt dazu ein, sich von Neuem auf sie einzulassen.

Was heißt dies aber für die Rolle Marias aus Magdala und der Frauen am Ende des Mk? Bedeuten ihr Schweigen und ihre Furcht, dass nun auch sie, nach zuvor schon erfolgter Verleugnung und Flucht der männlichen Jünger, letztendlich scheitern, indem sie ihren Auftrag nicht ausführen? War nicht bereits ihr Salbungsvorhaben überflüssig, da Jesus ja schon vor seinem Tod »für sein Begräbnis« gesalbt worden war, wie am Beginn der markinischen Passionsgeschichte (vgl. Mk 14,3–9) erzählt ist?

Einige Bobachtungen weisen darauf hin, dass eine solche Deutung wohl doch zu einlinig wäre. Im Folgenden gehe ich kurz auf drei Anhaltspunkte für eine subtilere Lektüre ein: die Rolle des Schweigens bei Mk, die Logik der Erzählung sowie die Parallelisierungen von Jesus und den Frauen durch die markinische Wortwahl. Zunächst also das »Schweigen«: Dass die Frauen nicht reden, entspricht zwar nicht ihrer Beauftragung als Botinnen in Mk 16, es führt jedoch die typisch markinischen Schweigegebote in gespiegelter Form fort. Der markinische Jesus hat nämlich die Eigenart, dass er wiederholt dazu auffordert, über seine Heilungen und sein Wesen anderen gegenüber zu schweigen. Gebote zum Schweigen durchziehen die erste Hälfte des Evangeliums (vgl. 1,34.44f.; 3,12; 5,19f.43; 8,26.30), ihnen wird jedoch oft nicht entsprochen. Im markinischen Kontext stehen die Schweigegebote im Zusammenhang mit dem Geheimnis der Messianität des irdischen Jesus. Das Gebot, nicht zu reden, gilt *bis* zu Jesu Auferweckung, wie dieser seinen Jüngern Petrus, Jakobus und Johannes im Anschluss an seine Verklärung mitteilt (vgl. 9,9); entsprechend beauftragt auch der Bote im Grab *nach* der Auferweckung die Frauen zu reden. Aber woher wissen wir das, wenn niemand geredet hat?

Die Logik der Erzählung erfordert von den Lesenden die Annahme, dass die Botschaft doch weitergegeben wurde: Sie macht den Leser und die Leserin sozusagen zum Komplizen und zur Komplizin im Weitergabeprozess. In der Dialektik zwischen Schweigen und Reden konstituiert sich die Botschaft des Evangeliums – die Lesenden sind in einer privilegierten Position, indem sie erfahren haben, was im Text nicht explizit erzählt, worauf aber verwiesen wird. Ohne dieses Wissen wäre die Existenz des markinischen Textes nicht denkbar; wir könnten nichts von Auferweckung und Evangelium wissen. Die komplexe Komposition des Textes zielt m. E. nicht darauf ab, die Lesenden zu einer Bewertung der Handlungen von einzelnen Erzählfiguren innerhalb des Textes anzuhalten, sondern vielmehr den Leser und die Leserin vermittels der Frage, wie es dann doch weitergegangen ist, in den Prozess der Weitergabe des Evangeliums hineinzuziehen.

Was das Schweigen der Frauen angeht, so erschließen auch hier Beobachtungen am Gesamttext des Evangeliums weitere Dimensionen der markinischen Darstellung:[36] Bei Mk gibt es kaum direkte Reden von Frauen,[37] die engen Anhängerinnen Jesu schweigen

---

36 Zum Folgenden vgl. Susan L. Graham, Silent Voices, Women in the Gospel of Mark, in: Semeia 54, 1992, 145–158; Elizabeth Struthers Malbon, Fallible Followers. Women and Men in the Gospel of Mark, in: Semeia 28, 1983, 29–48.

37 Ausnahmen sind nur die Syrophönizierin, Herodias, sowie deren Tochter, vgl. Mk 7,27; 6,24 f. Von der Blutflüssigen wird noch konstatiert, dass sie redet, vgl. Mk 5,33.

durchgehend.[38] Anscheinend verhalten sie sich konform mit den wiederholten Schweigegeboten. Zugleich werden aber mehrfach Frauengestalten vermittels der markinischen Wortwahl mit Jesus parallelisiert: So wird etwa das »dienen« (*diakonein*) in 10,43 als Ideal bezeichnet: Sowohl Jesus (10,45) wie auch Frauen (1,31; 15,40) handeln so, in keinem Falle aber die Jünger oder andere männliche Erzählfiguren.[39] Die Frauengestalten scheinen bei Mk primär nicht durch das, was sie sagen, charakterisiert zu werden, sondern durch andere Tätigkeiten. Für die Jüngerinnen ist dabei das »Sehen« die Vokabel, die die Geschichten miteinander verbindet: Maria aus Magdala und die anderen sehen die Kreuzigung, die Grablegung, den fehlenden Stein und schließlich den Jüngling im Grab (*theoreo*: 15,40.47; 16,4; *blepo*: 16,5). Ihr Zeugin-Sein verbindet die Geschichten miteinander. Dennoch sind die Frauen nicht einfach idealisierte Kontrastfiguren zu den anderen Nachfolgenden. Denn schließlich fliehen sie ebenso vom Grab (*ephygon*; 16,8), wie zuvor die Jünger und der rätselhafte nackte Jüngling bei der Verhaftung Jesu geflohen waren (*ephygon/ephygen*; 14,50.52). Die Nachfolge der Frauen dauert über den Tod Jesu hinaus an, aber letzten Endes sind auch sie nicht heldenhafte Gestalten, die den scheiternden Jüngern gegenübergestellt werden – eine solche Schwarz-Weiß-Malerei wäre auch der Komplexität des markinischen Textes kaum ange-

---

38   Maria aus Magdala ist keine Ausnahme: Sie ergreift bei Mk kein
      einziges Mal das Wort (dies setzt sich bei Mt und Lk fort, ändert
      sich aber bei Joh und in den apokryphen Texten).

39   Vgl. auch die folgenden Parallelisierungen zwischen Jesus und
      Frauen: sich fürchten (*ekthambeisthai*) in 14,31; 16,5f.; viel leiden
      (*polla pathein*) in 9,12; 5,26; quälen/Qual (*mastigein/Mastix*) in
      10,34; 5,29.34; die Wahrheit (*aletheia*) sagen in 12,14.32; 5,33;
      Lebenshingabe in 14f.; 12,44.

messen –, sondern ebenso wie die Zwölf und andere Nachfolger Jesu (und wie wir) fehlbare menschliche Wesen.

Mt und Lk erzählen die markinische Geschichte vom leeren Grab ebenfalls, die größten Veränderungen im Hinblick auf die Frauen betreffen dabei – wenig überraschend – eben das Ende der von ihnen verwendeten Vorlage. Bei Mt verhalten sich die beiden von ihm genannten Frauen (hier sind es Maria aus Magdala und die »andere Maria«) in einer solchen Weise, wie es eigentlich auch bei Mk erwartbar gewesen wäre:

»Und sie gingen schnell vom Grab weg mit Furcht und großer Freude und liefen, um es seinen Jüngern und Jüngerinnen zu verkündigen.« (Mt 28,8)

Die Frauen fürchten sich nicht nur, sondern freuen sich auch. Sie erfüllen ihren Verkündigungsauftrag. Und: Bei Mt folgen im Gegensatz zu Mk auf die Geschichte vom leeren Grab noch zwei Erscheinungserzählungen: Zunächst haben die beiden Frauen eine Begegnung mit dem auferstandenen Jesus (Mt 28,9f., vgl. dazu unten im folgenden Abschnitt). Und schließlich erzählt Mt am Ende des Evangeliums eine weitere Erscheinung Jesu in Galiläa, in der dieser den Auftrag erteilt, »alle Völker zu Jüngern und Jüngerinnen zu machen« (Mt 28,16–20). Worauf bei Mk also nur verwiesen wird – das Wiedersehen mit Jesus in Galiläa –, ist bei Mt in einer Erzählung ausgestaltet. Bei dieser abschließenden Erscheinungserzählung sind die Frauen allerdings nach dem Text des Mt nicht anwesend: Es sind »die Elf« – also der Zwölferkreis abzüglich Judas –, die sich auf den Weg nach Galiläa machen und zu denen Jesus bei seiner Erscheinung auf dem Berg spricht. Die primäre Funktion der Frauen liegt in der Zwischenzeit der Abwesenheit Jesu von Karfreitag bis Ostersonntag. Als die »Jünger« sich nach ihrer Abwesenheit in dieser Zwischenzeit als Gruppe wieder konstituiert haben, ist von den Frauen explizit nicht mehr die Rede. Über ihre zukünftige Rolle in der matthäischen Gemeinde wird keine Aussage gemacht. Sind sie bei den »Elf« mitgemeint? Dies lässt sich dann annehmen, wenn man die Elf/Zwölf als symbolische Zahl liest, die die Gesamtheit der Gemeinde repräsentiert. Gleichzeitig ist nicht davon auszugehen, dass »die Völker«, an die die Botschaft weitergegeben werden soll, ausschließlich aus Männern bestehen, d. h. durch die weitere Verkündigung werden auch Frauen in der Zukunft zu Jüngerinnen werden. Namentlich und explizit genannt werden Maria aus Magdala und die anderen Frauen aus dem Umfeld Jesu allerdings nur so lange, wie die Männer durch Flucht und Verleugnung erzählerisch nicht zur Verfügung stehen. Anschließend dürfen wir uns wieder – wie schon zuvor für die Zeit vor der Kreuzigung – selbst ein Urteil darüber bilden, ob androzentrisch formulierte allgemeine Aussagen auch die Frauen einschließen. Der Text des Mt ist hier offen. Lk dagegen stellt beide Gruppen deutlicher einander gegenüber. Die lukanische Variante der Erzählung vom leeren Grab endet nämlich folgendermaßen:

»Und sie wandten sich weg vom Grab und verkündigten dies alles den Elf und allen Übrigen (mask.). Es waren aber Maria aus Magdala und Johanna und die Maria des Jakobus und die Übrigen (fem.) mit ihnen (fem.). Sie sagten dies zu den Aposteln, und es erschienen vor ihnen (mask.) diese Reden wie Geschwätz, und sie glaubten ihnen (fem.) nicht.« (Lk 24,9–11)

Während Mt und Mk mehrfach Listen von Frauennamen im Erzählzusammenhang von Kreuzigung, Grabes- und Erscheinungserzählungen einfügen, ist dies die erste Frauenliste bei Lk nach der Aufzählung in 8,1–3. Wie in allen anderen synoptischen Listen steht auch hier Maria aus Magdala auf dem ersten Platz. Die Namenliste wird gleichzeitig um eine größere Frauengruppe ohne Namensnennungen erweitert (wie auch in Lk 8,1–3). Es sind also nicht mehr einzelne Frauen, die das Grab leer vorfinden, sondern es ist die Gesamtgruppe der weiblichen Anhängerinnen Jesu. Diese Gruppe wird nun der Gruppe der »Apostel« gegenübergestellt. Bei Letzteren handelt es sich im lukanischen Kontext um eine reine Männergruppe (vgl. die Kriterien in Apg 1,21–26). Durch die Setzung der femininen und maskulinen Personalpronomen in Lk 24,9–11 erfolgt eine eindeutige Gruppenaufteilung entlang der Geschlechtergrenzen. Im Folgenden werden bei Lk keine Erscheinungen vor den Frauen erzählt oder erwähnt, die Erscheinungen gelten vielmehr Petrus (24,34), den Emmausjüngern (24,13–35) und der Gruppe der Elf (24,36–49). Einerseits wird das, was die Frauen berichtet haben, durch die Erscheinungen bestätigt, andererseits wird ihre Botschaft aber auch im Fortgang der Erzählung überholt: Die Erscheinungen führen dazu, dass auch die angesichts der Erzählung vom leeren Grab noch nicht glaubenden Apostel sich überzeugen lassen. Implizit bestätigt der Text damit die Botschaft der Frauen, ohne dies explizit zu thematisieren; gleichzeitig ist aber das leere Grab durch den Fortgang der Geschichte in den Hintergrund gerückt.

Interessanterweise lässt sich über weite Strecken der neuzeitlichen Forschung eine ähnliche Wertung beobachten: Die Erzählung vom leeren Grab gilt zumeist als späte Legende, an die ein aufgeklärter Mensch ohnehin nicht glauben könne. Der eigentliche Kern der Auferstehungsbotschaft sei dagegen in 1Kor 15,3–7 zu finden, dem ältesten neutestamentlichen Text, in dem von Erscheinungen des Auferstandenen berichtet wird und in dem Petrus explizit als Zeuge genannt wird, Maria aus Magdala jedoch nicht. In diesem Text ist weder vom leeren Grab die Rede noch werden Erscheinungen vor namentlich genannten Frauen erzählt. Bevor ich näher auf das Verhältnis der unterschiedlichen Traditionen eingehe, ist jedoch noch die johanneische Version der Ereignisse am Ostermorgen einzubeziehen.

Ebenso wie in Mk 16,1–8 geht auch bei Joh Maria am Sonntagmorgen zum Grab; in dieser Fassung ist sie die Einzige:

>»1 Am ersten Tag der Woche aber kommt Maria aus Magdala früh, als es noch dunkel war, zum Grab und sieht den Stein weggenommen vom Grab. 2 Sie läuft nun und kommt zu Simon Petrus und zu dem anderen Jünger, den Jesus liebte, und sagt ihnen: Sie haben den *Kyrios* aus dem Grab weggenommen und wir wissen nicht, wohin sie ihn gelegt haben.« (Joh 20,1 f.)

Die Szene wirkt auf den ersten Blick wie eine reduzierte Version der anderen Erzählungen vom leeren Grab: Statt einer Frauengruppe tritt nur Maria aus Magdala auf; die Problematik des »großen Steins« (vgl. Mk 16,3 f.) wird nicht extra thematisiert, seine Wegnahme nur schlicht konstatiert. Es gibt (noch) keine Erscheinung himmlischer Boten, sondern Maria überbringt die Nachricht sofort. Auffällig ist der Wortlaut ihrer Botschaft: Sie sagt nicht: »*Ich* weiß nicht …«, sondern »*Wir* wissen nicht …«. – Woher der Plural? Da die Personen des Joh im Allgemeinen nicht im Plural von sich selbst reden, scheint es sich hier um eine Reminiszenz an eine Version der Geschichte zu handeln, in der Maria nicht allein war: Der Plural wäre dann ein Überbleibsel aus einer Rede von einer Gruppe mehrerer Frauen, die entsprechend den synoptischen Versionen am Ostermorgen das Grab Jesu leer vorfanden. Anders als in den synoptischen Versionen wird bei Joh allerdings ein Redebeitrag von Frauenseite angeführt und nicht lediglich konstatiert, ob sie geschwiegen (so Mk 16,8) oder den anderen die Botschaft verkündigt (so Mt 28,8; Lk 24,9) hätten.

Die johanneische Version ruft die Frage nach ihrem Verhältnis zu den synoptischen Fassungen hervor: Ist sie abhängig oder unabhängig vom Text der anderen Evangelien? Diese Frage ist in der Forschung notorisch umstritten.[40] Die Sachlage ist hier anders als bei den synoptischen Evangelien untereinander: Während bei Letzteren mit großer Übereinstimmung davon ausgegangen wird, dass Mk die literarische Vorlage von Mt und Lk gewesen ist, sind die Meinungen hinsichtlich des Joh geteilt: Die einen gehen davon aus, dass das Joh eines oder mehrere der anderen Evangelien kannte und benutzte, andere plädieren für seine literarische Unabhängigkeit: Das Joh rekurriere nicht auf die synoptischen Evangelien in der uns bekannten Fassung, sondern auf frühchristliche Traditionen, zu denen es

---

40 Symptomatisch ist, dass die beiden umfangreichen neueren Johanneskommentare in dieser Frage (wie in vielen anderen) diametral entgegengesetzte Positionen vertreten: HARTWIG THYEN (s. o.): Kenntnis und Benutzung aller synoptischen Evangelien; dagegen MICHAEL THEOBALD, Das Evangelium nach Johannes. Kapitel 1–12, RNT, Regensburg 2009: unabhängiger Rekurs auf ältere Überlieferungen. Zu dieser und weiteren chronischen Kontroversen in der Johannesforschung vgl. meine Einführung: SILKE PETERSEN, Das andere Evangelium. Ein erster Wegweiser durch die Johannesforschung, in: ZNT 23, 2009, 2–11.

unabhängig von diesen Zugang hatte. Parallelen würden dann auf einen gemeinsamen älteren Traditionsbestand verweisen, der in den uns vorliegenden Texten in je unterschiedlicher Weise aufgenommen und weiterverarbeitet wurde. Eine Entscheidung ist schwierig zu treffen; ich selbst neige der zweiten Alternative, also der Unabhängigkeits-Hypothese zu. Aber auch wenn man mit Kenntnis oder Abhängigkeit rechnet, so bleibt doch zu bedenken, dass nicht alle Informationen des Joh aus den anderen Evangelien ableitbar sind: Ein Indiz dafür sind abweichende Darstellungen bei Joh, die historisch Zuverlässigeres bieten als die synoptischen Versionen. Dies gibt es tatsächlich. Ein Beispiel ist die Datierung des Todes Jesu: Denn nach synoptischer Chronologie ist das letzte Mahl Jesu ein Pessachmahl, es findet am ersten Abend des jüdischen Pessachfestes statt. Nach johanneischer Chronologie ist Jesus an diesem Abend schon tot, er stirbt am Nachmittag vor Anbruch des Festes.[41] Es spricht nun einiges dafür, dass die um einen Tag frühere johanneische Datierung historisch korrekt ist: Eine Hinrichtung beim Pessachfest hätte die öffentliche Ordnung gefährdet, was sicherlich nicht im Interesse der römischen Besatzungsmacht gewesen wäre.[42] Wenn Joh aber in diesem Fall abweichend von den synoptischen Evangelien um die korrekte Datierung weiß, so bedeutet dies, dass wir auch in anderen Fällen mit einem nicht über die synopti-

---

41 In beiden Fällen handelt es sich um einen Freitag, was dann für das Todesjahr Jesu auf verschiedene Daten führt, je nachdem, wie die Wochentage in den in Frage kommenden Jahren lagen.

42 Dieses Argument findet sich schon in Mk 14,1 f. trotz der abweichenden markinischen Chronologie wieder, ist dort also wohl traditionell. Dazu und zu weiteren Argumenten für die johanneische Datierung vgl. GERD THEISSEN / ANNETTE MERZ, Der historische Jesus. Ein Lehrbuch, Göttingen 1996, 152–155.

schen Evangelien verlaufenden Überlieferungsprozess rechnen müssen, der seinen Niederschlag in der johanneischen Darstellung fand. Selbst wenn das Joh später entstanden sein sollte als die synoptischen Evangelien (auch das ist, wie so vieles, in der Forschung umstritten), so bedeutet dies also dennoch nicht, dass die in ihm enthaltenen Traditionen auf jeden Fall sekundär sind. Für den Umgang mit dem Joh heißt das, dass jeweils neu überlegt werden muss, wie eine Tradition einzuordnen ist: Es gibt kein Pauschalrezept, das für alle Texte gleichermaßen gilt.

Zurück zu Joh 20,1f.: Bei diesem Text ist es zweifellos nicht nötig, mit einer von den synoptischen Evangelien unabhängigen alten Tradition zu rechnen – es ist aber auch nicht ausgeschlossen. Der Fortgang der johanneischen Erzählung macht es meiner Ansicht nach allerdings wahrscheinlich, dass das Joh Informationen verarbeitet, deren Ursprung nicht ausschließlich in den synoptischen Evangelien liegt.

1.4. Maria begegnet dem Auferstandenen

Nachdem Maria den fehlenden Stein gesehen hat, läuft sie zu Petrus und dem Lieblingsjünger, um ihnen Bericht zu erstatten (vgl. Joh 20,1f.; s. o.). Während bei Lk auf die Botschaft der Frauen Unglauben folgte, ist die Reaktion bei Joh eine andere: Petrus und der Lieblingsjünger veranstalten einen Wettlauf zum Grab (vgl. Joh 20,3–10). Dabei wird das Verhältnis dieser beiden subtil ausbalanciert: Der Lieblingsjünger ist schneller und kommt als Erster beim Grab an, aber er lässt Petrus den Vortritt. Petrus geht daraufhin zuerst ins Grab hinein, aber nur vom Lieblingsjünger, der anschließend ebenfalls das Grab betritt, wird gesagt: »Er sah und glaubte« (Joh 20,8). Wer angesichts dieser Personenkonstellation eine Kritik an den Fähigkeiten des Petrus hört, hat wohl nicht ganz Unrecht. Der Lieblingsjünger ist eine Art von idealer Gegenfigur des Petrus: Wenn dieser versagt oder ein Problem nicht lösen kann, ist der Lieblingsjünger zur Stelle und übertrifft Petrus an Einsicht oder Verständnis; er hat die nähere Beziehung zu Jesus.[43] Selbst in der einzigen Szene, in der der Lieblingsjünger nicht im Zusammenhang mit Petrus auftritt, nämlich bei der oben schon besprochenen Szene unter dem Kreuz, beleuchtet seine Anwesenheit umso deutlicher die Abwesenheit des Petrus. Zugleich ist der Lieblingsjünger Zeuge und Garant der im Johannesevangelium verschriftlichten Tradition und wird sogar am Ende des Evangeliums als dessen Autor deklariert (vgl. Joh 21,24).[44]

In Joh 20 treten die beiden Jünger nach ihrem Wettlauf und der Besichtigung des leeren Grabes wieder von der Szene ab. Dafür steht nun Maria aus Magdala wieder am Grab, ohne dass wir erfahren, wie sie erneut dorthin gelangt ist:

»11 Maria aber stand weinend draußen beim Grab. Während sie nun weinte, beugte sie sich in das Grab 12 und sieht zwei Engel in weißen Gewändern sitzend, einen bei dem Kopf und einen bei den Füßen, wo der Körper Jesu gelegen hatte.

---

43 Vgl. 13,23–25; 18,15 f.; 20,2–10; 21,7.20–24. – Umstritten ist in der Forschung, ob es sich bei diesem Jünger um eine ausschließlich symbolische Gestalt handelt oder ob letztlich ein historischer Jünger Jesu hinter dieser Figur steht. M. E. verweisen die Probleme, die sein Tod anscheinend verursacht hat (vgl. Joh 21,20–24), eher auf eine reale Gestalt im Hintergrund.

44 Ich erwähne die Gestalt des Lieblingsjüngers schon in diesem Zusammenhang etwas ausführlicher, weil uns eine ähnliche Figurenkonstellation wie hier (inklusive der Petruskritik) mit Maria aus Magdala als Lieblingsjüngerin im zweiten Teil dieses Kapitels wieder begegnen wird.

13 Und jene sagen ihr: Frau, was weinst du? Sie sagt ihnen: Sie haben meinen *Kyrios* weggenommen, und ich weiß nicht, wohin sie ihn gelegt haben.« (Joh 20,11–13)

Maria sagt den beiden Engeln nahezu denselben Satz, den sie zuvor schon gegenüber den beiden Jüngern geäußert hatte, diesmal allerdings redet sie nicht mehr im Plural. Und der Satz ist persönlicher geworden: »Sie haben *meinen* Kyrios weggenommen …«, während es in 20,2 noch mehr im Stile eines sachlichen Berichts hieß: »Sie haben *den* Kyrios *aus dem Grab* weggenommen …« Solche kleinen Veränderungen zeigen, wie genau der Text formuliert ist: Marias Situation ist jetzt eine andere, ihre Rolle ist nicht mehr die einer Berichterstatterin, sondern die einer Trauernden, die nicht nur einen geliebten Menschen hat sterben sehen, sondern nun auch der Möglichkeit beraubt ist, an seinem Grab um ihn zu klagen.

Anders als in den synoptischen Grabeserzählungen sind die himmlischen Boten bei Joh *zwei Engel*, die *im* Grab sitzen (Mk 16: ein Jüngling im Grab; Mt 28: ein Engel auf dem Grabstein; Lk 24: zwei Männer, die dazukommen). Und im Gegensatz zu den synoptischen Grabeserzählungen erfolgt bei Joh keine Auferstehungsbotschaft von Seiten dieser himmlischen Boten. Die beiden Engel fragen Maria zwar zunächst nach dem Grund ihres Weinens, sie spielen aber in der folgenden Szene keine Rolle mehr. Sie sind in eigenartiger Weise dramaturgisch überflüssig, da nun Jesus auftritt und Maria dasselbe fragt, was die Engel sie zuvor gefragt hatten:

»14 Nachdem sie dies gesagt hatte, wandte sie sich nach hinten um und sieht Jesus da stehen und wusste nicht, dass es Jesus ist. 15 Jesus sagt ihr: Frau, was weinst du? Wen suchst du? Jene meinte, dass er der Gärtner sei, und sagt ihm: Herr, wenn du ihn weggenommen hast, sage mir, wo du ihn hingelegt hast, und ich werde ihn holen. 16 Jesus sagt ihr: Maria! Jene wendet sich um und sagt ihm auf Hebräisch: Rabbuni! (das heißt Lehrer). 17 Jesus sagt ihr: Halte mich nicht fest, denn ich bin noch nicht zum Vater hinaufgegangen. Geh aber zu meinen Geschwistern und sage ihnen: Ich gehe hinauf zu meinem Vater und eurem Vater, meinem Gott und eurem Gott. 18 Maria aus Magdala geht und verkündigt den Jüngern und Jüngerinnen: Ich habe den *Kyrios* gesehen, und dies hat er ihr gesagt.« (Joh 20,14–18)

Maria erkennt Jesus zunächst nicht. Diese Erzählung gehört also, wie etwa auch die Geschichte von den Emmausjüngern (Lk 24,13–35), zu jenen Auferstehungserzählungen, in denen das Wiedererkennen Jesu nicht spontan erfolgt, sondern sich erst durch eine charakteristische Geste Jesu einstellt. Die Emmausjünger erkennen Jesus, als dieser das Brot bricht; Maria erkennt ihn, als er sie bei ihrem Namen ruft: »Maria!« Für aufmerksame Lesende lassen sich Bezüge zu früheren Passagen des Evangeliums herstellen: In Joh 10,1–5 erzählt Jesus ein Gleichnis von Schafen, die der Stimme der Hirten folgen, »weil sie seine Stimme kennen«, nicht jedoch die Stimme eines Fremden. Und in Joh 18,37 sagt Jesus zu Pilatus, wer »aus der Wahrheit ist, hört meine Stimme«. Anders als Pilatus reagiert Maria auf Jesu Reden und redet nun ihrerseits ihn an: »Rabbuni!«, was sich mit »mein Rabbi« wiedergeben lässt und darin von den sonstigen Anreden Jesu lediglich mit »Rabbi« differiert (vgl. 1,38.49; 4,31; 6,25). Betont wird damit noch einmal die persönliche Nähe zwischen Maria aus Magdala und Jesus.

Der nächste Satz, den Jesus zu Maria sagt, hat eine beachtliche Karriere in der Rezeptionsgeschichte gemacht, allerdings in einer anderen Übersetzung als der

Abb. 7: Giotto di Bondone, Noli me tangere, um 1320

oben gewählten. Traditionell wird der Imperativ in Vers 17 nämlich wiedergegeben mit: »Rühre mich nicht an!«; die lateinische Übersetzung *noli me tangere* ist bekannt als Titel zahlreicher bildlicher Darstellungen dieser Szene. Bei vielen Auslegungen von Joh 20,17 schwingt zudem eine Deutung mit, in der Maria als unverständige Frau (und dann in der späteren Identifikation auch noch als Sünderin) nicht für würdig oder rein genug gehalten wird, um den Auferstandenen zu berühren.[45]

---

45 Ein bei dem Verständnis »Rühre mich nicht an« sich ergebendes Problem: Warum wird Maria verboten, wozu der ungläubige Thomas aufgefordert wird (vgl. Joh 20,27), wurde u. a. damit beantwortet, dass einer sündigen Frau eben nicht erlaubt ist, wozu ein Mann, noch dazu einer der Zwölf, aufgefordert wird. Gegen eine solche Interpretation hat schon Augustin Einspruch erhoben, vgl. ANDREA TASCHL-ERBER, Maria von Magdala – erste Apostolin? Joh 20,1–18: Tradition und Relecture, HBS 51, Freiburg u. a. 2007, 607 f.

Die johanneische Formulierung legt allerdings ein anderes Verständnis nahe: Die griechische Verbform (*haptou*) steht im Imperativ Präsens und nicht im Imperativ Aorist. Es handelt sich mithin eher nicht um eine Anweisung, eine Handlung prinzipiell zu unterlassen, sondern um eine Aufforderung, eine angefangene oder andauernde Handlung nicht auszuführen bzw. abzubrechen. Zudem ist die Grundbedeutung des Verbs nicht »berühren«.[46] Damit liegt hier aber kein grundsätzliches Berührungsverbot Jesu an Maria vor; vielmehr soll sie ihn loslassen, gehen lassen, nicht festhalten – nur so ist auch der begründende Nachsatz verständlich. Hartwig Thyen übersetzt in seinem Johanneskommentar: »Halte mich nicht auf!«, und fügt hinzu: »in dem sprichwörtlichen Sinn, daß man Reisende nicht aufhalten soll«.[47] Jesus ist nicht in sein »normales«, vorheriges Leben zurückgekehrt, sondern befindet sich auf dem Weg »zum Vater«. Ebendies soll Maria nun auch den anderen verkündigen. Jesus gebraucht bei seinem Verkündigungsauftrag an Maria eine Formulierung, die im Kontext des Johannesevangeliums an dieser Stelle erstmalig begegnet: »Ich gehe hinauf zu meinem Vater und *eurem* Vater, meinem Gott und *eurem* Gott«. Zuvor im Evangelium redet Jesus durchgehend nur von *seinem* oder *dem* Vater, zum ersten Mal ist Gott hier »*euer* Vater«, also Vater auch der Jünger/Jüngerinnen Jesu, die dementsprechend von

---

46 Vgl. die ausführliche Diskussion der Übersetzungsfrage bei Andrea Taschl-Erber, Between Recognition and Testimony. Johannine Relecture of the First Easter Witness and Patristic Receptions, erscheint in: R. Bieringer u. a. (Hrsg.), To Touch or Not to Tuoch. Interdisciplinary Perspectives on Noli me Tangere, Leuven 2011.

47 Thyen, Johannesevangelium, 763.

ihm als seine Geschwister (*adelphoi*)[48] bezeichnet werden. Die »Familiensituation« hat sich mit der Auferstehung geändert; die Jesus Nachfolgenden sind in die *familia dei* als Geschwister aufgenommen.

Interessant – und nicht einfach zu verstehen – ist der begründende Nachsatz, den der johanneische Jesus an seinen Imperativ anschließt: »Halte mich nicht fest, *denn* ich bin noch nicht zum Vater hinaufgegangen.« Geht man von der traditionellen Übersetzung mit »Rühre mich nicht an« aus, so bleibt der Nachsatz als Begründung einigermaßen sinnlos, würde er doch implizieren, dass Maria Jesus erst dann *berühren* könnte, nachdem er sie verlassen hat. Aber auch bei der oben gewählten Übersetzung scheint die begründende Funktion des Nachsatzes seltsam: Wenn Maria Jesus nicht festhalten soll, weil er noch nicht gegangen ist, scheint dies zu implizieren, dass es *nach* seinem Weggang doch möglich sein könne, Jesus »festzuhalten«. Eine denkbare alternative Lesart scheint allerdings im johanneischen Kontext noch abwegiger: »Halte mich nicht fest, denn ich bin dabei aufzusteigen – und du könnest mich daran durch das Festhalten hindern.« Ein solches Verständnis ist angesichts der durchgehenden Souveränität des johanneischen Jesus, der einfach verschwinden kann, ohne dass jemand in der Lage wäre,

---

48 Es gibt m. E. keinen Grund, hier nur männlich zu übersetzen (»Brüder«; »Jünger«). Im Joh sind Frauen als Nachfolgende nirgendwo ausgeschlossen, und es ist auch im johanneischen Kontext nicht plausibel, dass Maria zu einer reinen Männergruppe geschickt wird – so als dürften die weiblichen Anhängerinnen Jesu nichts von der Auferstehung wissen. Dennoch ist die Szene oft in einer Weise rezipiert worden, dass Maria nur zu den Zwölfen (logisch korrekter: den Elfen) geht. Diese Gruppe wird in Joh 20,1–18 jedoch nicht erwähnt und ist auch sonst randständig: Nur in 6,67–71 treten die Zwölf überhaupt auf (in 20,24 werden sie noch einmal erwähnt), eine Namensliste fehlt gänzlich.

ihn zu hindern (vgl. 7,44; 8,20.59; 10,39), nicht plausibel. Also impliziert der Satz wohl tatsächlich, dass das »Festhalten«, das »Hängen an« Jesus gerade *nach* seinem Weggang möglich ist. Im Gesamtkontext des Joh ist dies keine abwegige Aussage, da die Abwesenheit Jesu kein Defizit bedeutet, sondern den fortschreitenden Erkenntnisprozess nach Ostern erst ermöglicht (vgl. etwa 2,22; 16,7). Paradoxerweise scheint der johanneische Jesus also nach seinem Weggang Maria, der johanneischen Gemeinde und uns potenziell näher als in der Zeit davor.

Noch ein weiteres Motiv aus Joh 20 hat in der Wirkungsgeschichte dieses Textes Karriere gemacht: Der Gärtner, für den Maria Jesus zunächst hält, scheint kei-

Abb. 8: Rembrandt: Christus erscheint Maria Magdalena, 1638.
Der Auferstandene trägt als »Gärtner« Hut und Schaufel, rechts die
beiden Engel im Grab, neben Maria Magdalena das Salbölgefäß

ne zufällig gewählte Figur. Aus 19,41 hatten wir erfahren, dass das Grab Jesu in einem Garten liegt – ist hier ein Verweis auf den Garten des Paradieses impliziert? Spätere Auslegungen zumindest haben den Text so gelesen und daraus eine antithetische Parallelität zwischen Eva und Maria Magdalena abgeleitet, die jeweils am Beginn einer neuen Zeit stehen: der Zeit der Sünde einerseits und der Zeit der Erlösung andererseits. Für das Joh dürfte allerdings weder eine solche Deutung der Frauengestalten noch ein so geartetes Zeitschema anzunehmen sein. Dennoch scheinen Garten und Gärtner kaum zufällig gewählt: Der Garten als Ort der Nähe des Göttlichen und Ort der Fülle und Erfüllung lässt Assoziationen zum Garten des Paradieses zu.[49]

Nachdem Maria Jesus erkannt hat, erhält sie einen Auftrag von ihm: Sie soll ihre Erfahrung, ihre Begegnung mit dem Auferstandenen, nicht für sich behalten, sondern sie den anderen weitergeben. Und dies tut sie mit den Worten: »Ich habe den *Kyrios* gesehen« (*heoraka ton kyrion*, Joh 20,18). Dieselben Worte benutzt auch Paulus, wenn er von seiner Erscheinungserfahrung redet, um gegenüber der korinthischen Gemeinde sich und sein Apostolat zu rechtfertigen: »Bin ich nicht Apostel? Habe ich nicht Jesus, unseren *Kyrios* gesehen (*ton kyrion ... heoraka*)? Seid ihr nicht mein Werk im *Kyrios*?« (1Kor 9,1). Das »Sehen« des *Kyrios* begründet das paulinische Apostolat, das sich dann auch in seinem Missionserfolg in Korinth als wirkmächtig erweist.[50]

---

49 So auch Thyen, Johannesevangelium, 762, der die Szene für ein »produktives Missverständnis« Marias hält, da Jesus ja tatsächlich der »Herr« des Gartens sei sowie auch der, der den Toten weggeschafft habe.

50 Wie Paulus sich hier rechtfertigt, zeigt auch, dass seine Person in der korinthischen Gemeinde nicht unumstritten war: Er hat

Was bedeutet dies nun für Maria aus Magdala? Macht das »Sehen« des *Kyrios* auch sie zu einer Apostelin? Um diese Frage zu beantworten, ist es nötig, einen Blick auf die unterschiedlichen Verständnisse des Apostel-Seins zu werfen. In den neutestamentlichen Schriften gibt es nämlich verschiedene Konzepte: Lk begrenzt das Apostolat auf die Zwölf. Er zählt seine Kriterien explizit zu Beginn der Apostelgeschichte auf, als es um die Nachwahl eines Ersatzkandidaten für Judas geht: Qualifiziert sind nur Männer, die über den ganzen Zeitraum des irdischen Wirkens Jesu (inklusive seiner Himmelfahrt) anwesend waren. Von den beiden Kandidaten, die aufgestellt werden, da sie diese Kriterien erfüllen, fällt die göttliche Wahl durch Los auf Matthias, der daraufhin den »elf Aposteln« zugeordnet wird (vgl. Apg 1,21–26). Für Lk ist der Apostelkreis also eindeutig begrenzt: Paulus gehört nicht dazu (da er ja den irdischen Jesus nicht einmal gekannt hat), und auch Frauen können sich nicht qualifizieren: Es werden ausschließlich *Männer* gesucht, die den Kriterien entsprechen. Die Identifikation, die lukanischerseits zwischen den »Zwölf« und den Aposteln hergestellt wird, ist aber keineswegs durchgehend in den neutestamentlichen Schriften vorausgesetzt. Paulus betrachtet sich selbst als Apostel, was er immer wieder betont (Röm 1,1; 1Kor 1,1; 2Kor 1,1 u. ö.), und er nennt auch andere so, die nicht zum Zwölferkreis gehören, so Andronikus und Junia (vgl. Röm 16,7).[51] Die Zwölf und

---

es nötig, zu argumentieren und gegnerische Gruppierungen zu überzeugen. Zu den paulinischen Argumentationsstrategien vgl. die Analyse von Antoinette Clark Wire, The Corinthian Women Prophets. A Reconstruction through Paul's Rhetoric, Minneapolis 1990.

51 Zur Apostelin Junia (die sich in vielen Handschriften und Übersetzungen späterer Zeiten in einen Apostel Junias verwandelt

die Gruppe der Apostel und Apostelinnen sind auch dort nicht miteinander identisch, wo Paulus eine ihm vorgegebene Tradition zitiert (1Kor 15,3–7, s. u.). Letzteres spricht dafür, dass das engere lukanische Apostolatsverständnis nicht die Norm im frühen Christentum gewesen ist, sondern dass das offenere paulinische mindestens zunächst verbreiteter war. Von der zugrunde liegenden Wortbedeutung her ist ein Apostel lediglich ein Abgesandter, jemand, der (oder die) von einer anderen, normalerweise höherstehenden Person gesandt und bevollmächtigt wird.[52] In einem solchen ebenso wie im paulinischen Sinne ist Maria aus Magdala als Apostelin anzusehen; im lukanischen Sinne jedoch nicht. In der späteren Rezeptionsgeschichte begegnet für Maria Magdalena der Titel »Apostelin der Apostel«; dabei tritt ihr Verkündigungsauftrag jedoch zum Teil hinter ihrer Rolle als reuiger Sünderin zurück. Erst in letzter Zeit hat sich an dieser Stelle die Diskussion noch einmal verschoben – nicht zuletzt in der Debatte um das Frauen ausschließende Amtsverständnis einer Reihe von christlichen Kirchen ist Jesu Verkündigungsauftrag an Maria von nicht zu unterschätzender Bedeutung. Dabei ist allerdings der Titel »Apostelin der Apostel« nur begrenzt hilfreich, da er zwar einer-

---

hat), vgl. grundlegend: BERNADETTE J. BROOTEN, »Junia … hervorragend unter den Aposteln« (Röm 16,7), in: E. Moltmann-Wendel (Hrsg.), Frauenbefreiung. Biblische und theologische Argumente, GT.S 12, München 21978, 148–151.

52 Ein solches allgemeines Verständnis scheint auch an einigen Stellen noch durch, vgl. Joh 13,16; 2Kor 8,23; Phil 2,25. – Zudem gibt es noch zwei Stellen bei Lk, wo er von seiner eigenen Definition abweicht (vgl. Apg 14,4.14), vermutlich da er dort ältere Quellen verarbeitet. Zu den verschiedenen Bedeutungen von »Apostel«, der Apostelfrage allgemein sowie im Bezug auf Maria vgl. ANN GRAHAM BROCK, Mary Magdalene, The First Apostel: The Struggle for Authority, HThS 51, Cambridge 2003.

seits Marias Apostolat benennt, es andererseits aber zeitlich und in Bezug auf die Adressierten einschränkt. Joh 20,18 kann dann so rezipiert werden, als hätte Maria nur eine einmalige Botschaft zu überbringen, jedoch keinen Auftrag zu einer bleibenden Verkündigungstätigkeit.[53] Solche kirchenpolitischen Debatten führen allerdings schon weit über den johanneischen Text hinaus: Im Joh fehlen Titel und Amtsbezeichnungen wie Diakon/Diakonin, Apostel/Apostelin o. Ä. vollkommen, es missionieren und verkündigen sowohl Männer wie auch Frauen – ohne dass diese Tätigkeiten mit festgelegten Titeln versehen werden.

Ein weiterer interessanter Aspekt von Joh 20,18 ist der grammatische Bruch im letzten Satz. Maria Magdalena sagt: »Ich habe den *Kyrios* gesehen«, und dann folgt: »und dies hat er *ihr* gesagt«. Der Satz wechselt unvermittelt von der ersten in die dritte Person Singular, und die Botschaft – die doch von zentraler Wichtigkeit ist – wird nicht noch einmal thematisiert. Wir erfahren nicht, was Maria gesagt hat. Der Satz wirkt wie ein verkürztes Ende des Abschnittes Joh 20,11–18. Man kann sich daher fragen, ob hier eine ursprünglichere Fassung verdrängt wurde: So stellt Jane Schaberg in ihrer Monographie über Maria Magdalena die These auf, dass das Ende von Vers 18 einen »more original report« ersetzt habe.[54] Wenn man noch einen Schritt weitergehen möchte, so lässt sich im *Evangelium nach Maria*, einem apokryphen Text aus dem 2. Jh.,[55] genau das

53 Vgl. Ingrid Maisch, Maria Magdalena zwischen Verachtung und Verehrung. Das Bild einer Frau im Spiegel der Jahrhunderte, Freiburg/Basel/Wien 1996, 189.

54 Vgl. Jane Schaberg, The Resurrection of Mary Magdalene. Legends, Apocrypha, and the Christian Testament, New York / London 2004, 326.

55 Ausführlicheres zum EvMar unten B. 2.3. und 2.4.

finden, was hier fehlt: eine längere Rede Marias, in der es um den *Aufstieg* der Seele in den göttlichen Bereich geht (vgl. Joh 20,17, wo Jesus von seinem *Aufstieg* zu Gott redet). Wahrscheinlicher als solche Spekulationen über den ursprünglichen Gehalt von Joh 20,18 scheint allerdings, dass der spätere apokryphe Text ebenjene Leerstelle in Marias Rede nutzt, die nicht erst in der Neuzeit aufgefallen sein dürfte und die dazu einlädt, genau an dieser Stelle mit Fortschreibungen anzusetzen. Der grammatische Bruch am Ende von Joh 20,18 bleibt dennoch seltsam.

Joh 20,11–18 ist zwar die populärste, aber nicht die einzige Erscheinungserzählung, in der Maria aus Magdala dem Auferstandenen begegnet. Auf den ersten Blick leicht zu übersehen ist eine kurze Parallele bei Mt. Am Ende der matthäischen Version der Erzählung vom leeren Grab brechen Maria aus Magdala und eine weitere Maria auf, um den anderen die Engelsbotschaft zu überbringen (vgl. Mt 28,8, s. o.). Auf dem Weg treffen sie dann unvermittelt auf Jesus:

»Und siehe Jesus begegnete ihnen und sagte: Seid gegrüßt! Sie aber gingen zu ihm, umfassten seine Füße und fielen vor ihm nieder. Da sagt Jesus ihnen: Fürchtet euch nicht: geht, verkündigt meinen Geschwistern, dass sie nach Galiläa gehen sollen, dort werden sie mich sehen.« (Mt 28,9 f.)

Was Jesus hier zu den Frauen sagt, ist eine Wiederholung der Engelsbotschaft am leeren Grab: Der Engel hatte die Frauen aufgefordert, den Jüngern und Jüngerinnen zu sagen, dass Jesus auferstanden sei, »und siehe, er geht euch voran nach Galiläa, dort werdet ihr ihn sehen« (Mt 28,7). Die Jesusrede wiederholt diese Botschaft, wobei die Jünger und Jüngerinnen nun, aus der Perspektive Jesu, als »Geschwister« benannt wer-

den. Es geht in Mt 28,9f. primär um die Tatsache der
Erscheinung Jesu vor den Frauen; ihre Beauftragung
und der Inhalt der Botschaft sind im Vergleich mit der
vorhergehenden Szene unverändert, der Text enthält
keine weiteren relevanten Informationen für den kommenden Verlauf der Ereignisse. Mt 28,9f. wirkt insgesamt nicht wie eine ausgestaltete Erzählung, sondern
eher wie eine Reminiszenz an eine alte Tradition, die
bei Mt aufbewahrt ist, ohne eine weiterführende Rolle
für den Gesamtaufriss des Evangeliums zu spielen. Allerdings bestätigt diese kurze Passage bei Mt die Ersterscheinung vor Maria aus Magdala (in diesem Fall zusammen mit einer weiteren Maria), wie wir sie auch in
Joh 20 vorgefunden haben.

Wie hat man sich nun aber das Verhältnis von Joh
20,11–18 und Mt 28,9f. vorzustellen? Ist eine der beiden
Versionen von der anderen abhängig oder liegen uns
zwei voneinander unabhängige Zeugnisse einer Ersterscheinung von Maria aus Magdala vor? Nimmt man
eine Abhängigkeit an, so sind theoretisch zwei Möglichkeiten denkbar: Mt könnte die johanneische Version verkürzt oder Joh die matthäische Version ausgestaltet haben. Die erste Alternative wird, soweit ich
sehe, nirgendwo in der Sekundärliteratur vertreten –
dass Mt das Joh oder Teile davon gekannt hat, ist insgesamt unwahrscheinlich. Anders sieht es mit der möglichen Abhängigkeit der johanneischen Erscheinungserzählung von Mt 28,9f. aus. Es finden sich durchaus
Stimmen, die für eine solche Ableitung eintreten.[56] Die

---

56 So etwa THYEN, Johannesevangelium, 757, ohne weitere Begründung, da es seiner Gesamtsicht entspricht. Ein ausführlicher Vergleich beider Abschnitte findet sich bei TASCHL-ERBER,
Maria von Magdala, 197–207; sie votiert gegen eine direkte Abhängigkeit.

Argumente dafür sind m. E. allerdings eher schwach. Die Erzählungen differieren nahezu in jeder Einzelheit, selbst das Motiv des Anfassens oder Festhaltens Jesu wird mit Hilfe unterschiedlicher griechischer Verben thematisiert (*krateo* in Mt 28,9; *haptomai* in Joh 20,17). Sollte Joh 20,17 eine intendierte Aufnahme und Abwandlung von Mt 28,9 sein, warum ist diese dann nicht mehr als eine solche zu identifizieren? Zudem enthält Joh 20 zahlreiche Einzelheiten, die sich nicht auf Mt 28,9 f. zurückführen lassen. Insgesamt scheint mir also die dritte Möglichkeit am plausibelsten, nämlich die, dass mit den beiden Texten zwei voneinander unabhängige Zeugnisse einer alten, mit Maria verbundenen Erscheinungstradition erhalten sind, die je unterschiedlich ausgestaltet wurden. Gemeinsame Elemente dieser Tradition, die älter als die uns vorliegenden Texte sein dürften, sind in der Person Marias, der lokalen Nähe zum Grab und dem Auftrag Jesu, zu den *Geschwistern* zu gehen, zu finden.

1.5. Divergenzen neutestamentlicher Osterüberlieferungen

Mt und Joh bezeugen somit (wohl voneinander unabhängig) die Ersterscheinung Jesu vor Maria aus Magdala. Mk enthält in seiner ursprünglichen Fassung (mit dem Ende in 16,8) überhaupt keine Erscheinungserzählungen. Bei den zwei weiteren neutestamentlichen Autoren, die Ostererscheinungen erzählen oder erwähnen, fehlt die Tradition von der Ersterscheinung vor Maria: Weder Lukas noch Paulus führen eine solche Überlieferung an. Bei Lk folgt auf die Erzählung vom leeren Grab die Geschichte von der Begegnung zweier Jünger mit Jesus auf dem Weg nach Emmaus, die ein überraschendes Ende nimmt: Als die beiden

Emmausjünger zu »den Elf und denen mit ihnen« kommen, um das Erlebte zu berichten, werden sie ihrerseits mit den Worten empfangen: »Der *Kyrios* ist wirklich auferstanden und dem Simon erschienen.« (Lk 24, 33 f.) Was die beiden Emmausjünger mitteilen wollten, wird stattdessen ihnen gesagt – und damit zugleich der Primat des Petrus gesichert: Simon Petrus ist nach Lk somit der Erste, der eine Erscheinung des Auferstandenen erfahren hat. Die lukanische Abfolge und Darstellung der Ereignisse passen zu dem, was sich auch sonst in diesem Evangelium beobachten lässt: Der Status des Petrus (und auch der Zwölfergruppe) wird erhöht, derjenige der Frauen jedoch minimiert.[57] Es gibt bei Lk keine Erscheinung vor der Frauengruppe; und Lk 24,34 ist der einzige Text der Evangelien, der auf eine Erscheinung *allein* vor Petrus verweist – jedoch ohne diese zu erzählen.

Noch in einem weiteren neutestamentlichen Text geht es um Erscheinungen des Auferstandenen, aber ohne dass diese erzählt würden: In 1 Kor 15 nennt Paulus eine Reihe von Namen derer, denen der Auferstandene erschienen ist. Paulus zitiert an dieser Stelle gegenüber der korinthischen Gemeinde einen alten, formelhaft durchgestalteten Text, den er selbst – wie er sagt – schon »empfangen« hat:

»3 Denn ich habe euch als Erstes weitergegeben, was auch ich empfangen habe,
dass Christus gestorben ist für unsere Verfehlungen gemäß den Schriften

---

57 Vgl. die Beispiele oben im Text sowie Brock, Mary Magdalene, 19–40. Sie zieht die Schlussfolgerung: »It is my contention that it is not merely coincidence that the Gospel of Luke, the most pro-Petrine of the canonical Gospels, is also the one in wich the witness of of Mary Magdalene is most diminished« (40).

4 und dass er begraben wurde und auferweckt wurde am dritten Tage gemäß den Schriften

5 und dass er erschienen ist dem Kefas, dann den Zwölf;

6 danach ist er mehr als fünfhundert Geschwistern auf einmal erschienen

– von denen die meisten bis jetzt noch am Leben sind, einige aber sind entschlafen –,

7 danach ist er dem Jakobus erschienen, dann allen Aposteln und Apostelinnen;

8 als Letztem von allem ist er auch mir als einer Missgeburt erschienen,

9 denn ich bin der Geringste von allen Aposteln, der ich nicht würdig bin, Apostel genannt zu werden,

weil ich die Gemeinde Gottes verfolgt habe.« (1Kor 15,3–9)

Dies ist der älteste neutestamentliche Text, der die Erscheinungen des Auferstandenen thematisiert und dabei Zeugen nennt. Der 1Kor wird im Allgemeinen auf den Beginn der 50er Jahre des 1. Jh.s datiert, die Evangelien sind erst ab ca. 70 n. Chr. verschriftlicht worden. Zudem formuliert Paulus hier nicht einfach eigenständig, sondern nimmt in den Versen 3b–7 eine ältere Tradition auf, die er der Gemeinde in Korinth schon zuvor weitergegeben hatte.

Vor dem Hintergrund der bislang diskutierten Texte aus den Evangelien überrascht die Abwesenheit von Maria aus Magdala. Der erste genannte Name in der Liste ist Kefas (= Petrus), wie auch sonst häufiger kombiniert mit den »Zwölf«;[58] der nächste Name ist Jakobus (gemeint ist der Jesusbruder, nicht der Zebedaide),

---

58 Der Gebrauch von »Zwölf« ist an dieser Stelle nicht logisch: Petrus wurde schon genannt, Judas ist kein potentieller Zeuge mehr. Dies zeigt einmal mehr den symbolischen Charakter der Zahl.

dieser Name ist verbunden mit der Gruppe der *aposto-loi*. Besonders in der älteren Forschung wurde intensiv diskutiert, ob sich in der aufeinanderfolgenden Nennung beider Gruppen, angeführt von ihrer jeweiligen Führungsperson, ein Autoritätskonflikt aus der Frühzeit des Christentums niedergeschlagen hat, wobei die Führungsrolle, die zunächst bei der Petrusgruppe gelegen habe, dann auf die Jakobusgruppe übergangen sei.[59] Wie auch immer diese Frage zu entscheiden ist – deutlich wird sowohl an dieser Debatte, wie auch an der paulinischen Fortschreibung der Formel in den Versen 8 f., dass der Empfang einer Erscheinung des Auferstandenen auch relevant für die Position des Empfangenden ist. Paulus selbst schreibt sich in die Liste der Zeugen ein, wenn auch als Geringster von allen Aposteln.

Möglicherweise lässt sich vor diesem Hintergrund auch die Abwesenheit Marias erklären. Dass Paulus bewusst Erscheinungen vor Frauen unterschlägt, scheint mir allerdings keine überzeugende Annahme. Die beiden Gruppenbezeichnungen, die er in Vers 6 und 7 verwendet (*adelphoi* und *apostoloi*), sind in den paulinischen Briefen gerade keine exklusiv männlich konnotierten Begriffe, auch wenn manche Übersetzungen dies suggerieren. Es geht also nicht darum, Frauen prinzipiell als Erscheinungsempfängerinnen auszuschließen. Was aber ist dann der Grund für das Fehlen Marias? Kannte Paulus die Tradition von der Ersterscheinung vor Maria nicht oder hat er sie aus irgendwelchen Gründen lieber übergangen? Wir bewegen uns mit dieser Frage

---

59   Vgl. z. B. ULRICH WILCKENS, Auferstehung. Das biblische Auferstehungszeugnis historisch untersucht und erklärt, Stuttgart 1970, bes. 24–30; zur Diskussion vgl. TASCHL-ERBER, Maria aus Magdala, 226–233.

ohnehin längst auf dem Gebiet der Spekulation, deshalb sei ein kleines Experiment erlaubt, nämlich eine hypothetische Umformulierung: Wie hätte der Text heißen müssen, wenn man die Traditionen von Mt 28,9 f. und Joh 20,11–18 einbezieht? Es lässt sich ungefähr Folgendes imaginieren:

»3 Denn ich habe euch als Erstes weitergegeben, was auch ich empfangen habe,
dass Christus gestorben ist für unsere Verfehlungen gemäß den Schriften
4 und dass er begraben wurde und auferweckt wurde am dritten Tage gemäß den Schriften
5 und dass er erschienen ist [zuerst Maria aus Magdala, dann den Frauen];
[danach] dem Kefas, dann den Zwölf;
6 danach ist er mehr als fünfhundert Geschwistern auf einmal erschienen
– von denen die meisten bis jetzt noch am Leben sind, einige aber sind entschlafen –,
7 danach ist er dem Jakobus erschienen, dann allen Aposteln und Apostelinnen;
8 als Letztem von allem ist er auch mir als einer Missgeburt erschienen,
9 denn ich bin der Geringste von allen Aposteln, der ich nicht würdig bin, Apostel genannt zu werden, weil ich die Gemeinde Gottes verfolgt habe.« (1Kor 15,3–9)

Das Experiment zeigt zweierlei. Erstens: Mein aufgrund von Mt 28 und Joh 20 eingefügtes »zuerst« ist ein Element, dass im tatsächlichen Text von 1Kor 15 gerade fehlt. Dort wird also nicht explizit gesagt, dass Petrus die *erste* Erscheinung zukommt – nur dadurch, dass er als Erster aufgeführt ist, lässt sich der Text so lesen. Zweitens: Der Name Marias wirkt an dieser Stelle fremdartig, und zwar nicht nur, weil er ja tatsächlich nicht da steht, sondern weil 1 Kor 15,3–9 ausschließlich solche Personen namentlich nennt, von denen wir aus anderen Passagen des Neuen Testaments wissen, dass sie wichtige Leitungsfiguren in der Anfangszeit des Christentums waren: Petrus, Jakobus und Paulus. Paulus selbst will im 1 Kor ja gerade seine Autorität begründen – können wir uns vorstellen, dass er sich dazu in eine Reihe stellt, die nicht mit Petrus, sondern mit Maria aus Magdala beginnt?

Auf dem Hintergrund unseres zunehmenden Wissens von der Vielfalt im frühen Christentums lässt sich vermuten, dass sowohl eine alte Maria- wie auch eine alte Petrus-Erscheinungstradition kursierten. Sollte Paulus tatsächlich beide gekannt haben, ist es für ihn auf jeden Fall rhetorisch klüger,[60] sich an dieser Stelle auf die Petrus-Tradition zu beziehen. Dadurch, dass in 1 Kor 15,4 aber gerade nicht explizit steht, Jesus sei zuerst dem Petrus erschienen, ist quasi eine Leerstelle offengehalten, die den Gedanken an eine Ersterscheinung vor Maria aus Magdala nicht ausschließt.

An dieser Stelle ist ein Blick auf einen weiteren neutestamentlichen Text interessant, nämlich auf den oben schon erwähnten längeren sekundären Schluss des Mk. Der Text stammt aus dem 2. nachchristlichen Jh. Im Anschluss an den wohl schon bald als unbefriedigend empfundenen »offenen« Schluss von Mk 16,8 (s. o.) findet sich in vielen Handschriften folgende Fortschreibung:

---

60   Vgl. auch die Überlegungen bei WIRE, Prophets, 162 f. Sie führt als möglichen Grund der paulinischen Auslassung an, dass Paulus die korinthische Frauengruppe, die andere Vorstellungen als er über die Auferstehung vertrat, nicht durch die Nennung von weiblichen Auferstehungszeuginnen unterstützen wollte.

»9 Nach seiner Auferstehung erschien er früh am ersten Tag der Woche Maria aus Magdala, von der er sieben Dämonen ausgetrieben hatte. 10 Jene ging und verkündigte es denen, die mit ihm gewesen waren, den Trauernden und Klagenden. 11 Als jene aber gehört hatten, dass er lebe und von ihr gesehen worden sei, glaubten sie es nicht. 12 Danach offenbarte er sich zwei von ihnen in anderer Gestalt, als sie über Land gingen. 13 Auch jene gingen und verkündigten es den Übrigen, auch jenen glaubten sie nicht.« (Mk 16,9–13)

Anschließend gibt es noch eine Erscheinung vor den »Elf« mit Verkündigungsauftrag und Vorblick auf die universale Mission, und auch die Himmelfahrt Jesu wird noch erwähnt. In Mk 16,9–20 sind deutlich andere Texte aus dem Neuen Testament als nur Mk vorausgesetzt, es dominieren dabei Bezugnahmen auf Lk und Apg (vgl. u. a. die »sieben Dämonen« sowie die Bezugnahme auf die Himmelfahrt). Die Maria-Erscheinung wird allerdings gegen den Ablauf der bei Lk erzählten Ereignisse *vor* der Erscheinung auf dem Weg nach Emmaus als Erste genannt. Das bedeutet aber: Uns liegt hier ein Zeugnis dafür vor, dass – und zwar trotz dominierender Einflüsse des lukanischen Doppelwerks – von einer Ersterscheinung vor Maria aus Magdala in bestimmten christlichen Kreisen des 2. Jh.s mit einer gewissen Selbstverständlichkeit gesprochen werden konnte. Dies verweist einmal mehr auf eine Vielfalt von Erscheinungstraditionen im frühen Christentum, die jeweils unterschiedlich kombiniert und aktualisiert wurden, und es spricht gegen eine einlinige Entwicklung mit einem eindeutigen Ausgangspunkt.

Etwas Ähnliches gilt m. E. auch in Bezug auf das Verhältnis der Überlieferung vom leeren Grab einerseits und den Erscheinungstraditionen andererseits. Ich hatte oben schon angedeutet, dass ich geneigt bin, beide Überlieferungskomplexe für voneinander unabhängig zu halten. Dies bedeutet auch eine Aufwertung der Grabesgeschichte, die über lange Strecken der neutestamentlichen Forschung eher einen schweren Stand hatte: Nach der klassischen Einschätzung der formgeschichtlichen Forschung ist nämlich alles, was mit dem leeren Grab zusammenhängt, eine späte Legende. Lehrreich ist ein Blick auf die Argumentation Rudolf Bultmanns zum Verhältnis der Ostergeschichten untereinander.[61] Ansetzend bei Mk 16,1–8 führt Bultmann aus: »Die Geschichte von den Frauen am Ostermorgen ist eine ganz sekundäre Bildung, die ursprünglich weder mit den bei Mk vorhergehenden Stücken zusammenhängt – denn nach 15,40.47 wären sonst die Frauen 16,1 nicht mehr so genannt worden, und ihre Absicht, den Leichnam einzubalsamieren, stimmt nicht zu 15,46, wo keineswegs daran gedacht ist, daß die Bestattung Jesu eine unvollständige und vorläufige ist – noch mit dem m. E. zu postulierenden Schluß des Mk, der von der Erscheinung Jesu in Galiläa berichtet haben muß.« Die Argumentation Bultmanns gibt hier ein gewisses Rätsel auf: Anscheinend begründet er nämlich den sekundären Charakter von Mk 16,1–8 damit, dass dieser Text nicht zu anderen genannten Versen des Mk passt. Bultmann beschreibt die vorhandenen Spannungen präzise – aber belegt die Existenz solcher Spannungen nicht gerade, dass Mk 16,1–8 nicht einfach eine sekundäre Fortschreibung der anderen Passagen ist, sondern einen anderen Ursprung haben muss? Dann aber kann

---

61   Zum Folgenden vgl. Rudolf Bultmann, Die Geschichte der synoptischen Tradition, FRLANT.NF 12, Göttingen ²1931 u. ö. (zuerst 1921); die Zitate stammen aus dem Abschnitt über die Ostergeschichten, 308 f. 314 f.

es sich ebenso gut wie bei den anderen Überlieferungen um eine alte Tradition handeln. Die Spannungen im Text sprechen doch eher gegen als für eine »sekundäre Bildung«. Zudem konstatiert Bultmann kurz darauf selbst: »Die Darstellung ist bei Mk noch sehr zurückhaltend, insofern der Vorgang der Auferstehung und die Erscheinung des Auferstandenen nicht erzählt wird.« Auch diese Beobachtung spricht eher für als gegen das Alter der Geschichte. Ähnliches gilt für die weiteren Ausführungen Bultmanns. Wenn er feststellt, die Geschichte vom leeren Grabe sei »vollends sekundär«, »eine apologetische Legende« und »ein Nebentrieb …, der für das offizielle Kerygma keine Bedeutung hatte«, so lässt sich auch hier die Logik der Argumentation hinterfragen. Die Apologetik der markinischen Grabesgeschichte war nämlich anscheinend nur begrenzt erfolgreich, da schon Mt zusätzliche Wächter vor dem Grab postiert, um den Verdacht des Leichenraubes auszuräumen (vgl. Mt 27,62–66), und Lk als einzige Reaktion auf die Botschaft der Frauen anführt, die anderen hätten dies für »Geschwätz« gehalten (vgl. Lk 24,11). Die Beweiskraft des leeren Grabes ist demnach nicht wirklich überzeugend, da sich unterschiedlichste Erklärungen dafür anbieten. Damit stellt sich aber die Frage: Warum sollte irgendjemand eine Geschichte sekundär produzieren, die einerseits kein wirklicher Beweis und andererseits als zu vernachlässigender »Nebentrieb … des Kerygmas« letztlich überflüssig ist?

Noch weitere Beobachtungen weisen darauf hin, dass die Grabesgeschichte schwerlich als spät und als sekundäre Fortschreibung anderer Passagen anzusehen ist. Blickt man nämlich auf die Nahtstellen zwischen Grabes- und Erscheinungsgeschichten, so lässt sich sehen, dass es bei der Begegnung beider Überlieferungen mehrfach eine Art von »Auffahrunfall« im Text gibt. Doppelungen und Spannungen häufen sich an solchen Stellen: so etwa in dem narrativ überflüssigen Auftritt der beiden Engel, die in Joh 20,13 Maria eine Frage stellen, die gleich darauf von Jesus wiederholt wird (vgl. 20,15), während die Engel im Fortgang der Geschichte nicht mehr auftauchen und keine weitere Funktion haben. Eine vergleichbare Doppelung findet sich auch in Mt 28,7 und 9, wo die beiden Marien zweimal denselben Auftrag erhalten, einmal vom Engel am Grab, einmal von Jesus auf dem Weg vom Grab. Bemerkenswert ist schließlich auch die doppelte Pointe in Mk 16,6 und 7: Einerseits sind die Frauen Empfängerinnen der Auferstehungsbotschaft, andererseits wird auf die Erscheinung des Auferstandenen in Galiläa verwiesen, die noch aussteht. Bultmann bemerkt hierzu: »Wenn nun durch diesen zweiten Teil der Engelsbotschaft die Geschichte vom leeren Grabe in Beziehung gesetzt wurde zur Geschichte von der Erscheinung des Auferstandenen in Galiläa, so ist deutlich, daß beide Geschichten ursprünglich unabhängig voneinander entstanden sind.«[62] Bultmann selbst gesteht zu, dass sich daraus eine »jüngere Entstehung der Grabesgeschichte« nicht ableiten lässt.

Mehrfach zeigt sich also, dass das Aufeinandertreffen der beiden Traditionen (Grab einerseits und Erscheinungen andererseits) zu textlichen Verwerfungen führt. Dies spricht m. E. dagegen, dass eine Überlieferung aus der anderen heraus entwickelt wurde, und dafür, dass an den entsprechenden Stellen zwei alte Traditionsstränge zusammentreffen. Die Rede vom »sekundären Charakter« der Grabesgeschichte scheint

---

62 Bultmann, Geschichte, 311 f. – Er hält deshalb Mk 16,7 für einen sekundären Textzusatz.

eher ein modernes Werturteil,[63] als dass sie konkret durch literarische Beobachtungen am Text belegbar wäre.

Erwägenswert scheint mir aus den Ausführungen Bultmanns noch ein weiterer Aspekt: Er unterscheidet nämlich im Hinblick auf die neutestamentlichen Erscheinungsgeschichten zwei Typen oder Motive: einerseits »das Motiv des Auferstehungsbeweises durch die Erscheinung des Auferstandenen« und andererseits »das Motiv des Missionsauftrages des Auferstandenen«. Die Geschichten der zweiten Sorte seien »späte Bildungen«, da sie universalistische Mission legitimierten.[64] Diese Unterscheidung scheint durchaus bedenkenswert. Wendet man sie auf die oben betrachteten Erscheinungsgeschichten an, so ergibt sich ein weiteres Argument für das Alter der mit Maria Magdalena und den Frauen verbundenen Grabes- und Erscheinungsgeschichten: Sie enthalten nämlich – im Gegensatz etwa zu Mt 28,16–20 – nirgendwo einen Auftrag zu einer universalen Mission oder eine autori-

---

63 Zu den hier im Hintergrund lauernden historiographischen Fragen vgl. u. a. ECKHART REINMUTH, Historik und Exegese – Zum Streit um die Auferstehung Jesu nach der Moderne, in: S. Alkier / R. Brucker (Hrsg.), Exegese und Methodendiskussion. TANZ 23, Tübingen/Basel 1998, 1–20.

64 BULTMANN, Geschichte, 312 f. – Bultmann favorisiert u. a. aus diesem Grunde die Emmausgeschichte, die »ihrem Gehalt nach die älteste der synoptischen Auferstehungsgeschichten« sei (314). Auf die Erscheinungsgeschichten vor Maria Magdalena geht er allerdings nicht näher ein. – Die formgeschichtliche Unterscheidung Bultmanns wird aufgenommen und weitergedacht bei: JUDITH HARTENSTEIN, Geschichten von der Erscheinung des Auferstandenen in nichtkanonischen Schriften und die Entwicklung der Ostertradition, in: T. Nicklas / A. Merkt / J. Verheyden (Hrsg.), Gelitten. Gestorben. Auferstanden. Passions- und Ostertraditionen im antiken Christentum, WUNT 2,273, Tübingen 2010, 123–142.

tative Legitimation der Frauengruppe. Es geht in ihnen durchgehend nur um die Tatsache der Auferstehung und nicht um die Ausbildung einer Hierarchie, die sich in der Mission dann als wirksam erweisen soll. Tatsächlich – und das ist in Anbetracht der großen Rolle, die Maria aus Magdala und die Frauen in den Ostergeschichten spielen, letztlich eher überraschend – haben sie nach dem neutestamentlichen Zeugnis in der Zeit nach Ostern gerade keine leitenden Funktionen ausgeübt: In der Apostelgeschichte gibt es nur eine einzige Bemerkung, die noch einmal auf die Frauengruppe Bezug nimmt. Damit entfällt aber auch jeder Grund, die Rolle der Frauen in den Erscheinungsgeschichten aus Gründen hierarchischer Legitimation für die Zeit nach Ostern zu vergrößern oder auszubauen. Wahrscheinlich ist vielmehr der umgekehrte Vorgang: eine Einschränkung der Rolle Marias zugunsten der des Petrus und anderer tatsächlicher Leitungsfiguren. Dies gilt allerdings nicht für alle frühchristlichen Gruppen, wie sich anhand der apokryphen Schriften zeigen wird. Bevor ich auf jene Schriften eingehe, ist jedoch zunächst noch ein Blick auf den einzigen neutestamentlichen Text zu werfen, in dem Maria aus Magdala (wenn auch ohne Nennung ihres Namens) jenseits der Evangelien noch ein letztes Mal auftritt.

1.6. Maria nach Ostern?

Der einzige neutestamentliche Hinweis auf den Verbleib Marias aus Magdala nach Ostern ist eine kurze Notiz zu Beginn der Apostelgeschichte. Am Anfang der Apg wird – nach dem Prolog des Lukas – die Himmelfahrt Jesu noch einmal erzählt und die Ausgießung des Heiligen Geistes verheißen. Dabei ist auch die Rede davon, dass Jesus sich »den Aposteln« nach seiner Auferstehung »vierzig Tage lang« zeigte und mit ihnen redete (Apg 1,2f.). Die Erscheinungen des Auferstandenen werden also sowohl im Blick auf die Empfangenden wie auch in ihrer zeitlichen Dimension eingeschränkt, worin sich möglicherweise eine Polemik gegenüber anderslautenden Überlieferungen erkennen lässt.[65] Im Anschluss an die Erzählung der Himmelfahrt fährt der Text dann fort:

»12 Danach wandten sie sich nach Jerusalem zurück von dem Berg, der Ölberg genannt wird und nahe bei Jerusalem liegt, einen Sabbatweg entfernt. 13 Und als sie hineinkamen, gingen sie hinauf in das obere Zimmer des Hauses, wo sie sich gewöhnlich aufhielten: Petrus und Johannes und Jakobus und Andreas, Philippus und Thomas, Bartolomäus und Matthäus, Jakobus, Sohn des Alfäus, und Simon der Zelot und Judas, Sohn des Jakobus. 14 Diese alle hielten einmütig am Gebet fest, zusammen mit den Frauen und Maria, der Mutter Jesu, und seinen Brüdern/Geschwistern.« (Apg 1,12–14)

Die in Vers 14 genannten Frauen knüpfen an die Frauen aus dem Erzählfaden des Evangeliums an. Dort war zunächst in Lk 8,2f. von Maria aus Magdala, Johanna, Susanna und vielen anderen Frauen die Rede, dann allgemein von »den Frauen« bei der Kreuzigung (23,49) und Grablegung (23,55), und schließlich noch einmal am leeren Grab mit Namensnennung von Maria aus Magdala, Johanna und der Maria des Jakobus (24,10). Naheliegend ist es daher, auch bei den in Apg 1,14 genannten »Frauen« an erster Stelle an Maria aus Magdala zu denken, selbst wenn ihr Name im Gegen-

---

65   Vgl. die Thesen von ELAINE PAGELS, Versuchung durch Erkenntnis. Die gnostischen Evangelien, Frankfurt a. M. 1981, 47–65.

satz zu denen der elf »Apostel« und dem der Mutter
Jesu nicht genannt wird. Dass die »Eingemeindung«
der Familie Jesu einen historischen Sachverhalt widerspiegelt, ist durchaus denkbar, wissen wir doch auch
aus den paulinischen Briefen von Brüdern Jesu in den
frühen Gemeinden (vgl. 1Kor 9,5; 15,7; Gal 2,9 u. ö.).
Die namentliche Erwähnung der Mutter Jesu als einziger Frau neben den elf namentlich genannten Jüngern
kommt dennoch einigermaßen überraschend, da im
Kontext der lukanischen Darstellung der Osterereignisse zuvor von der Mutter Jesu – gerade im Gegensatz
zu Maria aus Magdala – überhaupt nicht die Rede war.
Die lukanische Liste lässt sich hier als Vorbote einer in
manchen späteren Texten begegnenden Tendenz sehen,
die Rolle Maria Magdalenas zugunsten derer der Mutter Jesu zu minimieren.[66]

Deutlich ist auch in dem oben zitierten Text aus Apg
1 wieder die asymmetrische Behandlung der Männer-
und der Frauengruppe. In der Fortsetzung der Apg
zeigt sich dann aber, dass nicht nur von den Frauen
nie wieder gesprochen wird, sondern auch die meisten
der namentlich genannten Männer keine Rolle mehr
spielen.

Was ist aus Maria aus Magdala und den anderen
Frauen (einschließlich der Mutter Jesu) nach Ostern geworden? Was haben sie nach den Ereignissen, die ihr
Leben doch beträchtlich erschüttert haben dürften, getan? Gab es Konflikte unter den Anhängern und Anhängerinnen Jesu über die Deutung der Ereignisse?
Sind die Frauen zurück nach Galiläa gegangen, wo sie
ursprünglich ja herkamen? Wir wissen es nicht – und
jede Vermutung bleibt angesichts unserer Quellenlage
Spekulation.

---

66   Vgl. unten C. 1.

Wir werden noch sehen, dass legendarische Ausschmückungen der Geschichte Maria Magdalenas genau an dieser »Leerstelle« der neutestamentlichen Zeugnisse anknüpfen: Die apokryphen Apostelgeschichten erzählen von unterschiedlichsten Missionsreisen der Jünger (wobei Maria u. a. als Reisebegleiterin des Philippus wieder auftaucht); mittelalterliche Legenden wissen von einem späteren Aufenthalt Maria Magdalenas in Südfrankreich, wo sie ein Fürstenpaar zum christlichen Glauben bekehrt, in einer Höhle mit Engeln kommuniziert und schließlich auch begraben worden sein soll.[67] Und auch die moderne Mythenbildung um ein gemeinsames Kind von Jesus und Maria nutzt das Fehlen jeder Information über das weitere Leben Maria Magdalenas, wenn sie postuliert, Maria sei zur Zeit der Kreuzigung von Jesus schwanger gewesen.[68] Jenseits solcher Legendenbildung lässt sich nur konstatieren, dass wir weder über das weitere Leben Marias noch über ihren Tod etwas wissen.

Mit den in diesem Kapitel bislang behandelten Quellen sind allerdings unsere Erkenntnisse über die Bedeutung der Gestalt Maria Magdalenas in der Frühzeit des Christentums noch nicht ausgeschöpft, denn in den letzten gut 100 Jahren sind eine ganze Reihe von Texten gefunden und publiziert worden, die überwiegend aus dem 2. nachchristlichen Jh. stammen und in denen Maria eine große Rolle spielt. Im nächsten Abschnitt wird es um diese Texte gehen. Anschließend werde ich dann zum Abschluss des Kapitels noch auf die Frage zurückkommen, was sich über die historische Gestalt Maria aus Magdala plausibel aussagen lässt – und welche Fragen offenbleiben müssen.

---

67   So z. B. in der *Legenda aurea*, vgl. unten C. 3.
68   Vgl. unten C. 4.

2. Apokryph gewordene Texte des frühen Christentums

2.1. Nag Hammadi. Zu den Bezeichnungen »gnostisch« und »apokryph«

Im Dezember 1945 machte sich der Feldarbeiter Muhammed Ali al-Samman aus dem oberägyptischen Dorf al-Qasr in der Nähe des Ortes Nag Hammadi auf den Weg, um am Fuß eines nahe gelegenen Berges nach fruchtbarer Humuserde zum Düngen zu graben.[69] Dabei stieß er zufällig auf einen großen Tonkrug, den er in der Hoffnung auf Gold öffnete. Doch der Inhalt war enttäuschend: alte Bücher. Auf einem Kamel nach Hause transportiert, wurden sie im Stall gelagert. Einiges von dem »wertlosen« Fund diente, so wird berichtet, zusammen mit Stroh zum Feueranzünden.

Der Finder der Handschriften war zu dieser Zeit in einen Fall von Blutrache zwischen benachbarten Dörfern verwickelt. Kurze Zeit nach dem Fund tötete er zusammen mit seinen Brüdern den Mörder seines Vaters. Dies hatte verschiedene Konsequenzen für die Geschichte der gefundenen Handschriften: Die Verknüpfung beider Ereignisse ermöglichte eine zeitliche Datierung des Fundes, da sich der Todeszeitpunkt aus amtlichen Unterlagen feststellen ließ. Zudem begann der Weg der Texte in die Öffentlichkeit damit, dass Muhammed Ali eines der Bücher (wohl aus Furcht vor

---

69 Zu dieser Geschichte vgl. Silke Petersen, »Natürlich, eine alte Handschrift«. Nag Hammadi, die Gnosis und das Neue Testament, in: ZNT 4, 1999, 2–11 (dort weitere Literatur); James M. Robinson, Nag Hammadi. The First Fifty Years, in: J. D. Turner / A. McGuire (Hrsg.), The Nag Hammadi Library after Fifty Years. Proceedings of the 1995 Society of Biblical Literature Commemoration, NHMS 44, Leiden u. a. 1997, 3–33.

Hausdurchsuchungen aufgrund der Blutrache) bei einem koptischen Priester deponierte, dessen Schwager es am Ende des Sommers 1946 nach Kairo mitnahm, dort zu seiner Überraschung von dem Wert des Papyruscodex erfuhr und ihn an das Koptische Museum verkaufte. Mit einiger Zeitverzögerung und auf Umwegen gelangten schließlich auch die anderen Codices in den Besitz des Koptischen Museums in Kairo. Zunächst erhielten nur einzelne Wissenschaftler aus Frankreich und Deutschland Zugang zu den Codices sowie Veröffentlichungsrechte. Durch ihre Berichte erfuhr die wissenschaftliche Öffentlichkeit zwar von der Existenz der Handschriften, ihre Veröffentlichung zögerte sich jedoch hinaus. Die Gründe dafür, dass noch 1970 nur wenige Textausgaben existierten, lagen auf verschiedenen Ebenen; entscheidend ist aber wohl, dass lange Zeit vielen der eigentlich qualifizierten Wissenschafter und Wissenschaftlerinnen kein unbeschränkter Zugang zu den Texten und keine Veröffentlichungsrechte gewährt wurden. Diese Situation änderte sich erst dadurch, dass es James M. Robinson gelang, sich auf Umwegen Fotografien aller Handschriften zu beschaffen, die allen Interessierten zugänglich gemacht wurden. Heute gibt es von allen Texten wissenschaftliche Textausgaben und Übersetzungen in moderne Sprachen.[70]

Die insgesamt 13 in der Nähe von Nag Hammadi gefundenen und nach diesem Ort benannten Papyrusco-

---

70 Die Texte (inklusive des Evangeliums nach Maria, das nicht zum Handschriftenfund von Nag Hammadi gehört) sind in deutscher Übersetzung unter dem Titel »Nag Hammadi Deutsch« erhältlich (= NHD). Zu dieser und weiteren Übersetzungen und Textausgaben vgl. die Einzelheiten unten D.1.1. und 1.2.

Abb. 9: Nag Hammadi Codex II, Einband

dices sind unterschiedlich gut erhalten: Bei einigen hat
sogar der Ledereinband die Zeiten überdauert, andere
wiederum sind in einem ziemlich bruchstückhaften
Zustand oder haben größere Löcher in den Seiten.
Fragmente von Briefen und Quittungen, die dazu benutzt wurden, die Ledereinbände der Bücher zu ver-
stärken (eine Art antikes Recycling), stammen aus der
Zeit um 350 n. Chr. Zusammen mit anderen Indizien
belegen sie, dass die Codices im 4. Jh. hergestellt und
wohl auch vergraben wurden. Über die Gründe dafür
lässt sich nur spekulieren: Manche haben eine Verbindung mit einem nahe gelegenen Kloster vermutet, aus
dem die Büchersammlung stammen könnte, aber dies
ist nicht gesichert.

Alle Texte des Nag-Hammadi-Fundes liegen in koptischer Sprache vor (einer Form des Ägyptischen, die
dort ab dem 3. Jh. n. Chr. in Gebrauch war); allerdings
wurde höchstwahrscheinlich keiner von ihnen ursprünglich auf Koptisch verfasst, sondern es handelt
sich um Übersetzungen aus dem Griechischen. Die
Entstehungszeit der meisten Schriften dürfte im 2. oder

3. Jh. n. Chr. liegen, in Einzelfällen wird diskutiert, ob sie auch Material aus früherer Zeit enthalten. Der größte Teil der Texte war bis zu ihrer Wiederentdeckung im 20. Jh. unbekannt. Es handelt sich also nicht um kontinuierlich abgeschriebene und überlieferte Texte, sondern um Quellen aus der Frühzeit des Christentums, die über viele Jahrhunderte nicht bekannt waren, nicht rezipiert wurden und nicht auf die abendländische Kunst- und Kulturproduktion gewirkt haben. Entsprechend bietet uns die Lektüre dieser Texte eine neue Perspektive auf die formative Zeit des Christentums, die – wenn man es denn zulässt – etablierte Denk- und Lesegewohnheiten verändern kann.

Die in Nag Hammadi gefundenen Texte bilden keine in sich geschlossene »Bibliothek«, die einer einzigen religiösen oder philosophischen Denkrichtung zuzuordnen wäre. Die einzelnen Papyruscodices enthalten meist mehrere Texte hintereinander, dabei sind einige Texte mehrfach in unterschiedlichen Fassungen überliefert.[71] Zu einigen Texten gibt es Parallelen in wiedergefundenen griechischen Papyrusfragmenten oder in anderen antiken Handschriften. In einigen Fällen war uns die Existenz der Texte zuvor bekannt, da die Kirchenväter der ersten christlichen Jahrhunderte (wie z. B. Clemens von Alexandrien oder Irenäus von Lyon) sie erwähnen, wobei sie jedoch eher selten kurze Abschnitte zitieren oder wiedergeben.

In der Diskussion über die Nag-Hammadi-Schriften spielt – schon seit der Polemik durch die Kirchenväter und bis hin zur modernen Forschung – die Zuordnung zur sog. »Gnosis« eine große Rolle. Da dieser Begriff

---

71 Zu Theorien über die Komposition der einzelnen Codices vgl. bes. MICHAEL A. WILLIAMS, Rethinking »Gnosticism«. An Argument for Dismantling a Dubious Category, Princeton 1999.

sehr unterschiedlich verwendet wird, ist es nötig zu klären, ob und in welchem Sinne es sinnvoll ist, von »Gnosis« zu reden und bestimmte Texte als »gnostisch« zu bezeichnen. Vorauszuschicken ist die Bemerkung, dass keinesfalls alle Schriften aus Nag Hammadi dieser Richtung zuzuordnen sind. So findet sich etwa in einem Codex auch eine koptische Übersetzung einer Passage aus Platons »Staat«, ursprünglich verfasst im 4. vorchristlichen Jh. – eine Schrift, die weder sinnvoll als »christlich« noch als »gnostisch« zu bezeichnen ist und die dies auch nicht dadurch wird, dass sie zusammen mit anderen Texten, die solchen Richtungen zuzuordnen sein könnten, in einen Codex zusammengebunden wurde. Dieses Beispiel zeigt, dass wir inhaltliche Kriterien brauchen, um die unterschiedlichen Schriften einzuordnen; solche inhaltlichen Kriterien sind aber naturgemäß umstritten. In besonderem Maße gilt dies für den Begriff »Gnosis«. Das griechische Wort *gnosis* bedeutet »Erkenntnis« und verweist auf die Hochschätzung ebenderselben, was an sich allerdings kein ausschließendes Kriterium zur Unterscheidung darstellen kann, da ein Streben nach Erkenntnis in der antiken wie der modernen Geistesgeschichte eher einen durchgehenden Zug und nicht ein besonderes Merkmal darstellt.

In der neueren Forschung und Diskussion zum Thema »Gnosis« werden unterschiedliche Aspekte betont, die ein relatives Recht für sich haben. Die wichtigsten sind die Folgenden: 1. »Gnosis« kann als ein bestimmtes Weltverhältnis bestimmt werden; 2. die Klassifikation als »gnostisch« kann an das Vorhandensein bestimmter mythologischer Vorstellungen gebunden werden; 3. der Begriff »Gnosis« kann so weit problematisiert werden, dass seine Abschaffung angestrebt wird.

Die erste Option ist am deutlichsten in der bahnbrechenden Monographie von Hans Jonas entfaltet, die den Titel »Gnosis und spätantiker Geist« trägt. Die grundsätzliche Haltung der Gnosis ist nach Jonas die Weltverneinung. Hier werde ein neues Daseinsverständnis und Weltgefühl sichtbar: »Die erhabene Einheit von Kosmos und Gott wird auseinandergespalten, eine ungeheure, nie mehr ganz zu überbrückende Kluft tut sich auf; Gott und Welt, Gott und Natur trennen sich, werden einander fremd, werden Gegensätze.«[72] Jonas hat seine Monographie zunächst nicht auf der Grundlage der Nag-Hammadi-Schriften verfasst, die erste Auflage erschien schon 1934. Dennoch finden sich in den Nag-Hammadi-Texten zahlreiche Passagen, die zu der Sichtweise von Jonas in Beziehung gesetzt werden können.[73] Zur Illustration sei hier ein kurzer Textabschnitt aus dem *Evangelium nach Philippus* (EvPhil) zitiert:

»Die Welt entstand durch ein Versehen. Denn der, der sie geschaffen hat, wollte sie unvergänglich und unsterblich schaffen. Er scheiterte und erreichte nicht, was er gehofft hatte. Denn die Unvergänglichkeit ist nicht der Welt zu eigen, wie die Unvergänglichkeit auch dem, der die Welt geschaffen hat, nicht zu eigen ist.«[74]

---

72 Hans Jonas, Gnosis und spätantiker Geist. Erster Teil. Die mythologische Gnosis. Mit einer Einleitung zur Geschichte und Methodologie der Forschung, Göttingen ⁴1964 (Nachdruck 1988), (¹1934); Zweiter Teil, Erste Hälfte. Von der Mythologie zur mystischen Philosophie, Göttingen 1954. Zitat: Band 1, 149.
73 Jonas selbst hat seiner Darstellung für die 3. Auflage 1963 ein weiteres Kapitel über einige Originaltexte hinzugefügt, die bis zu diesem Zeitpunkt publiziert waren, und sie zum bisherigen Befund in Beziehung gesetzt.
74 EvPhil 99a, NHC II, p.75,2–10; Übersetzung nach Hans-Mar-

Die Relation von Schöpfung und Fall wird in solchen Texten prinzipiell anders bestimmt, als uns dies aus der jüdisch-christlichen Tradition bekannt ist. Dort gilt die Schöpfung als eine ursprünglich gute (»Und Gott sah, dass es gut war«) und erst der menschliche Sündenfall beendet den paradiesischen Zustand. Dagegen ist die Weltschöpfung nach »gnostischer« Ansicht das Resultat einer Fehlentwicklung im göttlichen Bereich. Der Schöpfergott aus der Genesis ist nicht identisch mit dem wahren, guten und letztlich unerkennbaren »eigentlichen« Gott, sondern ein ziemlich unfähiger Handwerker. Der Mensch, der in sich einen Teil des Göttlichen trägt, ist ein Gefangener im Körper und in der Welt, denen es zu entkommen gilt. Die zugehörige Weltsicht lässt sich als »antikosmischer Dualismus« bezeichnen. Das bedeutet: Wir leben nicht in der »besten aller möglichen Welten«, sondern in einer vorübergehenden und minderwertigen Schöpfung – eine Ansicht, der im Hinblick auf die täglichen Nachrichten aus Radio und Fernsehen ihre Plausibilität auch heute nicht gleich abzusprechen ist.

Theologischer ausgedrückt: Was hier verhandelt wird, ist das Theodizeeproblem, also die Frage, wie der Zustand unserer Welt mit der Vorstellung von einem guten und gerechten Gott zusammengedacht werden kann. In der europäischen Geistesgeschichte ist dieses Problem im Kontext bestimmter historischer Ereignisse immer wieder aufgebrochen: Zu nennen sind hier insbesondere das Erdbeben von Lissabon im Jahr 1755, das im 18. Jh. die Menschen erschütterte, sowie alles das, wofür sich im 20. Jh. das Wort »Auschwitz« als

---

TIN SCHENKE (Einl./Übers.), Das Evangelium nach Philippus (NHC II,3), in: NHD 1, 183–213; 206.

Chiffre etabliert hat.[75] – Kann ein denkender Mensch die Welt angesichts solchen Leidens, solchen Unrechts und solcher Schrecklichkeiten für eine gute Schöpfung eines guten und gerechten Gottes halten?

Die »gnostische« Antwort auf diese Frage wird vermittels eines Mythos gegeben, der uns zunächst fremd anmutet, da wir gewohnt sind, solche Fragen auf anderen Ebenen zu verhandeln. Es handelt sich dabei nicht um eine einzige und in sich konsistente mythologische Erzählung, vielmehr betonen die verschiedenen Texte unterschiedliche Aspekte.[76] Die mythologischen Elemente erklären einerseits, wie der gegenwärtige Zustand des Mangels aus einer Fehlentwicklung im göttlichen Bereich entstanden ist (also die Abwärtsentwicklung, die in die Schöpfung mündet). Andererseits bieten sie einen Weg zur Erlösung durch Erkenntnis (= *gnosis*) an, wobei oftmals der Aufstieg der menschlichen Seele und ihre Rückkehr in den göttlichen Bereich, aus dem sie eigentlich stammt, thematisiert werden. Es steht also nicht ein einziger, in sich geschlossener Mythos im Zentrum »gnostischen« Denkens, sondern unterschiedliche mythologische Ausführungen dienen dazu, den Zustand der Welt, die Fremdheit des Menschen in ihr und die Möglichkeit der Erlösung zu erklären.

---

75 Zur modernen Diskussion vgl. bes. HANS JONAS, Der Gottesbegriff nach Auschwitz. Eine jüdische Stimme, Frankfurt a. M. 1987 (zuerst 1984).

76 Ein wirklich vollständiger Mythos findet sich nirgendwo in einem »gnostischen« Text. Er begegnet allerdings in neuzeitlichen Darstellungen, die dabei unterschiedliche Texte kombinieren; vgl. z. B. HANS-JOSEF KLAUCK, Die religiöse Umwelt des Urchristentums 2. Herrscher- und Kaiserkult, Philosophie, Gnosis, Stuttgart u. a. 1996, 167–180.

Viele der eben beschrieben Elemente sind in einer der Nag-Hammadi-Schriften gesammelt anzutreffen. Die Schrift mit dem Titel *Apokryphon des Johannes* (= AJ) ist in drei verschiedenen der Nag-Hammadi-Codices jeweils als erster Text enthalten (NHC II,1; III,1; IV,1), was zeigt, dass sie anscheinend auch in der Antike als zentral angesehen wurde. Dazu kommt noch eine vierte Fassung im sog. Codex Berolinensis Gnosticus (BG,2),[77] und der Kirchenvater Irenäus von Lyon zitiert Passagen daraus in seiner Schrift gegen die Häresien (um 180 n. Chr.). Das *Apokryphon des Johannes* hat nun eine dezidiert *christliche* Rahmenhandlung: Der Ich-Erzähler dieser Schrift ist der Jesusjünger und Zebedaide Johannes, der sich in der Zeit nach der Auferstehung zentrale Fragen zu Jesu Sendung und dem Ablauf der Heilsgeschichte stellt. Daraufhin erscheint ihm Jesus und belehrt ihn. Die langen Reden Jesu werden nur an einigen Stellen kurz durch Rückfragen des Johannes unterbrochen. Den Inhalt der Belehrungen bilden Ausführungen über die Unerkennbarkeit des wahren Gottes, über die Devolution im göttlichen Bereich, die Entstehung des Alls und unserer Welt, den unwissenden Schöpfergott, die Erschaffung des Menschen und seine Möglichkeit zur Erlösung. Zahlreiche Aufnahmen der Genesis, also der biblischen Schöpfungsgeschichte, durchziehen den Text, wobei diese Geschichte allerdings gegen den Strich gelesen wird: Der Schöpfergott ist nicht identisch mit dem wahren Gott, sondern ein deutlich niedrigeres Wesen. Am Ende kehrt der Text zur Rahmenhandlung zurück: Jesus verschwindet und Johannes gibt das erhaltene Wissen wei-

---

77 Dieser Codex enthält ebenfalls die koptische Übersetzung des *Evangeliums nach Maria* (BG,1). Zur Fundgeschichte vgl. oben A. 2.

ter. Das Selbstverständnis des Textes ist christlich, der Inhalt weist jedoch deutliche Divergenzen zu dem auf, was uns heutzutage als christlich gilt. Wie nun ist so ein Text einzuordnen?

Diese Frage führt uns direkt zu dem dritten Aspekt, auf den ich oben verwiesen hatte, nämlich zu der notwendigen Vorsicht bei der Etikettierung eines Textes als »gnostisch«.[78] Einerseits scheint es zwar sinnvoll, jene Texte, in denen – wie im *Apokryphon des Johannes* – die eben angesprochenen mythologischen Elemente vorhanden sind, als eine zusammengehörige Textgruppe zu betrachten und als »gnostisch« zu klassifizieren, schon deshalb, weil sich dieser Begriff so sehr in der Forschungsgeschichte etabliert hat, dass es schwerfällt, auf ihn zu verzichten. Andererseits sind jedoch auch die Risiken und Nebenwirkungen einer solchen Klassifizierung zu bedenken.[79] Diese beruhen darauf, dass »gnostisch« geradezu als klassischer Gegenbegriff zu »christlich« fungiert und primär solche Texte und Denkstrukturen bezeichnet, die als »häretisch«, »ketzerisch« und »abweichend« angesehen wurden (und werden). Um diesen Mechanismus zu verstehen, ist es nötig, sich die Entwicklung in den ersten drei nachchristlichen Jahrhunderten vor Augen zu führen: Es gab in der Frühzeit des Christentums nicht die eine große Einheitlichkeit, sondern sehr unterschiedliche religiöse Richtungen, die nach ihrem Selbstverständnis »christlich« waren, nach dem Verständnis anderer, rivalisierender Gruppierungen aber falsche Lehren ver-

---

78 Um dieser Vorsicht Rechnung zu tragen, verwende ich »Gnosis«, »gnostisch« etc. hier und im sonstigen Text ausschließlich markiert durch Anführungsstriche.

79 Zum Folgenden vgl. bes. KAREN L. KING: What is Gnosticism?, Cambridge (MA)/London (England) 2003.

traten und nicht dazugehören sollten. Als »wahres« Christentum hat sich eine dieser Richtungen etabliert, jene, die aus der Vielfalt schließlich als die Siegreiche hervorgegangen ist, weil es ihr es gelang, andere Formen des Christlichen auszuschließen. Das bedeutet aber: Wir laufen Gefahr, mit der Begrifflichkeit auch die Werturteile der letztlich siegreichen Partei unreflektiert zu übernehmen, wenn wir bestimmte Texte und Gruppierungen z. B. als »gnostisch« klassifizieren und sie damit vom eigentlich Christlichen ausschließen. Die Polemik der Kirchenväter und ihr Verständnis des »Christlichen« im Gegensatz zum »Gnostischen«, »Häretischen«, »Anderen«, hat sich auf diesem Wege in die modernen Gnosisbücher tradiert. Unsere Kategorien sind nachträgliche und sie sind (ab)wertend für jene Richtungen, die sich nicht durchsetzen konnten. Und unsere Kategorien tendieren dazu, ahistorisch zu sein, indem sie spätere Entwicklungen zur Norm früherer Zeiten machen, in denen noch nicht feststand, welche Version des Christlichen sich letztlich durchsetzen würde.

Strukturell derselbe Mechanismus wie bei der Bezeichnung »gnostisch« lässt sich auch in Bezug auf den Begriff »apokryph« feststellen, was in etwa mit »verborgen« oder »geheim« übersetzt werden kann und in unserem derzeitigen Sprachgebrauch solche Texte bezeichnet, die keinen Eingang in den jeweils gültigen biblischen Kanon gefunden haben. Auch hier ist die historische Entwicklung zu berücksichtigen: Im 2. Jh. war eine größere Anzahl von Evangelien in Umlauf, darunter auch die dann im Neuen Testament gesammelten und später kanonisierten Evangelien nach Matthäus, Markus, Lukas und Johannes. Daneben gab es z. B. auch Evangelien nach Thomas, Petrus, Philippus und Maria (um nur einige zu nennen, in denen Maria aus Magdala eine Rolle spielt). Alle acht genannten Texte sind von ihrem Selbstverständnis her als christliche Evangelien anzusehen. Zu dem Zeitpunkt ihrer jeweiligen Abfassung war nicht klar, dass sich ein offizieller, für alle geltender kirchlicher Kanon durchsetzen würde, und auch nicht, welche Schriften ihm letztlich zugehören sollten. Ende des 2. Jh.s ist die Geltung einer ganzen Reihe von Texten noch umstritten, und die handschriftliche Überlieferung stabilisiert sich erst im 4. Jh. zugunsten der kanonisierten Evangelien.[80] Angesichts dieser – hier nur kurz aufgezeigten – Entwicklung scheint es sinnvoll, sog. »apokryphe« Texte (wie oben in der Überschrift dieses Kapitels und in Anlehnung an Dieter Lührmann)[81] als »apokryph gewordene« Texte zu bezeichnen: Die Klassifikation wird so deutlich als eine nachträgliche markiert.

Die vergleichsweise umfangreiche Einleitung dieses Kapitels war notwendig, weil die folgenden zu behandelnden Maria-Magdalena-Überlieferungen sich gerade in jenen Texten zahlreich finden, die »apokryph geworden« sind. Eine Reihe von ihnen lässt sich auch – im Sinne des oben Ausgeführten – als »gnostisch« klassifizieren, wobei die Problematisierung dieses Begriffs mitzudenken ist. Die »gnostischen« Texte sind

---

80 So sind aus der Zeit des 2./3. Jh.s n. Chr. mehr griechische Papyrusfragmente des Thomasevangeliums als des Markusevangeliums gefunden worden. Für genaue Zahlen vgl. Silke Petersen, Die Evangelienüberschriften und die Entstehung des neutestamentlichen Kanons, in: ZNW 97, 2006, 250–274.

81 Vgl. Dieter Lührmann, Fragmente apokryph gewordener Evangelien in griechischer und lateinischer Sprache, MThSt 59, Marburg 2000; ders., Die apokryph gewordenen Evangelien: Studien zu neuen Texten und zu neuen Fragen, NT.S 112, Leiden u. a. 2004.

dabei durchweg auch »christlich«. Das »Christliche« ist in ihnen sogar teilweise eindeutiger vorhanden als das »Gnostische«. So lässt sich etwa im Falle des *Evangeliums nach Thomas* (NHC II,2) mit einigem Recht darüber streiten, ob es der »Gnosis« zuzuordnen ist, da sich in ihm zwar eine negative Haltung zum Körper, jedoch keine ausgeführten mythologischen Spekulationen finden. Andere Texte, in denen Maria Magdalena auftritt, wie etwa die *Sophia Jesu Christi* (NHC III,4; BG,3), das *Evangelium nach Philippus* (NHC II,3) oder auch das *Evangelium nach Maria* (BG,1) sind jedoch im Sinne des oben Ausgeführten durchaus als »gnostisch« anzusehen, da sich in ihnen zumindest jeweils einige der oben beschriebenen mythologischen Elemente finden lassen. Eine der Leitfragen für den folgenden Abschnitt ist die, ob sich in den unterschiedlichen Texten des 2. und 3. nachchristlichen Jh.s auch eine Art gemeinsames Maria-Magdalena-Profil zeigt.

2.2. Marias apokryphes Profil

Die wichtigsten Texte für die Gestalt der Maria aus Magdala im 2. und 3. Jh. sind unter den Nag-Hammadi-Schriften und in deren Umfeld zu finden. Bevor ich auf sie eingehe, ist jedoch noch ein kurzer Blick auf solche Schriften zu werfen, die nicht hierzu gehören. Solche Texte bieten vorwiegend Variationen der neutestamentlichen Überlieferungen: Maria aus Magdala begegnet in ihnen in erster Linie im Zusammenhang mit Tod und Auferstehung Jesu. Exemplarisch sei dies an drei unterschiedlichen Beispielen aufgezeigt.

Erstens: Das nur fragmentarisch erhaltene *Evangelium nach Petrus* (= EvPetr)[82] aus dem 2. Jh. n. Chr. ist ei-

---

82 Vgl. LÜHRMANN, Fragmente apokryph gewordener Evangelien,

ner jener »apokryph gewordenen« Texte, die erst in der Neuzeit wiedergefunden wurden. Erhalten ist u. a. ein Stück der Passions- und Ostergeschichte, erzählt aus der Perspektive des Petrus. In der Kreuzigungsszene werden keine Frauen als Zeuginnen erwähnt, sie treten aber in der Geschichte von der Auffindung des leeren Grabes auf:

»12,50 In der Frühe des Sonntags nahm Maria aus Magdala, Jüngerin des Kyrios – aus Furcht wegen ›der Juden‹, da sie vor Zorn brannten, hatte sie am Grab des Kyrios nicht getan, was die Frauen an den Verstorbenen und von ihnen Geliebten zu tun pflegen – 51 mit sich ihre Freundinnen und kam zum Grab, wo er hingelegt worden war. 52 Und sie fürchteten, dass ›die Juden‹ sie sehen könnten, und sagten: Wenn wir auch nicht an jenem Tage, als er gekreuzigt wurde, weinen und klagen konnten, wollen wir dies doch nun an seinem Grab tun.«[83]

Die Fortsetzung der Geschichte weist große Übereinstimmungen mit Mk 16,1–8 auf. Wie bei Mk fliehen die Frauen am Ende aus Furcht, von ihrem Schweigen ist jedoch nicht die Rede. Maria wird in diesem Text anders als in den neutestamentlichen Evangelien explizit »Jüngerin« (*mathētria*) genannt. Sie ist deutlich die führende Person der Frauengruppe; Namen anderer Frauen werden hier und im Folgenden nicht erwähnt. Betont ist die allgemein-antike Verbindung zwischen Frauen und der Totenklage, in der ein älteres Motiv

72–93; Thomas J. Kraus / Tobias Niklas (Hrsg.), Das Petrusevangelium und die Petrusapokalypse. Die griechischen Fragmente mit deutscher und englischer Übersetzung, GCS 11, Berlin / New York 2004.
83   EvPetr 12,50–52; griechischer Text: Lührmann, Fragmente apokryph gewordener Evangelien, 91.

erhalten sein könnte; der pauschale und unlogische Gebrauch der Bezeichnung »die Juden«, der unsichtbar macht, dass die *Jüdin* Maria nach jüdischer Gepflogenheit handelt, ist allerdings wohl eher als ein sekundärer Zug anzusehen.[84] Das erhaltene Fragment des EvPetr bricht bald nach dem oben zitierten Text ab, erhalten ist ganz am Ende anscheinend der Beginn einer Erscheinungserzählung; ob Maria neben den dort genannten Jüngern Petrus, Andreas und Levi noch eine Rolle bei den Erscheinungen spielte, lässt sich nicht mehr sagen.

Auch bei meinem zweiten Beispiel handelt es sich um einen Text aus dem 2. Jh., in dem auf die Grabes- und Erscheinungsgeschichten rekurriert wird: In der in unterschiedlichen Übersetzungen überlieferten Schrift mit dem Titel *Epistula Apostolorum*[85] gehen drei Frauen (darunter Maria aus Magdala; die anderen Namen variieren in den Textüberlieferungen) zum Grab und finden es leer. Während sie trauern, erscheint Jesus ihnen und schickt erst eine der Frauen zu den Jüngern, um ihnen seine Auferstehung zu verkündigen. Die Jünger glauben weder dieser noch einer zweiten gesand-

---

84   Für das EvPetr wird von Teilen der amerikanischen Forschung alte, von den kanonischen Evangelien unabhängige Tradition postuliert (vgl. z. B. HELMUT KÖSTER, Ancient Christian Gospels. Their History and Development, London ³1992, 216–240). Gegen solche Theorien, die auf weitgehende literarkritische Spekulationen angewiesen sind, äußern sich z. B. THEISSEN / MERZ, Jesus, 59–62.444–446.524–525.

85   Vgl. C. DETLEF G. MÜLLER, Epistula Apostolorum, in: W. Schneemelcher (Hrsg.), Neutestamentliche Apokryphen in deutscher Übersetzung. Bd. I: Evangelien, Tübingen ⁶1990, 205–233; CARL SCHMIDT (Hrsg.): Gespräche Jesu mit seinen Jüngern nach der Auferstehung. Ein katholisch-apostolisches Sendschreiben des 2. Jahrhunderts. Übersetzung des äthiopischen Textes von Isaak Wajnberg, TU 43, Leipzig 1919, Nachdruck Hildesheim 1967.

ten Frau. Sie zweifeln sogar weiterhin, als Jesus ihnen persönlich begegnet. Erst als sie seine Wunden anfassen und seine Fußspur sehen, lassen sie sich davon überzeugen, dass ihnen kein Gespenst erschienen ist. Das Motiv des Jüngerunglaubens ist hier im Vergleich zu anderen Texten deutlich gesteigert; die Rolle Marias und der anderen Frauen ähnelt jener, die wir bei Lukas kennen gelernt hatten. Ebenso wie dort spielen auch in der *Epistula Apostolorum* die Frauen im weiteren Fortgang der Erzählung keine Rolle mehr; als »Wir«-Erzähler in dieser Schrift fungiert die Gruppe der elf namentlich genannten männlichen Jünger.

Ein drittes Beispiel aus dem 2. Jh.: Der antichristlich eingestellte, platonisch geprägte pagane Philosoph Kelsos legt in seiner Schrift gegen die Christen einem Juden Argumente gegen den Auferstehungsglauben in den Mund. Kelsos zweifelt daran, dass überhaupt jemand, der gestorben ist, mit demselben Körper wieder auferstehen könnte. Er stellt fest, dass Jesus sich schon während seines Lebens selbst nicht helfen konnte, aber dann (angeblich) wieder auferstanden sei, und fährt fort:

»Aber wer hat dies gesehen? Eine hysterische Frau (*gynē paroistros*) … und vielleicht noch jemand anders von denen, die durch dieselbe Zauberei irregeführt waren, die entweder in einer gewissen Verfassung träumten und aus ihrem Wunschdenken heraus wegen einer falschen Meinung phantasierten (wie es schon Tausenden zugestoßen ist) oder, was wahrscheinlicher ist, die anderen beeindrucken wollten, indem sie dieses Unbegreifliche erzählten.«[86]

---

86 Origenes, Gegen Kelsos II, 55 (griechischer Text: BORRET, SC 132, 414).

Auch wenn hier kein Name genannt wird, so ist doch deutlich, dass die Polemik primär gegen Maria aus Magdala (in diesem Fall: als unglaubwürdige Zeugin) gerichtet ist und also auch hinter diesem Text die neutestamentliche Überlieferung von Maria als Auferstehungszeugin stehen dürfte. Kelsos scheint relativ umfassende Kenntnisse christlicher Überlieferungen gehabt zu haben, die er sich für seine antichristliche Polemik zunutze machte.

Die drei angeführten Beispiele sind in gewisser Weise typisch für die Maria-Magdalena-Traditionen des 2. Jh.s. Was in ihnen vollständig fehlt, ist die erst später erfolgte Identifikation Marias mit der salbenden Sünderin. Alle drei Texte sind als Variationen und Ausformungen der neutestamentlichen Osterüberlieferungen verständlich, auch wenn nicht durchgehend sicher ist, dass die neutestamentlichen Schriften in jener Form, wie sie uns überliefert sind, die Vorlage bildeten. Jedenfalls gibt es in den genannten Texten kaum neue Elemente; der Erzählungsbestand wird lediglich weiterentwickelt.

Anders ist die Lage in den »gnostischen« Schriften. Auch in ihnen fehlt eine Identifikation Marias mit der salbenden Sünderin und auch in ihnen spielen Anknüpfungen an die neutestamentlichen Ostergeschichten eine wichtige Rolle, jedoch prägen noch andere Themen und Motive das Gesamtbild. Die Mehrzahl der Auftritte Marias erfolgt in diesen Schriften im Kontext von Dialogen zwischen Jesus und seinen Jüngern und Jüngerinnen. Der Aufbau solcher Dialogschriften kann dabei jenem ähneln, den ich oben für das *Apokryphon des Johannes* kurz beschrieben habe: In der Rahmenhandlung wird zu Beginn das Erscheinen Jesu und am Ende sein Verschwinden geschildert; im Hauptteil beantwortet Jesus Fragen der Jünger und

Jüngerinnen unter Verwendung »gnostischer« Vorstellungen.[87]

Ein Beispiel für einen solchen Aufbau bietet die wohl ins frühe 2. Jh. zu datierende Schrift mit dem Titel *Sophia Jesu Christi*,[88] die uns in zwei koptischen Versionen und einem griechischen Fragment erhalten ist. Zu Beginn wird eine (nachösterliche) Erscheinung Jesu, hier als »Erlöser« bezeichnet, vor seinen Jüngern und Jüngerinnen berichtet:

»Nach seiner Auferstehung von den Toten, als seine zwölf Jünger und sieben Frauen, die ihm Jüngerinnen waren, hinauf nach Galiläa kamen, auf den Berg, den man ›Weissagung und Freude‹ nennt, und sie nun ratlos waren über die wahre Realität des Alls und den Plan und die heilige Voraussicht und die Kraft der Gewalten, über alles, was der Erlöser mit ihnen tut, die Mysterien des heiligen Plans, da erschien ihnen der Erlöser, nicht in seiner früheren Gestalt, sondern in unsichtbarem Geist. … Er sagte: Friede sei mit euch! Meinen Frieden gebe ich euch. Und sie wunderten sich alle und fürchteten sich. Der Erlöser lachte und sagte zu ihnen: Wo-

---

87   Zu dieser Gattung vgl. JUDITH HARTENSTEIN, Die zweite Lehre. Erscheinungen des Auferstandenen als Rahmenerzählungen frühchristlicher Dialoge, TU 146, Berlin 2000.

88   Der Titel *Sophia Jesu Christi* ist doppeldeutig: Er kann sowohl die himmlische Gestalt Sophia meinen wie auch als Weisheit Jesu Christi verstanden werden; so übersetzt dann auch JUDITH HARTENSTEIN (Einl. / Übers.), Eugnostos (NHC III,3; V,1) und die Weisheit Jesu Christi (NHC III,4; BG,3), in: NHD 1, 323–379, den Titel. – Die ebenfalls in zwei koptischen Fassungen überlieferte Schrift *Eugnostos* enthält überwiegend denselben Text wie die *Sophia Jesu Christi*, jedoch fehlen sowohl die christliche Rahmenhandlung wie auch die »gnostischen« mythologischen Elemente. *Eugnostos* dürfte die Vorlage der *Sophia Jesu Christi* gewesen sein, bei der Umarbeitung ist der Text also sowohl christianisiert wie auch »gnostisiert« worden.

rüber denkt ihr nach oder worüber seid ihr ratlos oder wonach sucht ihr? Philippus sagte: Über die wahre Realität des Alls und den Plan des Erlösers. Er sagte: …«[89]

Es folgen lange Antworten Jesu und kurze Rückfragen, die von Thomas, Matthäus, Philippus, Bartholomäus, Maria sowie der Gesamtgruppe gestellt werden. Die ganze Szene ist als eine Art Neukonzeption von Mt 28,16–20 lesbar. Nicht nur die elf bzw. zwölf Jünger erfahren auf dem Berg in Galiläa eine Erscheinung Jesu, sondern die Männergruppe wird durch eine Gruppe von sieben Jüngerinnen erweitert. Beträchtlich erweitert ist auch der Inhalt der Reden Jesu. Der Auferstandene trägt jetzt eine Art philosophisch-»gnostische« Lehre von der Entstehung des Himmels, der Welt und des Menschen nach, die in dieser Form ohne neutestamentliche Parallele ist. Im Laufe des Dialogs erfahren wir die Namen von vier der zwölf Jünger; von den sieben Frauen tritt als einzige Maria aus Magdala namentlich hervor. Auf Maria entfallen ebenso wie auf Philippus, Thomas und Matthäus zwei Redebeiträge, auf Bartholomäus einer. Die Rolle Marias ist in dieser Schrift nicht umstritten und unterscheidet sich nicht prinzipiell von jener der männlichen Jünger. Signifikant scheint jedoch, dass sie als einzige der »sieben Frauen« namentlich genannt wird. Wie in den neutestamentlichen Texten ist Maria aus Magdala auch in der *Sophia Jesu Christi* die wichtigste Jüngerin Jesu.

Dasselbe gilt auch für die anderen Schriften christlich-»gnostischer« Provenienz. Maria ist in ihnen eindeutig die wichtigste Jüngerin; sie hat die führende

---

89 Meine Übersetzung folgt dem Text aus BG, p.77,9–80,4. Die Parallelversion aus Nag Hammadi (NHC III,4) weicht nur geringfügig ab.

Rolle unter den Frauen. In jenen Schriften, in denen nur eine Jüngerin auftritt, ist dies Maria, in jenen, wo es mehrere sind, hat sie die meisten Redebeiträge und ist diejenige, die die Lehren Jesu am besten versteht.

Ein Beispiel für das überragende Verständnis der »gnostischen« Lehren durch Maria bietet der *Dialog des Erlösers* (NHC III,5), eine Schrift, die ebenfalls im 2. Jh. n. Chr. entstanden sein dürfte.[90] Wie der Titel schon sagt, handelt es sich auch in diesem Fall um einen Dialog, allerdings ohne dass zu Beginn über eine Erscheinung Jesu berichtet würde. Namentlich erwähnt werden in dieser Schrift Matthaios mit 16, Judas Thomas mit 21 und Maria mit ebenfalls 16 Redebeiträgen. Inhaltlich steht im *Dialog* der Weg zur Erlösung im Zentrum; das Gesamtkonzept lässt sich durchaus als »gnostisch« charakterisieren.[91] Marias Redebeiträge erschöpfen sich nicht in Fragen; an einer Stelle wird sie sogar mit höchstem Lob versehen, wenn es im Anschluss an einen ihrer Beiträge heißt:

»Diese Rede sagte sie als eine Frau, die vollständig verstanden hatte.«[92]

---

90 Zur Frage der Datierung sowie insgesamt zum Folgenden vgl. SILKE PETERSEN, »Zerstört die Werke der Weiblichkeit!« Maria Magdalena, Salome und andere Jüngerinnen Jesu in christlich-gnostischen Schriften, NHMS 48, Leiden/Boston/Köln 1999, 79–90.111–117.

91 Vgl. die Einleitung in: SILKE PETERSEN / HANS-GEBHARD BETHGE, Der Dialog des Erlösers (NHC III,5), in: NHD 1, 381–397.

92 Dial, NHC III, p.139,11–13. Am Ende lässt sich auch »alles verstanden«, oder »das All verstanden« übersetzen; zu den verschiedenen Wiedergabemöglichkeiten vgl. ANTTI MARJANEN, The Woman Jesus Loved. Mary Magdalene in the Nag Hammadi Library and Related Documents, NHMS 40, Leiden u. a. 1996, 85 f.

Maria ist damit als hervorragende »Gnostikerin« charakterisiert. Gleichzeitig taucht im Umfeld ihrer Reden jedoch ein anderes Problem auf, nämlich das der Weiblichkeit Marias und der Weiblichkeit generell. »Was aus der Wahrheit ist, stirbt nicht; was aus der Frau ist, stirbt«[93], sagt Jesus, und wenig später heißt es sogar: »Zerstört die Werke der Weiblichkeit!«[94], was in einen Zusammenhang mit dem »Aufhören der Geburten« gestellt wird. Wir haben hier ein weiteres Charakteristikum der »gnostischen« Maria-Magdalena-Überlieferungen vor uns: In mehreren Schriften werden nämlich die Rolle der »Weiblichkeit« und die Funktion weiblich-göttlicher Gestalten im Kontext der Weltentstehung in ebenjenen Zusammenhängen problematisiert, in denen Maria auftritt und gleichzeitig als hervorragende Jüngerin gilt. Das Lob Maria korrespondiert mit der Geringschätzung von »Weiblichkeit«. Wie dieser scheinbare Widerspruch aufzulösen ist, wird uns im Fortgang dieses Kapitels noch beschäftigen.[95] Der genannte Zusammenhang möge aber schon jetzt als Warnung davor dienen, die »gnostischen« Schriften einfach als bessere Alternative im Gegenüber zum »patriarchalen Christentum« anzusehen.[96] Die Sachlage ist

---

93 Dial, NHC III, p.140,12–14.
94 Dial, NHC III, p.144,19.
95 Vgl. unten B. 2.5.
96 Darauf verweist schon die Tatsache, dass es unter den gnostischen Dialogen nicht nur solche gibt, wo Maria aus Magdala als wichtige Jüngerin auftritt, sondern auch solche, die ohne jegliche Beteiligung Marias oder anderer Jüngerinnen auskommen, vgl. z. B. das *Apokryphon des Johannes* (s. o.), den *Brief des Jakobus* (NHC I,2) oder den *Brief des Petrus an Philippus* (NHC VIII,2). – Im Gegensatz dazu sind in keinem Evangelium des Neuen Testaments Maria aus Magdala und andere Jüngerinnen gänzlich abwesend.

komplizierter, als eine solch einlinige Gegenüberstellung suggeriert.

Ein weiterer (mit dem vorigen verbundener) Aspekt ist noch zu nennen, der in mehreren Schriften begegnet: Maria ist als hervorragende Jüngerin und »Gnostikerin« dargestellt, gerade dadurch gerät sie aber in einen Konflikt mit den anderen: Zwar ist sie unumstritten die wichtigste *Frau* in der Gesamtgruppe, aber wie steht es mit ihrem Verhältnis zu den Männern dieser Gruppe? Ist sie auch diesen an Erkenntnis und Einsicht überlegen? Ist sie Jesus näher als die männlichen Jünger? Die unterschiedlichen Schriften beantworten diese Fragen verschieden; mehrfach aber wird ein Konflikt mit oder um Maria in ihnen thematisiert, wobei vor allem Petrus der Gegenspieler Marias ist, so z. B. im *Evangelium nach Maria* (BG,1). In vielen »gnostischen« Schriften, in denen Maria aus Magdala auftritt, begegnet also gleichzeitig eine Auseinandersetzung mit der Bedeutung ihres Frau-Seins und / oder mit der Weiblichkeit generell. In der expliziten Erörterung dieses Themas liegt ein deutlicher Unterschied sowohl zu den neutestamentlichen Texten wie auch zu späteren Maria-Magdalena-Überlieferungen.

Als Ausgangspunkt möchte ich im Folgenden zunächst auf die Beziehung zwischen Maria und Jesus eingehen, bevor ich dann den Konflikt zwischen Petrus und Maria und die Frage, wie die Texte sich zum »Problem Weiblichkeit« verhalten, näher darstellen werde. Dabei folge ich einer thematischen Ordnung und behandele die je parallelen Szenen verschiedener Schriften jeweils in einem Zusammenhang. Ein solches Ordnungsprinzip ist deshalb möglich, weil es deutliche thematische Überschneidungen der unterschiedlichen Schriften gibt. Indirekt bedeutet dies auch eine Bestätigung, dass es sinnvoll ist, sie zu einer gemeinsamen

Gruppe zusammenzufassen (selbst wenn man diese nicht als »gnostisch« bezeichnen möchte).

2.3. Die Jüngerin, die Jesus liebte

Ein zentraler Text für die besondere Beziehung zwischen Jesus und Maria aus Magdala ist das *Evangelium nach Maria* (= EvMar).[97] Erhalten sind von diesem Text Teile dreier antiker Handschriften; eine vollständige Version ist nicht überliefert.

Neben zwei kleineren griechischen Papyrusfragmenten, die beide aus dem 3. Jh. stammen und in Ägypten gefunden wurden, ist ungefähr die Hälfte der Schrift in koptischer Übersetzung als erster Text des schon erwähnten *Codex Berolinensis Gnosticus* (= BG) erhalten.[98] Von den 19 Seiten, die das EvMar dort ursprünglich einnahm, fehlen die Seiten 1–6 und 11–14.[99] Die koptische Fassung ist aus dem Griechischen übersetzt, allerdings nicht aus einer jener Versionen, die von den beiden erhaltenen griechischen Fragmenten reprä-

---

97 Zum Folgenden vgl. u. a. Judith Hartenstein / Silke Petersen, Das Evangelium nach Maria. Maria Magdalena als Lieblingsjüngerin und Stellvertreterin Jesu, in: L. Schottroff / M.-Th. Wacker (Hrsg.), Kompendium feministische Bibelauslegung, Gütersloh 1998, 757–767; Judith Hartenstein (Einl. / Übers.), Das Evangelium nach Maria (BG 1), in: NHD 2, 833–844. Beide Veröffentlichungen enthalten auch eine deutsche Übersetzung des gesamten Textes.

98 Diesen Codex verbindet mit den in Nag Hammadi gefunden, dass zwei der in ihm erhaltenen Texte (das *Apokryphon des Johannes* und *die Sophia Jesu Christi*) auch in den Nag-Hammadi-Schriften überliefert sind.

99 Abbildungen aller erhaltenen Seiten der drei Handschriften finden sich in Karen L. King, The Gospel of Mary of Magdala. Jesus and the First Woman Apostle, Santa Rosa (California) 2003; Christopher Tuckett, The Gospel of Mary, 2007.

Abb. 10: POxy 3525: Papyrus aus Oxyrhynchus in Ägypten
mit einer Textpassage aus der Mitte des Evangeliums nach Maria

sentiert werden. Diese für einen apokryph gewordenen Text relativ zahlreichen Zeugen verweisen auf eine
gewisse Verbreitung des EvMar. Nach übereinstimmender Meinung der Forschung ist der Text ursprünglich im 2. Jh. verfasst worden (wie früh oder spät in diesem Jahrhundert, ist dabei umstritten); der Herkunfts-
ort des Textes könnte Ägypten gewesen sein.[100]

In der koptischen Fassung ist der Titel der Schrift
(wie üblich) als *subscriptio*, also als Untertitel, angege-

---

100 Dafür sprechen inhaltliche Gründe. Die Tatsache, dass die er-
    haltenen Fragmente alle in Ägypten gefunden wurden, ist kein
    Argument für eine ägyptische Herkunft des EvMar, sondern
    liegt am dortigen Wüstenklima, das für die Konservierung von
    Papyrus aufgrund der geringen Luftfeuchtigkeit besonders
    günstig ist.

ben. Er entspricht nach seiner Form den Titeln jener Evangelien, die wir aus dem Neuen Testament kennen (»Evangelium nach …«); mit der im Titel genannten Maria ist sicher Maria aus Magdala gemeint, auch wenn der Beiname fehlt.[101] (Der Titel bedeutet nicht, dass das EvMar von der historischen Jüngerin Maria aus Magdala verfasst wäre, auch die Evangelien nach Johannes oder Thomas sind nicht von den gleichnamigen Jesusjüngern persönlich geschrieben.)

Nach dem verlorenen Anfang setzt der Text des EvMar mitten in einem Dialog zwischen Jesus und seinen Jüngern / Jüngerinnen ein. Es lässt sich vermuten, dass auf den verlorenen ersten Seiten eine Erscheinung Jesu erzählt wurde, vergleichbar der oben zitierten vom Beginn der *Sophia Jesu Christi*. Thema des erhaltenen Dialogteils sind grundlegende Fragen über das Wesen der Welt. Nach Beantwortung der Fragen verabschiedet sich Jesus, er tritt also in dieser Schrift schon lange *vor* dem Ende des Textes als Person von der Bildfläche ab. In Jesu letzten Ausführungen hatte er die Jünger / Jüngerinnen zur Verbreitung des erhaltenen Wissens aufgefordert, wobei keine zusätzlichen neuen Regeln erlassen werden sollten.

Jedoch: Als die Gruppe nach dem Weggang Jesu allein zurückbleibt, bricht sie nicht wie gewünscht (und wie in anderen Dialogschriften durchaus üblich) tatkräftig zur Mission auf, sondern verfällt in eine Art Lethargie:

---

101 Dies ergibt sich vor allem aus den inhaltlichen Übereinstimmungen mit anderen Schriften, in denen der Beiname genannt wird. In apokryph gewordenen Schriften des 2. und 3. Jh.s ist DIE Maria (ohne Beinamen) nicht die Mutter Jesu (sie wird, wo sie vorkommt, deutlich als Mutter charakterisiert), sondern Maria aus Magdala. – Für weitere Überlegungen zu den Namen und Namensformen vgl. unten B. 3.

»Sie aber trauerten, sie weinten sehr und sagten: Wie sollen wir zu den Völkern gehen und das Evangelium des Reiches des Menschensohnes verkündigen? Wenn sie nicht einmal ihn verschont haben, wie werden sie uns verschonen?«[102]

Vergleichbare Situationen der Ratlosigkeit stehen in anderen Dialogen am Anfang der Texte: So beginnt das *Apokryphon des Johannes* mit dem Zweifel des Johannes und die *Sophia Jesu Christi* nennt als Ausgangslage die umfassende Ahnungs- und Ratlosigkeit der zu Belehrenden. In beiden Fällen ist dies die Situation *vor* dem Erscheinen Jesu, der dann alle Fragen beantwortet. Im Gegensatz dazu wird im EvMar die Situation der Mutlosigkeit erst *nach* der Erscheinung Jesu und der Beantwortung der Fragen erzählt: Furcht und Ratlosigkeit sind hier nicht Vorbereitung für eine Erscheinung des Auferstandenen, sondern für das Eingreifen Marias:

»Da stand Maria auf, umarmte/küsste[103] sie alle und sagte zu ihren Geschwistern: Weint nicht und seid nicht traurig und zweifelt nicht, denn seine Gnade wird mit euch allen sein und wird euch beschützen. Lasst uns vielmehr seine Größe preisen, denn er hat uns bereitet (griechisch: verbunden) und zu Menschen gemacht. Als Maria dies gesagt hatte, wendete sie ihr (pl.) Herz (griechisch: Verstand) zum Guten, und sie fingen an, über die Worte des [Erlösers] zu diskutieren.«[104]

---

102 EvMar, BG, p.9,5–12.
103 Zur Frage des Küssens und seiner Bedeutung vgl. den Exkurs im nächsten Abschnitt dieses Kapitels.
104 EvMar, BG, p.9,12–24; griechische Parallele: POxy 3525, 8–14. – Eckige Klammern bedeuten, dass das entsprechende Wort im koptischen Text überwiegend nicht erhalten oder schadhaft ist und ergänzt wurde; ich diskutiere solche Ergänzungen nur dann, wenn sie umstritten und inhaltlich relevant sind.

Marias Eingreifen hat zunächst einmal Erfolg: Die Gruppe beginnt, sich mit den Worten Jesu zu beschäftigen, statt in Trauer und Mutlosigkeit zu verharren. Die Besonderheit des EvMar besteht darin, dass Maria nicht nur wie etwa im *Dialog des Erlösers* als besonders verständige Jüngerin gezeichnet wird – dies ist sie selbstverständlich auch –, sondern dass sie in ebenjener Rolle auftritt, die in anderen Schriften Jesus zukommt: Sie ist diejenige, die die Gruppe tröstet, ermutigt und belehrt. Sie nimmt damit in Abwesenheit Jesu jene Position ein, die in den anderen Dialogen diesem vorbehalten ist.

Auch wenn Maria damit strukturell die Rolle Jesu übernimmt, steht im zweiten Teil des EvMar Jesus indirekt weiterhin im Mittelpunkt: nicht mehr als persönlich Anwesender, sondern als derjenige, dessen Worte erinnert und diskutiert werden. Durch diese Erinnerung wird die Situation der nachösterlichen Verlassenheit bewältigt, und entscheidend für diese Erinnerung ist die Person Marias, da sie (wie im folgenden Text des EvMar deutlich wird) aufgrund ihrer besonderen Beziehung zu Jesus mehr weiß als die übrigen Mitglieder der Gruppe. Eine bevorzugte Rolle wird Maria zunächst sogar von Petrus zugestanden. Der Text fährt im Anschluss an die oben zitierte Passage nämlich fort:

»Petrus sagte zu Maria: Schwester, wir wissen, dass der Erlöser dich mehr liebte als die übrigen Frauen. Sage uns die Worte des Erlösers, die du erinnerst, die du kennst, nicht wir, und die wir auch nicht gehört haben. Maria antwortete und sagte: Was euch verborgen ist, werde ich euch verkünden.«[105]

---

105   EvMar, BG, p.10,1–9. Die griechische Parallele in POxy 3525, 16f., formuliert im zweiten Teil etwas anders; die Übersetzung

Während Petrus lediglich davon ausgeht, dass Maria etwas erinnert, was die anderen nicht gehört haben, betont Maria, dass sie verborgene, geheime Worte mitteilen wird. Das hier formulierte Konzept des Erinnerns an verborgene Worte ist kein Spezifikum des Ev-Mar, sondern kommt auch in anderen Texten des 2. Jh.s vor. Besonderes Wissen wird häufiger als geheime Überlieferung an Einzelpersonen oder einen begrenzten Personenkreis dargestellt.[106] Dadurch lässt sich einerseits die Tatsache erklären, dass die jeweils vorgetragenen Lehren nicht allgemein verbreitet waren, andererseits erlaubt ein solches Konzept auch die Rückbindung der Lehren an bekannte Personen, die damit als Traditionsgaranten für bestimmte Überlieferungen fungieren und deren Zuverlässigkeit sichern.

Diese Vorstellung von besonderen, geheimen Worten Jesu ist keine »gnostische« Erfindung. Schon im Neuen Testament findet sich die Überzeugung, dass bestimmte Worte Jesu nur an eine innere Gruppe gerichtet sind (vgl. Mk 4,11 f. und Parallelen), und auch die Spannung zwischen jetzigem Unverständnis und späterem Offenbarwerden der Wahrheit begegnet z. B. schon in den johanneischen Abschiedsreden: Dort dient die Ankündigung des Parakleten zur Bewältigung der Abschiedssituation. Er wird die Jünger/Jüngerinnen

---

lautet (mit Ergänzungen): »Sage uns nun die Worte des Erlösers, die du kennst, die wir nicht gehört haben. Maria erwiderte und sagte: Was euch verborgen ist und ich erinnere, werde ich euch verkünden.«

106 Die Bezugnahme auf geheime Überlieferung ist nicht nur in »gnostischen« Texten üblich, auch Kirchenväter wie Irenäus, Clemens und Origenes gehen von geheimen Überlieferungen aus, vgl. Guy G. Stroumsa, Hidden Wisdom. Esoteric Traditions and the Roots of Christian Mysticism, SHR 70, Leiden u. a. 1996, 34–41.

alles lehren und sie an alles erinnern, was Jesus gesagt hat (vgl. Joh 14,26). Sie sind jetzt noch nicht fähig, alles zu erfahren, aber der Paraklet wird sie »in die ganze Wahrheit führen«, Gehörtes sagen und Kommendes verkündigen (vgl. Joh 16,13 f.).

Im EvMar begegnen viele dieser Motive wieder. Im zweiten Teil des EvMar ist jene Situation erzählt, auf die die johanneischen Abschiedsreden vorausblicken. Dabei erfüllt Maria eine Rolle ähnlich der des johanneischen Parakleten: Sie tröstet und ermutigt die anderen, sie verkündigt nicht ihre eigenen Ideen, sondern das, was sie von Jesus gehört hat. Durch Maria werden die anderen über das Kommende, nämlich den Aufstieg der Seele belehrt. In der im Text des EvMar folgenden Erzählung vom Seelenaufstieg vermittelt Maria ein zentrales Thema »gnostischer« Theologie, sie führt in diesem Sinne »in die ganze Wahrheit«.

Im oben zitierten Text des EvMar setzt Petrus anscheinend voraus, dass Maria mehr gehört hat und weiß als alle anderen. Die besondere Liebe Jesu wird als Grund ihrer Überlegenheit angegeben. Petrus schränkt die Bevorzugung Marias aber gleichzeitig ein, wenn er sagt, Jesus habe sie mehr geliebt als die übrigen *Frauen*, und damit sich selbst und die anderen männlichen Jünger ausnimmt. Dieser latente Widerspruch – Petrus setzt das größere Wissen Marias allen anderen gegenüber voraus, erkennt aber ihre Überlegenheit nur eingeschränkt an – bereitet den späteren Konflikt zwischen Petrus und Maria vor. Nachdem Maria nämlich dem Wunsch des Petrus entsprochen und Besonderes mitgeteilt hat, wendet sich zunächst Andreas gegen sie, der nicht glaubt, Maria habe berichtet, was Jesus tatsächlich gesagt hat. Die dann folgenden Einwände des Petrus zielen direkt auf die Person Marias, wenn er sich fragt, ob Jesus ausgerechnet einer Frau geheime Lehren offenbart und Maria damit »mehr als uns« erwählt habe. Levi, ein weiterer der anwesenden Jünger, verteidigt Maria gegenüber Petrus, wobei er den Satz, Jesus habe Maria mehr geliebt als die übrigen *Frauen*, beträchtlich erweitert:

»Wenn aber der Erlöser sie würdig gemacht hat, wer bist denn du selbst, sie zu verwerfen? Sicherlich kennt der Erlöser sie genau. Deswegen hat er sie mehr als uns geliebt.«[107]

Jesus hat Maria also nicht nur mehr als die anderen Frauen, sondern »mehr als uns« geliebt, wobei dieses »uns« den männlichen Teil der Gruppe einschließt. Der Einwand des Petrus erweist sich als falsch, dieser selbst wird als »jähzornig« charakterisiert. Der Text des EvMar ist dabei eindeutig parteiisch für die von Maria und Levi vertretene Seite der Auseinandersetzung, was sich u. a. darin zeigt, dass die Reden von Maria und Levi viele Elemente dessen wieder aufnehmen, was Jesus im ersten Teil des Textes gesagt hatte: Beide gehören auf die »richtige«, im Sinne des Textes »christliche«, Seite, während Petrus aufgrund seines bekannt jähzornigen Temperamentes Schwierigkeiten hat, dies zu akzeptieren.

Nachdem wir im Text so weit gekommen sind, sollte deutlich geworden sein, dass es hier um vieles geht, aber nicht um die Frage, ob Maria und Jesus eine erotische oder sexuelle Beziehung miteinander gehabt haben, wie etwa Dan Brown bei seinem Zitat der letztgenannten Passage nahelegt. Vielmehr fungiert Maria als Traditionsgarantin für eine bestimmte Art »geheimen« Wissens, dessen Zuverlässigkeit durch ihre Person so-

---

107   EvMar, BG, p.18,10–15.

wie ihre geistige Nähe zu Jesus garantiert wird. Im Text des EvMar spiegeln sich reale Auseinandersetzungen des 2. Jh.s; die auftretenden Personen repräsentieren dabei verschiedene Positionen dieser Zeit. Historische Rückschlüsse auf die Personen des 1. Jh.s sind daher problematisch, allerdings erfahren wir, dass es in der Anfangszeit des Christentums (wobei unklar bleibt, ab wann) eine Richtung gab, die sich selbst als christlich verstand und ihre theologischen Überzeugungen auf Maria aus Magdala als Traditionsgarantin zurückführte,[108] ebenso wie andere Richtungen für ihre Überzeugungen andere Personen in Anspruch nahmen. Dabei ist die Auswahl dieser Personen nicht einfach beliebig, vielmehr sind primär Figuren aus dem engeren Umfeld Jesu geeignet, wie etwa der Jesusbruder Jakobus, der Jünger Thomas (in manchen Texten ist dieser gleichzeitig der Zwillingsbruder Jesu) oder der Lieblingsjünger im Johannesevangelium.

Die Konstellation der Personen im EvMar ist durchaus jener im Joh vergleichbar: Beide Texte berufen sich auf eine von Jesus besonders geliebte Person, um sich von der petrinischen Version des Christlichen abzusetzen, was u. a. auf Kosten der Petrusfigur in diesen Texten geht. Es ist in der Forschung üblich, im Hinblick auf das Joh und die hinter ihm stehende Gruppe von »johanneischem Christentum« zu reden; ebenso hat sich auch die Benennung »Thomaschristentum« für diejenige Richtung durchgesetzt, auf die u. a. das *Evangelium nach Thomas* zurückgeht. In entsprechender Weise ließe sich für das EvMar etwa auch von einem »Mag-

---

108 Bestätigt wird dies auch durch Hippolyt (Refutatio V,7,1; X,9,3) und Kelsos (Origenes, Gegen Kelsos V,62), die davon berichten, dass sich bestimmte Gruppen auf Maria Magdalena berufen haben.

120

dalenen-Christentum« sprechen,[109] dessen Konturen
erst in der neueren Forschung stückweise wiederentdeckt werden. Das in den letzten Jahren erneuerte und
verstärkte Interesse an Maria Magdalena, das sich vor
allem auch auf die wiedergefundenen Texte bezieht,[110]
hat mithin die Konsequenz, dass wir viel über die Vielfalt des frühen Christentums lernen – es hat allerdings
nicht zur Folge, dass wir eindeutige Aussagen über die
Beziehung zwischen den historischen Personen Jesus,
Maria aus Magdala und Petrus direkt aus den Texten
ableiten können. Die Schriften referieren auf diese
Beziehungen in erster Linie, um über ihre theologischen Überzeugungen zu debattieren, sie sind keine
Abhandlungen über die historischen Personen. Die uns
erhaltenen Texte sind also nicht geeignet, um aus ihnen
direkte Rückschlüsse auf das Verhältnis der historischen Figuren zueinander zu ziehen.

Die letzten Bemerkungen gelten auch für eine weitere Schrift, die von einer besonderen Beziehung zwischen Jesus und Maria aus Magdala weiß. Das *Evangelium nach Philippus* (im Folgenden: EvPhil) gehört zu
den in Nag Hammadi wiedergefundenen Texten (NHC
II,3); es stammt aus dem späten 2. oder frühen 3. nachchristlichen Jh. und ist möglicherweise in Syrien entstanden.[111] Der Text zerfällt in einzelne kurze Sinn-

---

109 Vgl. SCHABERG, Resurrection, 347–349, die die Bezeichnung
     »Magdalene Christianity« verwendet.
110 Vgl. u. a. die drei in den letzten Jahren erschienenen englisch-
     sprachigen Kommentare zum EvMar: K. L. KING, The Gospel of
     Mary of Magdala, 2003; ESTHER DE BOER, The Gospel of Mary.
     Beyond a Gnostic and a Biblical Mary Magdalene, JSNT.S 260,
     London u. a. 2004; TUCKETT, The Gospel of Mary, 2007.
111 Für die Einleitungsfragen und eine Gesamtübersetzung vgl.
     HANS-MARTIN SCHENKE (Einl./Übers.), Das Evangelium nach
     Philippus (NHC II,3), in: NHD 1, 183–213.

abschnitte, eine durchgehende Ordnung ist kaum erkennbar. Viele dieser Abschnitte geben den Lesenden Rätsel auf, die längeres Nachdenken provozieren. Zudem bereiten auch schadhafte Papyrusblätter vor allem gegen Mitte der Schrift einiges Kopfzerbrechen.

Maria aus Magdala kommt an zwei Stellen des Ev-Phil vor. Schon der erste Text enthält mehrere Schwierigkeiten, auch wenn er äußerlich nicht beschädigt ist:

»Drei (Frauen)[112] gingen mit dem Herrn allezeit: Maria, seine Mutter, und ihre Schwester und Magdalena, die genannt wird: seine *koinonos*. Maria ist nämlich seine Schwester und seine Mutter und seine Gefährtin.«[113]

Liebe Leserin, lieber Leser, bitte lesen Sie noch einmal und achten dabei auf die Schwester. – Wessen Schwester ist es? Anders gefragt: Geht es um die Tante oder um die Schwester Jesu? Oder zuerst um die Tante und dann um die Schwester? Aber wären es dann nicht vier Frauen?

Wenn ein Text vor solche Probleme stellt, so behilft man sich gerne mit sog. *Konjekturen*, Veränderungen – und nach Ansicht der Herausgebenden Verbesserungen – des Textes. In unserem Falle wird vorgeschlagen, bei der ersten Schwester »ihre« in »seine« zu ändern und damit von vornherein klarzustellen, dass es nicht um Jesu Tante geht.

Wenn man eine solche Konjektur nicht mitmachen möchte, gilt es, nach einer möglichen Interpretation des scheinbaren Widerspruchs zu suchen. So geht Hans-

---

112 Das koptische Zahlwort für drei steht in der femininen Form (*schomte*), was sich im Deutschen nur mit Hilfe des Zusatzes »Frauen« wiedergeben lässt.
113 EvPhil 32, NHC III, p.59,6–11.

Josef Klauck davon aus, dass es sich um ein geplantes »Aufmerksamkeitssignal« handelt, das eine Sinnverschiebung im Text anzeigt.[114] Dies scheint plausibel, weil die beiden Frauenlisten auch sonst differieren: Die Reihenfolge von Mutter und Schwester ist vertauscht und ein anderer Ausdruck zur näheren Bezeichnung Magdalenas gewählt; eine völlige Übereinstimmung beider Listen war anscheinend gerade nicht beabsichtigt. Zudem kann Klauck überzeugend darlegen, dass mit der ersten Frauenliste Joh 19,25 aufgenommen,[115] mit der zweiten Liste dann die erste gedeutet wird. Die Deutung sagt nicht nur, dass drei Frauen in Jesu Umgebung zufälligerweise alle Maria hießen, sondern die Gleichnamigkeit verweist auf einen tieferen Sinn.[116] Die drei Frauen, die Jesus am nächsten standen (um die Nähe zu betonen, muss es jetzt auch *seine* Schwester in Entsprechung zu seiner Mutter und seiner Gefährtin heißen), erscheinen nicht mehr als getrennte Personen, sondern gleichsam als verschiedene Manifestationen der idealen Begleiterin.

Durch den zusätzlichen Relativsatz am Ende der ersten Liste erhält die Bezeichnung Maria Magdalenas als *koinonos* ein besonderes Gewicht. Diese Bezeichnung lässt sich in etwa mit »Paargenossin« wiedergeben. Sie verweist auf den »gnostischen« Hintergrund

---

114 Hans-Josef Klauck, Die dreifache Maria. Zur Rezeption von Joh 19,25 in EvPhil 32, in: Ders., Alte Welt und neuer Glaube. Beiträge zur Religionsgeschichte, Forschungsgeschichte und Theologie des Neuen Testaments, NTOA 29, Göttingen 1994, 145–162; 156.
115 Zu dieser Liste vgl. oben B. 1.2.
116 Das EvPhil reflektiert mehrfach über die tiefere Bedeutung von Namen (vgl. u. a. EvPhil 11; 12; 13; 19); im gleich anschließenden Abschnitt geht es um den doppelten Namen der heiligen Geistkraft.

der Theologie des EvPhil, das sich insgesamt der sog. valentinianischen »Gnosis«[117] zuordnen lässt. Die in dieser Richtung auftretenden mythologischen Elemente zeigen eine besondere Vorliebe für das *paarweise* Auftreten von himmlischen (und anderen) Gestalten. Wenn eine dieser Gestalten, wie etwa die Sophia, sich selbständig macht und allein handelt, führt dies ins Desaster (wobei das Desaster in diesem Fall die Weltschöpfung ist). Positive Gestalten müssen notwendigerweise in (gemischtgeschlechtlichen) Paaren auftreten. Der himmlische Christus ist der Paargenosse der (im EvPhil weiblichen) heiligen Geistkraft, ebenso sind der irdische Jesus und Maria Magdalena Paargenossen. Da nach der Überzeugung des EvPhil der Tod aus der Trennung des Weiblichen vom Männlichen entstanden ist und nur durch die Wiedervereinigung der getrennten Teile überwunden werden kann, wäre ein rein männlicher Jesus ohne weibliches Gegenstück defizitär. Maria Magdalena repräsentiert ebendiesen notwenigen weiblichen Teil von Jesus. Die Mythologie der himmlischen Paare wird dabei sozusagen ins Irdische verlängert. Aus einem Text wie dem EvPhil Rückschlüsse auf historische Personen zu ziehen, erscheint damit aber fehlgeleitet.

Zu betrachten bleibt noch der zweite Text des EvPhil, in dem von Maria aus Magdala die Rede ist. Dieser Text dient geradezu als Kronzeuge für eine Bezie-

---

117 Benannt wird diese Richtung nach dem christlichen (und je nach Einschätzung auch »gnostischen«) Lehrer Valentin, der von ca. 138–158 n. Chr. in Rom wirkte und auf den sich indirekt eine Reihe von Vorstellungen in Texten aus Nag Hammadi zurückführen lassen; vgl. Schenke, Evangelium, 186–190. Vgl. auch Christoph Markschies, Valentinus Gnosticus? Untersuchungen zur valentinianischen Gnosis mit einem Kommentar zu den Fragmenten Valentins, WUNT 65, Tübingen 1992.

hung zwischen Jesus und Maria – aber auch in diesem Fall ist die Sachlage komplexer, als es zunächst den Anschein hat. Denn auch hier spielen mythologische Vorstellungen eine erhebliche Rolle. Zusätzlich gibt es noch die Schwierigkeit, dass der Text am Umbruch zweier Seiten des Codex steht, von denen vor allem die erste im unteren Teil erheblich beschädigt ist. Eine zeilengetreue Übersetzung des relevanten Textabschnitts mit den m. E. plausibelsten Ergänzungen[118] ergibt folgendes Bild:

63,30	»Die So-
	phia, die genannt wird: die Unfruchtbare,
32	sie ist die Mutter [der] Engel. Und die *koi-*
	nonos [des Erlösers ist] Maria Magda-
34	lena. Der [Erlöser liebte] sie
	mehr als [alle] Jünger(innen) [und er]
36	küsste sie [oft] auf ihren [Mund].
	Die übrigen [Jünger(innen)] . .
64,1	. . . . sie sagten zu ihm:
	Weshalb liebst du sie mehr als uns alle?
3	Der Erlöser antwortete und sagte zu ihnen:
	{}[119] Weshalb liebe ich euch nicht
5	so wie sie?«[120]

---

118 Zur genaueren Diskussion der Ergänzungen und des Textes insgesamt vgl. Petersen, Werke, 145–151. Schenke, Evangelium, 199, ergänzt im ersten Teil etwas anders und kommt zu folgender Übersetzung:»Die Weisheit, [die] die Unfruchtbare genannt wird, sie ist die Mutter [der] Engel und die Gefährtin des [Heilandes]. Der [Heiland liebte] Maria Magdalena mehr als …«. – Die Ergänzung von »Mund« in p.63,36 ist in den neueren Textausgaben nicht strittig.

119 Im koptischen Text ist an dieser Stelle versehentlich das »sagte zu ihnen« doppelt abgeschrieben.

120 EvPhil 55; NHC II, p.63,30–64,5.

Abb. 11: EvPhil, NHC II, p.63 mit größeren Lücken
im unteren Teil der Seite, darin der fehlende »Mund«

Nach der valentinianischen Mythologie ist *Sophia*, die
Weisheit, ursächlich an jenen Vorgängen beteiligt, die
zur (letztlich misslungenen) Schöpfung führen, insofern kann sie hier auch unfruchtbar genannt werden.
Die Engel, deren Mutter sie ist, sind als Archonten zu
verstehen, als im »gnostischen« Kontext negativ kon-
notierte Mächte, die ebenfalls am defizitären Prozess
der Weltschöpfung mitwirken. Insofern lässt sich Sophia als letztlich unfruchtbare »Mutter« sehen. Im Gegenüber dazu kommt Maria als der *koinonos* des Erlösers, also Jesu, eine positive Rolle zu: Sie hat sich nicht
ohne ihren männlichen Paargenossen selbständig gemacht und Minderwertiges hervorgebracht. Die Hervorbringungen einer solchen pneumatischen, geistigen, Gemeinschaft liegen vielmehr auf einer anderen
Ebene als der konkret materiellen. Dass im EvPhil nicht
auf einer normalen Alltagsebene argumentiert wird,
zeigt sich deutlich in einem weiteren Textabschnitt, der

direkt vor der oben zitierten ersten Erwähnung Maria Magdalenas als einer der drei Marien zu finden ist. Dort heißt es:

»Denn die Vollkommenen werden durch einen Kuß schwanger und gebären. Deshalb küssen auch wir uns gegenseitig. Wir empfangen die Schwangerschaft durch die Gnade, die in uns gegenseitig ist.«[121]

Die Küsse verursachen Schwangerschaft und Geburt. Dass es sich dabei nicht um normale Kinder handeln kann, ist evident. Vielmehr scheint das Resultat der Küsse im Hervorbringen »pneumatischer Früchte« zu liegen.[122] In einem solchen Sinne ist Maria, wenn sie von Jesus Küsse empfängt, pneumatisch fruchtbar und steht damit (ebenso wie durch ihr ständiges Beisammensein mit ihm) in einem Gegensatz zu der unfruchtbaren Sophia. Jesu besondere Beziehung zu Maria, seine Liebe zu ihr, drückt sich darin aus, dass er sie oft auf den Mund küsst, was – soweit trotz der Textlücke noch erkennbar – die Eifersucht der anderen aus der Gruppe hervorruft. (Wollen auch sie von Jesus geküsst werden?) Im Kontext von EvPhil 55 beantwortet Jesus die Frage der anderen: »Weshalb liebst du sie mehr als uns alle?«, indem er die Frage zurückgibt: »Weshalb liebe ich euch nicht so wie sie?« Ebenso wie die anderen Gruppenmitglieder werden auch wir als Lesende damit auf unsere eigenen Überlegungen zurückgeworfen: weshalb diese Bevorzugung Marias und was bedeuten die Küsse in diesem Zusammenhang?

---

121 EvPhil 31, NHC II, p.59,2–6.
122 Vgl. HANS-GEORG GAFFRON, Studien zum koptischen Philippusevangelium unter besonderer Berücksichtigung der Sakramente, Bonn 1969, 215.

Und: Geht es wirklich um Küsse auf den Mund, oder sind in jener Textlücke, in der üblicherweise »Mund« ergänzt wird, nicht doch andere Körperteile in Erwägung zu ziehen?[123]

Um solchen Fragen nachzugehen, sind genauere Informationen über die Konnotationen des Küssens (inklusive des Küssens auf den Mund) im antiken, insbesondere christlichen Kontext[124] der ersten Jahrhunderte nötig. Ohne zu wissen, was Küsse auf den Mund im Allgemeinen bedeuteten, ist es müßig, über die Bedeutung der speziellen Küsse zwischen Jesus und Maria weiter nachzusinnen. Deshalb der folgende Exkurs, der vielleicht auch lehrreich sein kann, was die Zeitgebundenheit unserer modernen Selbstverständlichkeiten angeht. Wie bei einem Exkurs üblich, führt auch dieser zunächst von unserem Hauptthema – den Küssen, die Maria Magdalena erhält – ab, um dann auf einem Umweg wieder dorthin zurückzukehren.

Exkurs: Küsse im frühen Christentum[125]
Heutzutage und in unserer Gesellschaft haben Küsse auf den Mund eine erotische Bedeutung. Wir neigen deshalb dazu anzunehmen, dass dies eine überzeitli-

---

123 In der Lücke im koptischen Text ist mehr Platz, als es zunächst den Anschein hat, da am Zeilenende noch das ebenfalls ergänzte »oft« steht. Vor dem Wort »Mund« (koptisch das Femininum: *tapro*), das vollständig ergänzt ist, hat sich gerade noch ein femininer Artikel mit einem femininen Personalpronomen (= »ihren«) erhalten (koptisch: *tes*), sicher ist also zumindest, dass es um einen femininen Begriff gehen muss, der einer Frau zugeordnet wird.

124 Dieser Kontext ist der in unserem Zusammenhang primär interessierende; die folgenden Ausführungen gelten aber auch darüber hinaus, wie etwa die Parallelen in dem jüdischen Roman *Josef und Asenath* zeigen.

125 Zum Folgenden vgl. vor allem: KLAUS THRAEDE, Ursprünge und

che, quasi allgemeinmenschliche Tatsache sei. Aber auch Küssen ist historisch bedingt. Antike Texte sind auch in diesem Fall für Überraschungen gut; so gibt es im frühen Christentum etwa eine größere Anzahl von Texten, die vom Küssen in einem liturgischen Zusammenhang reden. Der älteste solche Beleg stammt aus einer Beschreibung eines Gottesdienstablaufs aus der Mitte des 2. Jh.s. Der Kuss bildet hier den Abschluss des Gebets, anschließend folgt die Eucharistie:

»Wir grüßen (*aspazometha*) einander mit einem Kuss (*philē-mati*), wenn wir die Gebete beendet haben. Danach wird dem Vorsteher der Geschwister Brot und Becher mit Wasser und Wein gebracht; dieser nimmt es und sendet den Lobpreis dem Vater des Alls hinauf durch den Namen des Sohnes und des Heiligen Geistes.«[126]

Der Kuss als Gebetsabschluss taucht noch in einer Reihe weiterer Quellen auf; später hat er sich anscheinend im Ablauf des Gottesdienstes auf einen Platz innerhalb der eigentlichen Eucharistiefeier verschoben. Nicht ganz klar ist, ab wann im frühen Christentum solche liturgischen Küsse praktiziert wurden. In der Forschung wird diskutiert, ob sich Indizien hierfür schon in den paulinischen Briefschlüssen finden. In

---

Formen des »Heiligen Kusses« im frühen Christentum, JbAC 11/12, 1968/69, 124–180; Michael Philip Penn, Kissing Christians. Ritual and Community in the Late Ancient Church, Philadelphia 2005. Thraede ist primär an den liturgischen Datierungsfragen interessiert; Penn möchte allgemein die Bedeutung und Funktion des Küssens im Zusammenhang mit der Konstruktion christlicher Identität ergründen und betont den auch abgrenzenden Charakter gegenüber *Outsidern* (unter den Stichworten »distinction« und »boundary violations«).

126 Justin, Apologie I,65 (griech. Text: Munier, SC 507, 302–304).

mehreren seiner Briefe fordert Paulus nämlich in Zusammenhang mit den abschließenden Grüßen auch zum Küssen auf; eine vergleichbare Formulierung bietet auch der erste Petrusbrief:

»Grüßt euch untereinander mit dem heiligen Kuss!«
(Röm 16,16; 1Kor 16,20; 2Kor 13,12)
»Grüßt alle Geschwister mit dem heiligen Kuss!«
(1Thess 5,26)
»Grüßt euch untereinander mit dem Kuss der Liebe!«
(1Petr 5,14)

Eine explizit liturgische Verortung dieser Küsse lässt sich nicht sicherstellen. Klaus Thraede geht denn auch davon aus, dass es sich bei den Küssen am Briefabschluss lediglich um intensivierte Grüße handelt. Von Küssen im Zusammenhang mit Begrüßung oder Abschied ist auch in einigen erzählenden Texten des Neuen Testaments die Rede,[127] es handelt sich um eine normale Form des Grüßens, wie sie auch aus paganen Quellen belegt ist. Die spätere gottesdienstliche Verwendung von Küssen jedenfalls ist vielfältig: Neben den schon erwähnten Küssen zum Gebetsende und in der Eucharistiefeier gibt es z. B. auch eine Reihe von Belegen für den Kuss als Bestandteil des Tauf- oder Ordinationsrituals – sowie auch für das Küssen der Fesseln von Märtyrern im Gefängnis.

Mehr als die Frage nach einem möglichen Ursprung der Küsse im 1. Jh. sind in unserem Zusammenhang

---

127 Vgl. Lk 7,45: Jesus wirft seinem Gastgeber vor, ihn (zur Begrüßung?) nicht geküsst zu haben; Lk 15,20: Der Vater küsst den verlorenen Sohn, als dieser zurückkehrt; Apg 20,37: Anhänger und Anhängerinnen des Paulus fallen diesem zum Abschied um den Hals und küssen ihn.

solche Texte von Interesse, die etwa zur selben Zeit wie das EvPhil geschrieben sind, also im späten 2. oder frühen 3. Jh. Clemens von Alexandrien polemisiert gegen Ende des 2. Jh.s sowohl gegen lieblose wie auch gegen hemmungslose Küsse. Küsse müssen mit der richtigen Gesinnung gegeben werden. Ganz nebenbei erfahren wir durch die Polemik des Clemens auch, dass es bei den »heiligen Küssen« um solche *auf den Mund* geht:

»Wenn wir aber ins Reich Gottes berufen sind, so laßt uns auch würdig des Reiches wandeln, indem wir Gott und den Nächsten lieben. Die Liebe wird aber nicht nach einem Kuß (*philēma*), sondern nach der liebevollen Gesinnung beurteilt. Sie aber lassen nur von dem Lärm ihrer Küsse die Kirchen widerhallen, dagegen wohnt die Liebe nicht in ihnen.
Denn in der Tat hat auch dies, nämlich die Sitte, den Kuß ohne Hemmung und Maß zu verwenden, überall schimpflichen Verdacht und üble Nachrede hervorgerufen, da ja der Kuß etwas Geweihtes (*mystikon*) sein sollte (›heilig‹ hat ihn der Apostel genannt), indem die Seele die liebevolle Gesinnung durch den keuschen und geschlossenen Mund kundgibt, der das beste Kennzeichen eines sanften Wesens ist.
Es gibt aber auch einen anderen, unheiligen Kuß, voll von Gift, der heiliges Wesen nur heuchlerisch vortäuscht. Wißt ihr denn nicht, daß auch die Spinnen, wenn sie nur den Mund berühren, den Menschen die heftigsten Schmerzen bereiten, die Küsse aber oft das Gift der Zuchtlosigkeit einflößen?«[128]

Clemens verwendet häufiger etwas absurd anmutende Vergleiche aus dem Tierreich. Wichtiger als die Frage,

---

128 Clemens von Alexandrien, Paedagogos 3,11,81 (Übers.: STÄHLIN, BKV 2,8, 205 f.). – Auch sonst geht es um Küsse auf den Mund, vgl. PENN, Kissing Christians, 50: »In early Christianity, the ritual kiss almost always occured on the mouth«.

an was für Spinnen hier gedacht sein könnte, ist die argumentative Zielrichtung des Textes: Die Küsse werden geregelt durch Abgrenzung von anderen, falschen Küssen – und zwar nicht nur gegenüber einem »Zuviel« des Küssens, sondern auch und in erster Linie gegenüber einer falschen Gesinnung beim Küssen. Unehrlichkeit macht die Küsse schädlich.

Die Bemerkung des Clemens, die Küsse hätten »Verdacht und üble Nachrede« hervorgerufen, lässt sich nicht aus anderen Quellen bestätigen. Wir kennen keinen einzigen Fall einer paganen Polemik gegenüber den christlichen Küssen[129] (anscheinend war ein solches Ritual so ungewöhnlich nicht); und der eben zitierte ist der einzige christliche Beleg, der mit übler Nachrede rechnet – jedoch ohne zu explizieren, von welcher Seite diese wohl kommen könnte. Die Zielrichtung des Textes liegt primär darin, den rituellen Kuss innerchristlich durch abgrenzende Beispiele zu deuten, zu definieren und vor Missbrauch zu schützen.

Die gottesdienstlichen Küsse im frühen Christentum lassen sich als ein integratives, gemeinschafts- und identitätsstiftendes Ritual beschreiben. Hilfreich für eine solche Denkrichtung war die ohnehin verbreitete Analogie zwischen der christlichen Gemeinde und einer (Groß-)Familie. Familiäre Küsse (auf den Mund) waren in der Antike allgemein verbreitet, so dass die folgende Kuss-Analogie, die Athenagoras (2. Hälfte 2. Jh.) verwendet, wohl überzeugend wirken konnte:

»Je nach dem Alter betrachten wir daher die einen als Söhne und Töchter, andere behandeln wir wie Brüder und Schwestern, die Älteren ehren wir wie Väter und Mütter. Und nun

---

129 Vgl. Penn, Kissing Christians, 104–113.

liegt uns alles daran, daß die Leiber derer, die wir für Brüder ansehen und Schwestern und was es sonst noch für Verwandtschaftsnamen gibt, unentweiht und unbefleckt bleiben, da uns abermals der Logos sagt: ›Wenn jemand deswegen zum zweitenmal küßt, weil es ihm gefallen hat‹ und beifügt: ›So also mit Vorsicht muß man den Kuß (*philēma*) oder vielmehr den Gruß (*proskynēma*) geben, da er uns des ewigen Lebens berauben würde, wenn er irgendwie durch die Gesinnung getrübt würde.‹«[130]

Der schon erwähnte allgemein antike Zusammenhang von Küssen und Grüßen ist deutlich. Die Gefahr einer erotischen »Zweckentfremdung« der Küsse scheint allerdings durchaus zu bestehen; zumindest wird sie rhetorisch aufgerufen, um – wieder einmal – die erforderliche richtige Gesinnung beim Küssen zu propagieren. Wenn allerdings Christen und Christinnen als eine große Familie gedeutet werden, innerhalb derer sich alle küssen, so bedeutet dies gleichzeitig, dass es auch ein »Außen« zu dieser Familie gibt. Es gibt also auch Menschen, die nicht geküsst werden sollen und dürfen; und es gibt »falsche Küsse«. Der paradigmatische falsche Kuss der christlichen Tradition ist natürlich der Judaskuss (vgl. Mt 26,49; Mk 14,45; Lk 22,47 f.). Origenes (1. Hälfte 3. Jh.) schreibt über den Kuss zum Gebetsschluss in Anknüpfung an Paulus:

»Diesen Kuß (*osculum*) bezeichnet der Apostel als heilig. Damit lehrt er zunächst, daß der Kuß, der in der Kirche gegeben wird, keusch sein muß, dann auch, daß er nicht heuchlerisch sein darf wie der Kuß des Judas, der den Kuß mit den Lippen darbot und im Herzen den Verrat erwog. Der Kuß des Glau-

---

130   Athenagoras, Apologie 32 (Übers.: Eberhard, BKV 1,12, 321).

benden sei zunächst keusch, wie wir gesagt haben, dann soll er auch den Frieden (*pacem*) und die Einfachheit in sich tragen in ungeheuchelter Liebe.«[131]

In Anknüpfung an die paulinische Kuss-Aufforderung am Ende des Römerbriefes stellt Origenes die »keuschen« paulinischen Küsse dem heuchlerischen Judaskuss gegenüber.[132] Der Kuss soll mit der richtigen Einstellung gegeben werden, und: Er soll »Frieden« in sich tragen. Dieser Zusammenhang, der »Friedenskuss« oder »Friedensgruß«, führt dazu, dass in manchen Quellen bei der Verwendung des Wortes »Frieden« (*eirene/pax*) nicht unbedingt klar ist, ob damit auch oder speziell Küsse bezeichnet sind. Tertullian (um 200) polemisiert heftig gegen die Umgangsformen in häretischen Gruppen:

»Ich will es nicht unterlassen, gerade auch den Lebenswandel der Häretiker zu beschreiben; wie leichtfertig, wie irdisch, wie menschlich, allzu menschlich er ist, ohne Würde, ohne Autorität, ohne Zucht, ganz in Übereinstimmung mit ihrem Glauben. Vor allem ist unsicher, wer Katechumene und wer Gläubiger ist: gemeinsam haben sie Zutritt, zusammen hören sie, zusammen beten sie. … Die Zerstörung von Zucht und Ordnung heißt bei ihnen Schlichtheit; die Sorge, die man bei uns um jene trägt, nennen sie gekünstelte Geziertheit. Auch den ›Frieden‹ (*pacem*) teilen sie unterschiedslos gemeinsam mit allen. Denn für sie gibt es keinen Unterschied, auch wenn

---

131   Origenes, Römerbriefkommentar 10,33 zu Römer 16,16 (Übers.: HEITHER, FC 5,2, 259).

132   In späteren christlichen Quellen steht Judas dann allgemein für Juden und Jüdinnen, die nicht geküsst werden sollen und nicht die richtige Sorte von Küssen haben, vgl. PENN, Kissing Christians, 114–119.

sie unterschiedliche Lehren vertreten, wofern sie nur darin einig sind, die eine Wahrheit zu bekämpfen.«[133]

Bei hochgradig polemischen Quellen wie dieser ist oft schwer zu sagen, was von den beschriebenen Verhaltensweisen tatsächlich praktiziert wurde. Die Texte wollen vermittels ihrer Rhetorik bestimmte Verhaltensweisen propagieren und andere ausschließen; dazu eignen sich natürlich gerade Negativbeispiele im Hinblick auf »die Anderen« gut: Seht her, so sind wir nicht, so wollen wir nicht sein. Ob »die Anderen« tatsächlich so waren, ist eine andere Frage. Was bei Tertullian jedenfalls nicht sein soll und von ihm als häretisch klassifiziert wird, sind Unordnung und Vermischung; erstrebenswert sind dagegen Ordnung und klare Unterscheidungen. Sollten bei dem hier sog. »Frieden« auch die Küsse eingeschlossen sein (was mir plausibel scheint), so macht Tertullian deutlich, dass sie eben nicht »unterschiedslos allen« zukommen. Was die Kirche von der Häresie unterscheidet, ist nach Tertullian, *dass* sie unterscheidet.

Explizit reglementiert werden die Küsse dann tatsächlich in den Kirchenordnungen, von denen es ab dem 3. Jh. diverse unterschiedliche Versionen gibt. In der sog. *Traditio apostolica* taucht zum ersten Mal ein Verbot des Küssens zwischen Männern und Frauen auf: Beim Gebet sollen Männer, Frauen, Katechumenen und Katechumeninnen jeweils separat stehen. Anschließend ist das Küssen nur innerhalb der Gruppen erlaubt. Katechumeninnen dürfen den Friedenskuss

---

133 Tertullian, de praescriptione haereticorum / Vom prinzipiellen Einspruch gegen die Häretiker 41,3 (Übers.: Schleyer, FC 42, 317). – Thraede, Ursprünge, 154, und Penn, Kissing Christians, 23, deuten den »Frieden« als Friedenskuss.

(noch) nicht geben; gläubige Frauen sollen einander küssen. Männer sollen die Männer küssen und Frauen die Frauen, nicht aber Männer die Frauen.[134] (Es wird nicht gesagt, dass Frauen die Männer nicht küssen sollen, aber das dürfte wohl impliziert sein. Die Auslassung lässt allerdings vermuten, dass eine Reglementierung hier weniger notwendig erschien.) Die expliziten Verbote deuten darauf hin, dass einer verbreiteten Praxis Einhalt geboten werden sollte. In den älteren Texten der Kirchenväter etc. wird jedenfalls ein Verbot zwischengeschlechtlicher Küsse nirgendwo ausgesprochen.

In einer weiteren Kirchenordnung, den *Constitutiones Apostolorum*, wird das eben genannte Verbot zwischengeschlechtlicher Küsse in positiver Form formuliert: Nun ergeht die Aufforderung, dass die Männer und Frauen jeweils einander küssen sollen, nur eben nicht hinterhältig, wie Judas es getan hat.[135] Der erwünschte Ablauf im Anschluss an das Gebet ist der Folgende:

»Und es soll der Bischof die Kirchenversammlung grüßen und sagen: Der Friede Gottes sei mit euch allen. Und das Kirchenvolk soll antworten: Und mit deinem Geist. Und der Diakon soll allen sagen: Grüßt einander mit dem heiligen

---

134 Traditio apostolica 18. Ich referiere hier die Gemeinsamkeiten der unterschiedlichen Versionen (in diesem Fall: Koptisch, Arabisch und Äthiopisch) in Anlehnung an die englische Übersetzung bei: PAUL F. BRADSHAW / MAXWELL E. JOHNSON / L. EDWARD PHILIPPS, The Apostolic Tradition. A Commentary, Minneapolis 2002, 100. Abhängigkeitsverhältnisse, Zuordnungen und Datierungen sind bei den Kirchenordnungen ein verwickeltes Problem, auf das ich hier nicht eingehen kann.

135 Vgl. Constitutiones Apostolorum 2,57,17 (griech. Text: METZGER, SC 320, 318).

Kuss! Und es sollen die Klerusmitglieder den Bischof grüßen, und die Männer aus dem Laienstand die Laien, und die Frauen die Frauen.«[136]

Der Kuss dient nunmehr zur performativen Inszenierung von Gruppengrenzen; das »Durcheinander« früherer Zeiten ist geordnet – zumindest im Einflussbereich der genannten Kirchenordnungen. In welchen Gegenden, bei welchen Gruppen und wie lange auch weiterhin grenzüberschreitende Küsse praktiziert wurden, ist schwer zu sagen. Die Kirchenordnungen sind keine deskriptiven, sondern präskriptive Quellen, d. h.: Sie beschreiben nicht, sondern wollen einen bestimmten Zustand herstellen. Und sie äußern sich auch nicht darüber, welche Bedeutungen die »spirituellen« Küsse für diejenigen hatten, die sie praktizierten.

Schon oben hatte ich darauf hingewiesen, dass die Beschreibung der Küsse als einheitsstiftendes Ritual innerhalb der Gemeinde als spiritueller »Familie« eine mögliche Deutungslinie darstellt. Auch innerhalb der »gnostischen« Quellen, auf die ich im Folgenden noch eingehen möchte, lassen sich Haftpunkte für eine solche innerfamiliäre Deutung finden. Ein Beispiel ist der erste Auftritt Marias in den erhaltenen Teilen des EvMar:

»Da stand Maria auf, umarmte/küsste (*aspazomai*) sie alle und sagte zu ihren Geschwistern: Weint nicht und seid nicht traurig und zweifelt nicht, denn seine Gnade wird mit euch allen sein und wird euch beschützen.«[137]

---

136 Constitutiones Apostolorum 8,11,8–9 (griech. Text: METZGER, SC 336, 174).
137 EvMar, BG, p.9,12–20; griechische Parallele: POxy 3525, 8–11; vgl. dazu auch oben B. 2.3.

Sowohl die Bezeichnung der anderen als »Geschwister« wie auch die Betonung der Verbundenheit untereinander zeigen den quasi-familiären Kontext der Handlung Marias. In der fragmentarischen griechischen Parallele zu diesem koptischen Text ist eine Form des griechischen Verbs *kataphileo* erhalten, die (möglicherweise zusätzlich zum *aspazomai*) die Geste Marias als Küssen beschreibt. Mit dem im koptischen Text verwendeten griechischen Lehnwort *aspazomai* kann nicht einfach eine Begrüßung gemeint sein, da Maria schon zuvor anwesend war. Es muss sich vielmehr um eine Geste der Verbundenheit handeln; die griechische Parallele legt nahe, dabei an Küsse zu denken. Maria handelt hier so, wie es zuvor im Text auch Jesus tut: Als dieser sich nämlich von den anderen verabschiedet, grüßt/umarmt/küsst (*aspazomai*) er sie. In seiner Abwesenheit übernimmt Maria seine Rolle, was sich auch darin zeigt, dass sie jetzt Subjekt des *aspazomai* ist.

In seiner abschließenden Rede, also bevor er sich verabschiedet und Maria ihn vertritt, warnt Jesus davor, neue Regeln und Gesetze aufzustellen. Das EvMar dürfte zwar früher entstanden sein als die oben zitierten Kirchenordnungen, liest man die Texte jedoch zusammen, so erhält die Warnung Jesu im EvMar neues Gewicht: An Regeln, Vorschriften und Gesetzen gibt es in den Kirchenordnungen keinen Mangel. Das EvMar zeigt, dass es auch einen anderen Umgang mit solchen Fragen gab und geben könnte.

Ein weiterer Deutungsansatz der Küsse ist noch zu besprechen, da dieser besonders geeignet ist, den Hintergrund der jesuanischen Küsse an die Adresse Marias im EvPhil zu erhellen. Die Küsse werden nämlich in einigen Quellen auch im Zusammenhang mit der Weitergabe von Geist und Wissen gesehen. In der Sekundärliteratur wird an dieser Stelle als Beleg immer wieder die 28. der sog. Oden Salomos genannt. Diese Oden sind weder klar religiös zuzuordnen (jüdisch, christlich, »gnostisch«, eine Mischung mit Überarbeitungen?) noch zu datieren (zur Diskussion steht die Zeit zwischen 50 v. Chr. und 250 n. Chr.). Der größte Teil der Oden ist nur in syrischer Sprache erhalten; ihre Sprache ist poetisch und metaphorisch. In der 28. Ode tritt das »Leben« als eine Art personifizierte Erlöserfigur auf:

»Und es umarmte mich das Leben ohne Tod und küßte mich, und von ihm (sc. dem Leben) ist die Geistesmacht, die in mir ist. Und sie kann nicht sterben, weil sie (selbst) Leben ist.«[138]

Das unsterbliche »Leben« gibt also den Geist (im Syrischen weiblich) vermittels eines Kusses weiter.

Auch unter den Schriften aus Nag Hammadi gibt es Belege, die in eine ähnliche Richtung gehen. Was hier beim Küssen weitergegeben wird, ist Offenbarungswissen; der Küssende ist Jesus, die Geküssten können unterschiedliche Personen sein. In der sog. *zweiten Apokalypse des Jakobus* (NHC V,4, wohl im 2. Jh. entstanden) ist Jakobus[139] die Hauptperson. Er berichtet in der Ich-Form von Offenbarungen, die er von Jesus erhalten hat und die er nun als Offenbarungsmittler weitergibt. Im Dialog zwischen Jesus und Jakobus findet sich folgende Szene:

---

138 Oden Salomos 28,6 f. Übers. aus dem Syrischen: MICHAEL LATTKE (Übers.), Oden Salomos, FC 19, Freiburg u. a., 179. – Zur pneumatologischen Bedeutung des Küssens vgl. PENN, Kissing Christians, 37–43.

139 Es handelt sich nicht um den Zebedaiden Jakobus, sondern um den Bruder Jesu, der in dieser Schrift allerdings nur sein »Milchbruder« ist.

»Und er (sc. Jesus) küsste mich, umarmte mich und sagte: Mein Geliebter! Siehe, ich werde dir enthüllen, was die Himmel nicht wußten noch ihre Archonten. ... Siehe, ich werde dir alle Dinge enthüllen. Mein Geliebter, verstehe und erkenne sie, damit du aus diesem Leib herauskommst so wie ich! Siehe, ich werde dir den enthüllen, der verborgen ist. Nun aber strecke deine Hand aus und umarme mich jetzt!«[140]

Der Kuss wird hier direkt mit der Weitergabe »gnostischen« Offenbarungswissens verbunden und Jakobus von Jesus sogar als »Geliebter« bezeichnet – was meines Wissens in der Rezeption des Textes in diesem Falle aber nicht zu Spekulationen über eine erotische Beziehung geführt hat. Der Körper ist – trotz der positiv konnotierten körperlichen Berührungen – eindeutig negativ gewertet: Es gilt, aus ihm herauszukommen. Als Jakobus im Anschluss an die gerade zitierte Szene tatsächlich versucht, Jesus zu berühren, greift er quasi in die Luft: Der offenbarende Jesus scheint sich nicht in einem Zustand normaler Körperlichkeit zu befinden, was bei Jakobus zugleich Furcht und Freude auslöst. Eine vergleichbare Offenbarungsbeziehung wie Jesus und Jakobus (und wie Jesus und Maria) haben auch Jesus und Thomas im *Evangelium nach Thomas*. In Ev-Thom 108 redet Jesus von seinem Mund:

»Jesus sagte: Wer von meinem Mund trinken wird, wird werden wie ich. Ich selbst werde zu ihm werden, und was verborgen ist, wird sich ihm offenbaren.«[141]

---

140 2ApcJac, NHC V, p.56,14–57,11. Übers.: Kaiser/Plisch, NHD 2, 429.
141 EvThom 108, NHC II, p.50,28–30.

Das »Trinken« von Jesu Mund – das sich als Zuhören, Küssen oder wohl am besten als beides interpretieren lässt – offenbart das Verborgene. Aus einem anderen Text im EvThom geht hervor, dass es Thomas ist, der sich entsprechend verhält. In EvThom 13 sollen die anwesenden Jünger sagen, für wen sie Jesus halten. Nach den zu kurz greifenden Antworten von Petrus und Matthäus sagt Thomas: »Lehrer, mein Mund vermag es ganz und gar nicht zu ertragen, zu sagen, wem Du gleichst.« Jesus antwortet ihm, dass er nicht sein Lehrer sei. Die Begründung: »Denn du hast getrunken, du hast dich berauscht an der sprudelnden Quelle, die ich ausgemessen habe.«[142] Jesus nimmt anschließend Thomas beiseite, um ihm Dinge mitzuteilen, die nicht für die anderen bestimmt sind. Damit wird Thomas im Kontext des Evangeliums als derjenige qualifiziert, der verborgenes Wissen *durch den Mund* Jesu erhalten hat, das ihn über die anderen hinaushebt, und der dieses Wissen nun vermittels des Thomasevangeliums weitergibt. Dies transzendiert auch die einfache Lehrer-Schüler-Beziehung: Im Kontext dieses Evangeliums ist es möglich, wie Jesus zu werden.

Die bisher zitierten Quellen könnten dazu verführen, eine einfache polarisierende Geschichte zu schreiben: »gnostisches« gegen »kirchliches« Christentum, geistige Freiheit gegen Regelungen und Vorschriften, allgemeines Küssen gegen hierarchisierende und unterteilende Küsse; allgemeiner Niedergang einer zunächst freien und egalitären Praxis. Die Geschichte dürfte jedoch komplexer verlaufen sein und das Gemeinsame beim Verständnis der rituellen Küsse größer, als einlinige Gegenüberstellungen suggerieren. Zum

---

142   Vgl. EvThom 13, NHC II, p.34,30–35,14.

Abschluss sei deshalb noch ein Text zitiert, der etwas später zu datieren ist als die meisten der bislang besprochenen, in dem aber trotzdem noch einmal viele der erwähnten Interpretationslinien wiederkehren. Johannes Chrysostomos (gest. 407 und eindeutig kein »Gnostiker«) schreibt über den »heiligen Kuss«, der inzwischen im Kontext der Eucharistiefeier platziert ist:

»Bevor wir zum heiligen Tisch gehen, werden wir aufgefordert, einander zu lieben und uns den heiligen Kuß zu geben. Warum? Weil wir körperlich voneinander geschieden sind, verbinden wir in diesem Augenblick unsere Seelen miteinander, damit unsere Gemeinschaft jener zur Zeit der Apostel gleiche, als alle Gläubigen ein Herz und eine Seele waren. …

Es gibt auch eine andere geistliche Erklärung für diesen Kuß. Der heilige Geist hat uns zum Tempel Christi gemacht. Wenn wir also einander den Mund küssen, dann küssen wir den Eingang zum Tempel. Niemand soll das mit schlechtem Gewissen und mit Hintergedanken tun. Denn der Kuß ist heilig. Paulus sagt: ›Grüßt einander mit dem heiligen Kuß‹.«[143]

Als Fazit lässt sich festhalten: Die Praxis des Küssens auf den Mund ist nicht primär erotisch konnotiert (wo eine solche Interpretation auftaucht, wird sie abgewiesen), sondern stiftet Gemeinschaft und spirituellen Austausch. Sie dient gleichzeitig auch dazu, bestimmte Gruppen gegen Außenstehende abzugrenzen (geküsst werden darf nur, wer dazu gehört – nur wer küsst, gehört dazu). Gleichzeitig ist die ritualisierte Kusspraxis nicht in einem strikten Gegensatz zu den Gepflogenheiten der griechisch-römischen Umwelt zu sehen, da

---

143   Johannes Chrysostomos, Taufkatechesen 1,2/3,10 (Übers.: KACZYNSKI, FC 6,1, 251–253).

auch dort Küsse auf den Mund verbreiteter waren, als wir dies heutzutage anzunehmen geneigt sind.

Vor dem Hintergrund der betrachteten Quellen aus unterschiedlichen christlichen Kontexten scheint es plausibel, die Küsse unserer »gnostischen« Quellen (Maria, die die anderen aus der Gruppe küsst; Jesus, der Maria oder auch Jakobus küsst) nicht nur als gemeinschaftsstiftendes Ritual der Verbundenheit zu sehen, sondern vor allem als Zeichen der Weitergabe geistigen Wissens an ausgewählte Einzelne oder besondere Gruppen. Dabei ist das Küssen »auf den Mund« in besonderer Weise geeignet, eine solche Wissensweitergabe zu symbolisieren, da der Mund auch jenes Organ ist, vermittels dessen *Worte* weitergegeben werden, die ja in unseren Texten das entscheidende Medium der Wissensweitergabe sind. Von hier aus gesehen bestätigt sich auch die Plausibilität der üblichen Ergänzung des »Mundes« bei den jesuanischen Küssen an Maria Magdalena. Und Maria erweist sich dann vermittels dieser Küsse einmal mehr als Lieblingsjüngerin und bevorzugte »Gnostikerin«. Dass im EvPhil gleichzeitig mit den erotischen Konnotationen des Küssens auf den Mund und der Eifersucht der anderen gespielt wird, ist trotzdem durchaus möglich. Das EvPhil enthält so viele Doppeldeutigkeiten, Metaphern und Verweise auf andere Verständnisebenen, dass jede einlinige Interpretation ohnehin zu kurz greift. Deutlich ist aber: Für Rückschlüsse auf die historischen Personen ist eine solche Quelle keinesfalls geeignet.

Maria aus Magdala kommt in bestimmten Texten eine bevorzugte Rolle zu, da sie mehr weiß und versteht als die anderen, weil sie die Jüngerin ist, »die Jesus liebte« – wobei Maria in den bisher behandelten Texten grammatisch gesehen das Objekt und nicht das

Subjekt des Relativsatzes ist: Jesus liebt Maria, über die umgekehrte Richtung wird nichts gesagt.[144] Maria ist ihm näher als die anderen, sie erhält »geheimes« Wissen, durch Worte wie durch Küsse. Eine solche Bevorzugung Marias trifft auf Widerspruch und Eifersucht. Im Kontext des eben besprochenen EvPhil ist es die übrige Gruppe, die die bevorzugte Rolle Marias als geliebte Jüngerin in Frage stellt. In drei weiteren Texten ist Petrus der Hauptgegner Marias.

2.4. Der Konflikt zwischen Petrus und Maria

Einer der drei Texte, die von einem Konflikt zwischen diesen beiden Figuren erzählen, ist das oben schon behandelte *Evangelium nach Maria* (= EvMar), dessen Erzählfaden hier jetzt wieder aufzunehmen ist. Zunächst hatte Petrus Maria aufgefordert, von ihr erinnerte Worte Jesu mitzuteilen. Seine Begründung war dabei: Jesus liebte Maria mehr als die übrigen *Frauen* (s. o.). In der Fortsetzung des Textes berichtet Maria von einer Vision, in der ihr Jesus erschienen ist, wobei ihre Eingangsformulierung an Joh 20,18 (»Ich habe den *Kyrios* gesehen«) anknüpft.[145] Anschließend gibt Maria einen Dialog zwischen Jesus und ihr selbst wieder. Bedauerlicherweise bricht der Text zu Beginn dieses Dialoges ab, so dass wir nichts über den direkten Fortgang des Gespräches erfahren. Nach den fehlenden vier Seiten des koptischen Codex setzt der Text mitten in einer

---

144 Diese Relation ändert sich etwa in neueren Romanen und Filmen, wo Maria häufiger diejenige ist, die (unglücklich) liebt, während die Jesusfigur als eine gezeichnet wird, die durch ihre Besonderheit am Eingehen einer konkreten Liebesbeziehung gehindert wird. Vgl. dazu unten C. 4.
145 Vgl. EvMar, BG, p.10,10–13.

Rede Marias wieder ein. In dieser Rede wird der Seelenaufstieg geschildert: Die Seele überwindet bei ihrem Aufstieg in den himmlischen Bereich verschiedene Mächte (darunter die Begierde, die Unwissenheit und den Zorn als personifizierte Größen), die sich ihr entgegenstellen und sie nach ihrer Herkunft und ihrem Ziel fragen. Am Ende hat die Seele sich gänzlich von der Welt befreit, sie erlangt die »Ruhe von der Zeit« im Schweigen. Der Weg der Seele führt aus den Fesseln der Welt hinaus, sie kehrt in ihre eigentliche himmlische Heimat zurück. Die ganze Passage zeigt – im Sinne des zu Beginn dieses Kapitels Ausgeführten – ein durchaus »gnostisches« Weltbild, spielen doch sowohl die Überwindung der Welt wie auch mythologische Elemente eine zentrale Rolle.[146]

Und Maria ist diejenige, die diese »gnostischen« Lehren verkündigt. Zwar fehlt uns der Beginn der Erzählung vom Seelenaufstieg, der innerhalb der vier verlorenen Seiten des koptischen Codex zu finden gewesen sein muss, aber am Ende dieser Erzählung heißt es:

»Als Maria dies gesagt hatte, schwieg sie, so dass der Erlöser bis hierher mit ihr geredet hatte.«[147]

Damit ist deutlich, dass in der vorausgehenden Passage Maria gesprochen und die Lehren Jesu weitergegeben hatte. Darüber hinaus entspricht Marias Schwei-

---

146 Zu der umstrittenen Frage, wie »gnostisch« das EvMar ist, vgl. auch die unterschiedlichen Einschätzungen bei KING, Gospel of Mary, 170–190, und TUCKETT, Gospel of Mary, 42–54. Eine Einschätzung in dieser Frage hängt selbstverständlich direkt mit der jeweils vertretenen »Gnosis«-Definition zusammen.
147 EvMar, BG, p.17,7–9.

gen jenem Schweigen, das die Seele am Ziel ihres Aufstiegs erlangt hat: »Mit der Schilderung ihrer Vision hat sie die Stufe der Erlösung erreicht.«[148] Der Text lässt durch die Korrespondenz von Marias Schweigen und jenem Schweigen, auf das ihre Erzählung zuläuft, die Mitteilung und den Vollzug des Aufstiegs ineinanderfallen. Das Wissen um den Erlösungsweg bedeutet an sich schon Erlösung und Befreiung von dieser Welt. Maria hat demnach den Bereich von Schweigen und Erlösung zumindest temporär bereits erreicht.

Für Petrus und seinen Bruder Andreas gilt dies jedoch nicht. Beide sind nicht in der Lage, den »Aufstieg« mitzuvollziehen. Andreas hält das von Maria Mitgeteilte für andere, fremde Lehren, sie passen nicht zu seinem »normalchristlichen« – d. h. im Sinne des Textes unvollständigen – Verständnis. Petrus geht noch einen Schritt weiter, wenn er seinen Widerspruch personalisiert und direkt gegen Maria als Frau wendet, indem er (in Bezug auf Jesus) sagt:

»Hat er etwa mit einer Frau heimlich vor uns gesprochen und nicht öffentlich? Sollen wir selbst umkehren und alle auf sie hören? Hat er sie mehr als uns erwählt?«[149]

Im Sinne des EvMar sind diese Fragen eindeutig mit »Ja« zu beantworten: Die Petrusfigur des EvMar bezweifelt Marias Wissensvorsprung zu Unrecht. Petrus ist persönlich gekränkt und eifersüchtig, er will Marias tatsächliche Überlegenheit nicht anerkennen. Zudem zeigt seine Argumentation mit Marias Frau-Sein,

---

148 So DIETER LÜHRMANN, Die griechischen Fragmente des Mariaevangeliums POx 3525 und PRyl 463, in: NT 30, 1988, 321–338; 331.

149 EvMar, BG, p.17,18–22.

dass er die im EvMar an mehreren Stellen vertretene Vorstellung vom wahren Mensch-Sein jenseits geschlechtlicher Differenzierungen nicht begriffen hat. Maria reagiert mit Trauer auf den Angriff des Petrus:

»Da weinte Maria, sie sagte zu Petrus: Mein Bruder Petrus, was denkst du denn? Denkst du, dass ich sie selbst ausgedacht habe in meinem Herzen oder dass ich über den Erlöser lüge?«[150]

Trotz seines Angriffs nennt Maria Petrus weiterhin »mein Bruder«. Die härtere Kritik an Petrus bleibt einem weiteren der anwesenden Jünger namens Levi überlassen, der sagt:

»Petrus, von jeher warst du jähzornig. Jetzt sehe ich dich, wie du dich gegen die Frau ereiferst wie die Widersacher (griechisch: wie ihr Widersacher). Wenn aber der Erlöser sie würdig gemacht hat, wer bist denn du selbst, sie zu verwerfen? Sicherlich kennt der Erlöser sie genau. Deswegen hat er sie mehr als uns geliebt.«[151]

Levi vergleicht Petrus mit den Widersachern bzw. dem Widersacher (*antikeimenos*). Der Ausdruck kann im Singular den Teufel meinen.[152] Im Plural steht er wohl für die feindlichen Mächte oder Archonten, die die Seele an ihrem Fortschreiten hindern. Und derselbe Begriff, der hier den Charakter des Petrus als einen besonders zornigen bezeichnet, wurde schon zuvor bei der Erzählung vom Seelenaufstieg für eine der feindlichen

---

150 EvMar, BG, p.18,1–5.
151 EvMar, BG, p.18,7–21; vgl. PRyl verso 1–14.
152 Vgl. 1Tim 5,14f.; 1Clem 51,1. Inspirierend könnte hier auch Mk 8,33parr gewirkt haben.

Mächte verwendet, die die Seele aufhalten wollen: Hier ist eine eindeutige Kritik an Petrus und seiner geradezu kosmisch-falschen Haltung impliziert.

Im Anschluss an diese Deklassierung des Petrus begründet Levi Marias Glaubwürdigkeit mit ihrer Bevorzugung durch Jesus, die auch Petrus zu akzeptieren habe. Zum Abschluss seiner Rede wendet sich Levi an die Gesamtgruppe:

»Vielmehr sollten wir uns schämen und den vollkommenen Menschen anziehen, ihn uns hervorbringen, so wie er uns beauftragt hat, und das Evangelium verkündigen, während wir keine andere Grenze oder ein anderes Gesetz außer dem festsetzen, was der Erlöser sagte.«[153]

Der letzte Teil von Levis Ausführungen nimmt mehrere Motive wieder auf, die schon zuvor im EvMar begegneten, insbesondere in den letzten Worten, die Jesus bei seinem Abschied gesagt hatte: Levi wiederholt die Aufforderung zur Verkündigung sowie das Verbot, weitere Gesetze zu geben. Der Aufbruch der Gruppe, der nach dem Weggang Jesu wegen ihrer Angst und Trauer unterblieben war, findet ganz am Ende des EvMar endlich statt:

»Als [Levi aber dies gesagt] hatte, da fingen sie an zu gehen, um zu erklären und zu verkündigen.«[154]

Anschließend folgt im koptischen Text nur noch der Titel (»Das Evangelium nach Maria«) als *subscriptio*. In einem der griechischen Fragmente ist das Ende des Textes ebenfalls erhalten, hier bricht Levi *allein* zur Ver-

---

153 EvMar, BG, p.18,15–21.
154 EvMar, BG, p.18,21–19,2; vgl. PRyl verso 14–16.

kündigung auf: Petrus und Andreas sind anscheinend nicht in der Lage dazu. Es ist nicht einfach zu entscheiden, welche Variante die ursprüngliche ist. Die griechische Fassung ist pessimistischer, Einigkeit und einmütiges Handeln in der Gruppe werden nicht erreicht. Verweist dies auf ein späteres Entstehungsdatum der griechischen Version, zu einer Zeit, als sich die Kluft zur petrinischen Gruppe vertieft hatte? Oder stand jene Gruppe, die sich auf Maria aus Magdala berief, immer schon in einem deutlichen Gegensatz zur Petrusgruppe? Der Aufbruch aller zur Verkündigung könnte dann darauf zurückzuführen sein, dass das Ende des EvMar an das Ende vergleichbarer Schriften (wie etwa der *Sophia Jesu Christi*) angeglichen wurde, in denen am Schluss des Textes alle gemeinsam zur Verkündigung aufbrechen. Im Hintergrund beider Hypothesen steht die Annahme, dass sich im Text des EvMar Auseinandersetzungen um das richtige Verständnis des »Christlichen« spiegeln, wobei die auftretenden Personen als Symbolfiguren dienen.

Der Streit im EvMar geht um zwei Themen: einerseits um die Andersartigkeit der »gnostischen« Inhalte, die durch Maria weitergegeben werden und deren Rückführung auf Jesus durch sie legitimiert wird, andererseits um die Geschlechtszugehörigkeit Marias. Ihre Legitimation wird von Petrus unter Verweis auf ihre Weiblichkeit angezweifelt. Wir wissen aus einer Reihe anderer Texte (auch solcher, die nichts mit Maria aus Magdala zu tun haben), dass es einen solchen Streit um die Bedeutung der Geschlechterdifferenz im 2. Jh. tatsächlich gab. Im Kontext dieser Auseinandersetzung ergreift das EvMar eindeutig Partei für Maria – sie ist die spirituell fortgeschrittenste Figur der Gruppe und damit diejenige, auf deren Einsichten die anderen hören sollten. Ihr Frau-Sein hindert sie nicht daran, tiefere

Einsichten als die anderen zu haben. Was im EvMar in Frage steht und vermittels der Einsprüche von Andreas und Petrus diskutiert wird, ist die Überlegenheit Marias und damit ihr Zugang zu geheimen Offenbarungen. Was nicht in Frage steht, sind ihre Zugehörigkeit zur Gruppe insgesamt und ihre führende Rolle unter den Frauen – beides wird selbstverständlich vorausgesetzt.

Eine weitere Schrift, in der es um die spirituelle Überlegenheit Marias geht und in der sich Petrus ihr gegenüber ausgesprochen feindselig verhält, ist die sog. *Pistis Sophia*, eine der wenigen fast vollständig erhaltenen »gnostischen« Originalschriften, die vor dem Nag-Hammadi-Fund bekannt waren. Der Text der *Pistis Sophia* (= PS) ist koptisch im Codex Askewianus aus der zweiten Hälfte des 4. Jh.s überliefert,[155] die Originalsprache ist Griechisch, Ägypten der wahrscheinliche Entstehungsort, das 3. Jh. die vermutliche Entstehungszeit. Die PS ist sehr viel umfangreicher als die anderen in diesem Kapitel behandelten Texte, sie besteht aus vier Büchern, von denen das vierte wohl eine eigene, hier angefügte Schrift ist. Auch in der PS erscheint der auferstandene Jesus seinen Jüngerinnen und Jüngern, um ihnen Fragen zu beantworten, dabei

---

155 Der Codex ist nach dem englischen Arzt und Sammler Dr. A. Askew benannt, der ihn von einem Londoner Buchhändler gekauft haben soll; nach seinem Tod wurde der Codex 1785 an das Britische Museum in London verkauft und gehört jetzt der British Library. Deutsche Gesamtübersetzung: Carl Schmidt (Übers.), Pistis Sophia. Ein gnostisches Originalwerk des dritten Jahrhunderts aus dem Koptischen übersetzt, Leipzig 1925; koptischer Text mit englischer Übersetzung: Carl Schmidt (Text) / Violet MacDermot (Übers.), Pistis Sophia, NHS 9, Leiden 1978.

spielen wiederum »gnostisch«-mythologische Inhalte eine Rolle. Die Gruppe der »Zwölf«[156] ist in diesem Text geschlechtergemischt besetzt: In den Dialogen mit Jesus werden neben Petrus, Johannes, Andreas, Philippus, Thomas, Matthäus, Jakobus, Bartholomäus und Simon auch Maria aus Magdala, Salome, Martha und Maria, die Mutter Jesu erwähnt; es sind also acht Männer und vier Frauen genannt – immerhin eine »Frauenquote« von einem Drittel.[157]

Die weitaus meisten Redebeiträge von allen – nicht nur von den Frauen – hat Maria aus Magdala. Die Sonderrolle Marias in dieser Schrift lässt sich durch einen Zahlenvergleich der Beiträge veranschaulichen:

	SJC	EvMar	Dial	PS
Maria aus Magdala	2	4	16	65
(Judas) Thomas	2	–	21	3
Matthäus	2	–	16	2
Petrus	–	3	–	5
Johannes	–	–	–	9
Andreas	–	1	–	5
Salome	–	–	–	4

---

156 Dabei ist tatsächlich eine »Umbesetzung« der synoptischen Zwölfergruppe intendiert; vgl. PS, Kap. 50; 96 mit Anknüpfung an Mt 19,28/Lk 22,30. – Die Jünger und Jüngerinnen haben in der PS nicht nur eine besondere Funktion für das Gericht, sondern sind von grundlegend anderer Art als die übrigen Menschen: Jesus hat vor seiner Herabkunft zwölf Lichtkräfte in den Schoß ihrer jeweiligen Mütter gelegt. Dadurch haben die Zwölf ebenso wie Jesus eine Art von Präexistenz und eine besondere Natur. Dies unterscheidet sie von den der Welt verhafteten Menschen, zu deren Rettung sie bestimmt sind (vgl. Kap. 7).

157 Interessanterweise entspricht dieses Drittel nahezu genau jener Quotenhöhe von 30%, ab der nach neueren soziologischen Erkenntnissen tatsächlich ein Unterschied im Verhalten innerhalb einer Gruppe oder eines Unternehmens festzustellen ist.

Martha	–	–	–	4
Philippus	2	–	–	2
Jakobus	–	–	–	3
Maria (Mutter)	–	–	–	3
Bartholomäus	1	–	–	1
Levi	–	1	–	–

Nicht nur die Zahl, sondern auch die Qualität der Redebeiträge Marias in der PS übertrifft die der anderen; sie wird immer wieder von Jesus gelobt und tritt auch als Vermittlerin und Fürsprecherin zwischen den anderen aus der Gruppe und Jesus hervor.

Die Rolle des Petrus steht ganz im Gegensatz dazu. Er kommt über die gesamte Länge der Schrift lediglich fünfmal zu Wort. Dabei tut er sich nirgendwo durch ein ausgezeichnetes Verständnis hervor, sondern primär dadurch, dass er ein Problem mit Frauen hat: Sie reden ihm zu viel. Gleich in der allerersten Passage, in der sich Petrus zu Wort meldet, beschwert er sich heftig über die Dominanz Marias:

»Petrus stürzte vor und sagte zu Jesus: Mein Herr, wir werden diese Frau nicht ertragen können, da sie uns die Gelegenheit nimmt und niemand von uns hat reden lassen, sondern vielmals redet. Jesus antwortete und sagte zu seinen Jünger und Jüngerinnen: Alle, in denen die Kraft ihres Geistes aufsteigen wird, damit sie das, was ich sage, begreifen, mögen vortreten und sprechen.«[158]

Bis zu dieser Passage wurde der Dialog fast ausschließlich zwischen Jesus und Maria geführt, einmal war auch Philippus am Gespräch beteiligt. Im An-

---

158 PS I, Kap. 36; kopt. Text: SCHMIDT / MACDERMOT, Pistis Sophia, 58,11–17.

schluss an die oben zitierte Aussage wird Petrus von Jesus aufgefordert, seinen Beitrag zur Diskussion zu leisten, da Jesus in ihm die Kraft zu verstehen sieht. Jeder und jede, der oder die die Kraft des Geistes hat, soll seine/ihre Erkenntnisse mitteilen – dies gilt auch für Petrus. Maria bleibt aber im weiteren Verlauf des Gespräches die häufigste Dialogpartnerin Jesu.

In einer Passage des zweiten Buches macht Maria die Frauenfeindschaft des Petrus zum Thema, wenn sie sich bei Jesus beklagt und sagt:

»Mein Verstand ist zu jeder Zeit einsichtsvoll, um jedesmal vorzutreten und die Auflösung der Worte, die sie (= die Pistis Sophia) gesagt hat, vorzutragen, aber ich fürchte mich vor Petrus, weil er mir droht und unser Geschlecht hasst. Nachdem sie aber dies gesagt hatte, sagte das erste Mysterium (= Jesus) zu ihr: Alle, die mit dem Geist des Lichtes erfüllt sein werden, um vorzutreten und die Auflösung von dem, was ich sage, vorzutragen – niemand wird sie hindern können.«[159]

Maria verknüpft in ihrer Aussage die gegen sie gerichteten Drohungen des Petrus mit seinem allgemeinen Frauenhass. Jesus macht in seiner Antwort noch einmal deutlich (wie zuvor auch in der Antwort auf Petrus), dass es ausschließlich der Geist ist, der zählt – und nicht die Geschlechtszugehörigkeit. Anschließend fordert er diesmal Maria auf, zu sprechen.

Der dritte Text, in dem die Frauenfeindschaft des Petrus deutlich wird, stammt aus dem vierten Buch der PS, in dem Maria insgesamt eine weniger dominierende Rolle hat als in den ersten drei Büchern. Vor

---

159   PS II, Kap. 72; kopt. Text: SCHMIDT / MACDERMOT, Pistis Sophia, 162,14–21.

dem folgenden Angriff des Petrus waren jedoch Maria und Salome die hauptsächlichen Dialogpartnerinnen Jesu. Schließlich kann Petrus es nicht mehr ertragen:

»Petrus sagte: Mein Herr, mögen die Frauen zu fragen aufhören, damit auch wir fragen. Jesus sagte zu Maria und den Frauen: Lasst euren männlichen Geschwistern[160] die Gelegenheit, dass auch sie fragen.«[161]

Bemerkenswert ist, dass Maria und die Frauen von Jesus explizit zur Zurückhaltung aufgefordert werden, was sich in keiner der anderen Petrus-Maria-Auseinandersetzungen findet: Im zitierten Text wird ausnahmsweise nicht Partei für die weibliche Seite ergriffen. Dies ermöglicht dann auch eine misogyne Lektüre des Textes: Carl Schmidt charakterisiert in der Einleitung zu seiner Übersetzung der Pistis Sophia von 1925 die Rolle Marias in folgender Weise: »Unablässig drängt sie sich vor, so daß endlich dem Petrus die Geduld reißt .... Maria Magdalena ist es auch, welche den Reigen der Fragen an Jesus ... eröffnet und dabei die übrigen Jünger ... ganz in den Hintergrund drängt ... Jesus muß ihren Redestrom dämpfen.«[162] Man gewinnt den Eindruck, dass Schmidt ebenso wie Petrus unter Maria Magdalena leidet.

Jesu Aufforderung ist allerdings kein Schweigegebot an die Frauen. Im weiteren Verlauf des Textes

---

160 Die koptische Formulierung belegt an dieser Stelle, dass das von mir mit »Geschwister« übersetzte Wort tatsächlich nicht nur Brüder meint: Wenn die so bezeichnete Gruppe auf Männer eingeschränkt werden soll, muss dies durch das Attribut »männlich« expliziert werden.

161 PS IV, Kap. 146; kopt. Text: SCHMIDT / MacDERMOT, Pistis Sophia, 377,14–17.

162 SCHMIDT, Pistis Sophia, LXXXVII f.

kommt auch Maria wieder zu Wort. Der zitierte Text lässt sich eher als »Quotenregelung für Männer« deuten. Die starke Rolle der Frauen – und vor allem Maria Magdalenas – ist überdeutlich. Möglicherweise spiegelt sich darin die starke Rolle von Frauen in der hinter der Pistis Sophia stehenden Gruppe, was für einige Männer ein Problem gewesen sein könnte. Die Spannungen in der Gemeinschaft sollen durch einen Appell an die weibliche Zurückhaltung gelöst werden; die Männer sind nicht bereit, sich mit einer weniger wichtigen Position zufriedenzugeben als die Frauen. Zugespitzt gesagt haben wir hier eine Umkehrung des Szenarios: Petrus kämpft für die Gleichberechtigung der Männer und nicht gegen die der Frauen.

In einem dritten Text, in dem Petrus gegen Maria auftritt, bekämpft dieser nicht nur Marias Überlegenheit, sondern stellt vielmehr ihre Zugehörigkeit zur Gruppe prinzipiell in Frage. Dieser Text findet sich ganz am Ende des *Evangeliums nach Thomas* (= EvThom), das aus dem frühen 2. Jh. stammen dürfte und wohl in Syrien entstanden ist.[163] Neben drei griechischen Papyrusfragmenten haben wir eine nahezu vollständige koptische Fassung des EvThom in Codex II der in Nag Hammadi gefundenen Schriften (NHC II,2). Der koptische Text schließt auch in diesem Falle wieder

---

163 Für eine deutsche Gesamtübersetzung des EvThom mit Einleitung vgl. z. B.: Jens Schröter (Einl.) / Hans-Gebhard Bethge u. a. (Übers.), Das Evangelium nach Thomas (NHC II,2), in: NHD 1, 151–181. – Die Literatur zum EvThom ist inzwischen viel zu umfangreich, um hier aufgeführt werden zu können; lesenswert sind u. a. Stephen J. Patterson, The Gospel of Thomas and Jesus, Sonoma CA 1993; Richard Valantasis, The Gospel of Thomas, New Testament Readings, London / New York 1997; Uwe-Karsten Plisch, Das Thomasevangelium. Originaltext mit Kommentar, Stuttgart 2007.

mit dem Untertitel (»Das Evangelium nach Thomas«).
In der letzten Texteinheit davor ist Folgendes zu lesen:

»Simon Petrus sagte zu ihnen: Maria soll von uns weggehen,
denn die Frauen sind des Lebens nicht würdig. Jesus sagte:
Siehe, ich werde sie führen, auf dass ich sie männlich mache,
damit auch sie ein lebendiger, euch gleichender, männlicher
Geist wird. Denn (es gilt): Jede Frau, wenn sie sich männlich
macht, wird in das Reich der Himmel eingehen.«[164]

Anders als im EvMar ist in diesem Fall Jesus (und nicht
Levi in Abwesenheit Jesu) derjenige, der Maria gegen
Petrus verteidigt: Maria muss die Gruppe nicht verlassen, wie Petrus es will, da sie sich mit Jesu Hilfe »verwandeln« kann. Die Richtung dieser Verwandlung ist
allerdings befremdlich: Maria soll, wie auch jede andere Frau, »männlich« werden, um an der Gemeinschaft partizipieren zu dürfen und zu können. Auf die
genauere Bedeutung des Männlich-Machens und
Männlich-Werdens werde ich im nächsten Abschnitt
dieses Kapitels eingehen. Festhalten lässt sich aber
schon jetzt, dass der Petrus-Maria-Konflikt im EvThom
prinzipieller angelegt ist als in den beiden anderen
Schriften (EvMar und PS): Die Platzierung des Abschnittes ganz am Ende des EvThom gibt ihm ein besonderes Gewicht. Er wird zur Anfrage, ob alles, was
zuvor von Jesus gesagt wurde, auch für Frauen gilt –
oder ob sie »weggehen« sollen, d. h. ausgeschlossen
sind aus der Gemeinschaft, an die sich das EvThom
wendet. Die allgemeine Geltung des Spruches wird
durch die Wiederholung seiner zentralen Aussage
deutlich: Das erste Mal wird die Aussage auf Maria be-

---

164   EvThom 114; NHC II, p.51,18–26.

zogen: »Ich werde sie führen, damit ich sie männlich mache ...«; das zweite Mal wird die Aussage generalisiert: »Jede Frau, wenn sie sich männlich macht ...«. Was am Fall Marias beispielhaft ausgeführt wurde, gilt für alle Frauen, auch in Abwesenheit der direkten Führung Jesu. Maria ist die paradigmatische Frau für die Bewertung von Weiblichkeit.

Die Entgegnung Jesu auf die Ausschlussforderung des Petrus ist ambivalent. Einerseits weist er die petrinische Forderung ab: Die Frauen sind also in die Gemeinschaft eingeschlossen. Andererseits aber sind sie es, die sich ändern müssen. Die Frauen sollen nicht bleiben, was sie sind, sondern müssen »männlich« werden. Die Teilhabe von Frauen hat ihre Veränderung – und nicht die der Männer – zur Voraussetzung.

Vergleicht man die Konfliktszenen der drei besprochenen Schriften, so fällt ihre geringe inhaltliche Übereinstimmung auf. Das Gemeinsame der drei Schriften besteht in den beiden Hauptpersonen der Auseinandersetzung sowie darin, dass Petrus *gegen* Maria redet. Diese Grundstruktur wird dann mit je unterschiedlichem Inhalt gefüllt. In allen Texten geht es dabei nicht nur um Maria, sondern verknüpft mit ihrer Person wird die »Frauenfrage« gestellt. Die Texte dürften dabei reale Diskussionen des 2. und 3. Jh.s spiegeln und ihre jeweiligen Streitfragen an der Person der Maria exemplifizieren. Dabei ist ein Wechselverhältnis zwischen Texten und historischer Realität zu veranschlagen: Die Texte setzen einerseits die konkreten Diskussionen um Frauen voraus, versuchen andererseits aber auch, auf sie Einfluss zu nehmen. Durch die unterschiedliche Ausgestaltung der Szenen werden die je aktuellen Fragen verhandelt, wobei die Themen divergieren: So gehört im EvMar Maria zweifelsfrei zum inneren Kreis, der Angriff des Petrus richtet sich gegen sie als weibliche Leitungsfigur mit Wissensvorsprung. Im EvThom dagegen macht Petrus ihr und den anderen Frauen die Teilnahme am Hören der Worte Jesu und damit die Gruppenzugehörigkeit prinzipiell streitig. Ein wieder anderes Szenario ist in der PS zu finden: Diesmal ist das Thema die überproportionale Gesprächsbeteiligung Marias. Sowohl ihre dominierende Position als auch die Umdeutung des Zwölferkreises in eine gemischte Gruppe sprechen für eine starke Position der Frauen in der hinter diesem Text stehenden Gruppe.

Auch in anderen (nicht »gnostischen«) Texten des 2. und 3. Jh.s werden aktuelle Streitfragen unter Rückgriff auf Personen der Anfangszeit verhandelt. So argumentiert z. B. die *Syrische Didaskalia* (entstanden wohl im frühen 3. Jh. in Syrien) in einem aktuellen Konflikt ebenfalls mit historischen Personen:

»Denn er, Gott der Herr, Jesus Christus unser Lehrer, hat uns, die Zwölf, ausgesandt, das (auserwählte) Volk und die Heidenvölker zu belehren. Es waren aber mit uns Jüngerinnen: Maria von Magdala und Maria, die Tochter des Jakobus, und die andere Maria; er hat sie jedoch nicht ausgesandt, mit uns das Volk zu belehren. Denn, wenn es nötig wäre, daß die Frauen lehrten, so hätte unser Lehrer ihnen befohlen, mit uns zu unterweisen.«[165]

Der Text setzt in selbstverständlicher Weise die Anwesenheit von Frauen voraus, will aber ihre Funktion begrenzen. Die Argumentation gegen das Lehren von

---

165   Übersetzung nach HANS ACHELIS / JOHANNES FLEMMING, Didaskalia Apostolorum. Deutsch, TU 25,2, Leipzig 1904, 77. – Zum neutestamentlichen Hintergrund vgl. Mt 10,1–15; Mk 6,7–13; Lk 9.1–6; 10,1–12.

Frauen belegt dabei gleichzeitig auch die Existenz von lehrenden Frauen im Umkreis dieser Schrift, da es sonst keinen Anlass für eine solche Diskussion gegeben hätte.

Gemeinsam ist den in diesem Abschnitt behandelten Schriften, dass die »Frauenfrage« eine umstrittene ist und unter Rückgriff auf die paradigmatische Frau Maria Magdalena diskutiert wird. Dabei lässt sich allerdings keine klare zeitliche Abfolge konstruieren, etwa im Sinne: Je später die Schrift, desto mehr werden die Frauen benachteiligt. Vielmehr zeigt sich eine Vielfalt der Positionen und Diskussionslinien. Auch die Behauptung einer besonderen Frauenfreundlichkeit »gnostischer« Schriften scheint problematisch, denn auch in ihnen sind die vertretenen Positionen und die verhandelten Fragen durchaus unterschiedlich: Entsprechend verbreiteter Annahmen müsste das EvThom als frühe »häretische« Schrift eigentlich viel frauenfreundlicher sein als z. B. die Didaskalia als kirchliche Schrift des 3. Jh.s. Auf den ersten Blick scheint sich dies zu bestätigen, nimmt im EvThom doch Jesus für die Frauen Partei, während in der Didaskalia mit Jesus gegen die Frauen argumentiert wird. Betrachtet man aber auch den Inhalt der Texte, so zeigt sich, dass die Didaskalia ganz selbstverständlich von der Existenz von Jüngerinnen Jesu ausgeht, im EvThom diese aber extra gerechtfertigt werden muss.

Noch in einem weiteren Punkt ist Vorsicht anzumahnen: Dies betrifft die Figur des Petrus. Aufgrund der heutzutage leider immer noch naheliegenden Gedankenverbindung: »Petrus – römische Kirche – Ausschluss von Frauen« kann es leicht der erste Impuls bei der Lektüre antiker Texte sein, ebendiesen Zusammenhang auch in ihnen zu finden und auf ein alternatives Modell in »gnostischen« oder anderen als »häretisch«

klassifizierten Gruppierungen zu hoffen. Einer solchen Lektüre steht allerdings ein durchaus gemischtes Petrusbild in den verschiedenen »gnostischen« Schriften entgegen. So ist etwa in der *Apokalypse des Petrus* (NHC VII,3) Petrus der alleinige Zeuge des Passionsgeschehens und der Einzige, der über den Sinn dieses Geschehens Kenntnis erlangt. Noch in anderen Schriften begegnet ein eher positives Petrusbild, und selbst in den in diesem Kapitel behandelten Texten ist es vielschichtig: Petrus gehört in allen drei Schriften zum »gnostischen« *inner circle*. In allen drei Schriften tritt er auch außerhalb des Konfliktes mit Maria auf, wobei er nicht Repräsentant einer außenstehenden Gruppe, sondern ein Jünger unter anderen ist. In der *Pistis Sophia* gibt es in Kap. 122 noch eine interessante Petrus-Szene: Es tritt hier eine Frau auf, die sich trotz dreimaliger (!) Taufe durch Jesus nicht adäquat verhalten hat. Jesus will Petrus in Versuchung führen, um zu sehen, ob er barmherzig und vergebend ist. Petrus spricht für die Frau und besteht damit die Probe Jesu.[166] Hätte hier die Absicht bestanden, Petrus als Führungsfigur einer gegnerischen Gruppe anzugreifen – es wäre leicht zu erreichen gewesen.

Die Texte legen also keine Interpretation des Petrus als *des* Repräsentanten des gegnerischen kirchlichen Christentums nahe. Maria und Petrus sind in erster Linie Symbolfiguren der Auseinandersetzung zwischen Frauen und Männern und nicht der zwischen »Gnosis« und Kirche – eine eindeutige Abgrenzung beider ist auch für die Abfassungszeit der Schriften kaum plausibel anzunehmen und durchzuführen.

---

166 Im Hintergrund dieser Szene könnte Mt 18,21 f. stehen. Dabei fällt auf, dass Petrus in der PS weniger verständnislos als bei Mt gezeichnet ist.

Abschließend ist noch der Frage nachzugehen, ob Petrus und Maria in den behandelten Schriften ausschließlich als Symbolfiguren fungieren oder ob hinter dem Konflikt noch eine historische Erinnerung stehen könnte. Der prominente Kirchenhistoriker und Theologe Adolf von Harnack veröffentlichte vor mehr als 100 Jahren eine Abhandlung über die Pistis Sophia, in der er im Zusammenhang mit den oben besprochenen Szenen meint: »Es ist wahrscheinlich, dass diese Reden sich an eine alte Legende anlehnen, welche von Spannungen zwischen den Jüngern und Jüngerinnen zu berichten wusste. Diese Legende mag im Zusammenhang mit der großen Streitfrage, in wie weit Frauen sich activ am Gottesdienst beteiligen dürfen, entstanden sein.«[167] Zur Zeit Harnacks waren die anderen Konfliktszenen noch nicht bekannt: Die Evangelien nach Thomas, Maria und Philippus wurden erst später gefunden und veröffentlicht. Damit hat sich die Quellenbasis für die »alte Legende« aber beträchtlich erweitert und es ist inzwischen auch deutlich, dass sich die Konflikte nicht ausschließlich um die Gottesdienstbeteiligung von Frauen drehen, sondern sehr unterschiedliche Themen behandelt werden. Woher also stammt die Tradition von einem Konflikt speziell zwischen Petrus und Maria und wie alt ist sie?

Meines Erachtens sind zwei Szenarien denkbar, zwischen denen sich nicht sicher entscheiden lässt. Das erste Szenario: Die Konflikttexte beruhen auf der Erinnerung an einen tatsächlichen Konflikt zwischen den historischen Gestalten Petrus und Maria in der Zeit nach Ostern. Die Erinnerung an diesen Konflikt wurde

---

167 ADOLF VON HARNACK, Über das gnostische Buch Pistis-Sophia. Brod und Wasser: Die eucharistischen Elemente bei Justin, Zwei Untersuchungen, TU 7,2, Leipzig 1891, 17.

dann in unterschiedlicher Weise aktualisiert, d. h. auf die jeweils im Umfeld der Schriften debattierten Fragen bezogen und inhaltlich von diesen her gefüllt.

Das zweite Szenario: Die Konfliktszenen beruhen letztlich nicht auf historischer Tradition, sondern auf Textexegese. Der Konflikt zwischen Petrus und Maria ist implizit – wie oben gezeigt – in den neutestamentlichen Texten angelegt, in denen Petrus die führende Gestalt der Männer- und Maria die der Frauengruppe ist und beide um die Erstzeug(inn)enschaft der Auferstehung konkurrieren, wenn man die verschiedenen Schriften zusammen liest. Auch antiken Lesenden dürften solche Textbeobachtungen möglich gewesen sein. Dieses Szenario setzt allerdings voraus, dass die neutestamentlichen Texte bekannt waren, was zumindest im Falle des EvThom ausgesprochen fraglich ist. Und selbst bei der Annahme, dass EvThom setze die erst später kanonisierten Evangelien und Paulusbriefe voraus, wird die Entstehung der spezifischen Konfliktszene dieses Textes nicht wirklich plausibel: Geht es dort doch gerade nicht um Auferstehungszeugenschaft oder Leitungsfunktionen, sondern darum, dass Petrus Frauen pauschal ausschließen will. Ist Petrus hier nur als traditionell führendem männlichen Jünger die Rolle zugefallen, die Frauen – und paradigmatisch für sie Maria – ausschließen zu wollen, oder steckt noch etwas anderes dahinter?

Da sich diese Frage nicht abschließend beantworten lässt, wende ich mich jetzt von ihr ab – und einem weiteren Schwerpunktthema der »gnostischen« Schriften zu, nämlich der Frage nach Marias Weiblichkeit und den damit zusammenhängenden Spekulationen über die (Aufhebung der) Geschlechterdifferenz.

2.5. Maria und die Weiblichkeit

Unter der Rubrik »Worte der Woche« war in der ZEIT vom 6. Mai 2010 zu lesen: »Sie ist eine starke Persönlichkeit. Eher ein Mann als eine Frau.« Kleingedruckt darunter erfahren wir den Urheber dieses Ausspruches: »Muammar al-Gadhafi, libyscher Machthaber, über Bundeskanzlerin Angela Merkel«.[168] Dieser Ausspruch lässt sich gut mit dem eines anderen Nordafrikaners zusammenlesen, der mehr als 1.700 Jahre früher lebte. Origenes von Alexandrien, gestorben 254 n. Chr., schreibt:

»Denn es gibt bei Gott keine Unterscheidung des Geschlechts, sondern durch die Unterschiedlichkeit des Geistes wird jemand entweder als ein Mann oder als eine Frau bezeichnet. Wie viele Frauen gibt es nicht, die bei Gott zu den starken Männern gezählt werden, und wie viele Männer müssen nicht den schwachen und trägen Frauen zugeordnet werden?«[169]

Weder Muammar al-Gadhafi noch Origenes reden über operative Geschlechtsumwandlungen, »männlich« und »weiblich« sind vielmehr soziale Kategorien. Dabei scheint es allerdings kaum zufällig, dass dem »Männlichen« die höhere Wertigkeit zukommt. Besonders deutlich ist ein solches hierarchisches Konzept bei Philo von Alexandrien (einem ungefähren Zeitgenossen des Paulus) formuliert:

»For progress is indeed nothing else than the giving up of the female gender by changing into the male, since the female

---

168   DIE ZEIT Nr. 19, 6. Mai 2010, 2.
169   Origenes, Josuahomilien IX,9 (lateinischer Text: Jaubert, SC 71, 266).

gender is material, passive, corporeal and sense perceptible, while the male is active, rational, incorporeal, and more akin to mind and thought.«[170]

Das weibliche Geschlecht wird in einer größeren Nähe zu Materie, Körper und Sinneseindrücken beschrieben, das männliche ist unkörperlich, rational und näher an Geist und Denken. Auch »aktiv« und »passiv« sind klar auf »männlich« und »weiblich« verteilt.

Bevor wir uns über solche Zuschreibungen erhaben fühlen, empfiehlt sich ein Blick in unsere eigene Gegenwartskultur, in der »rosa« und »hellblau« eindeutig den Geschlechtern zugeordnet werden und Bücher mit Titeln wie »Warum Männer nicht zuhören und Frauen schlecht einparken«[171] auf Bestsellerlisten anzutreffen sind. Was hier vor sich geht, wird in neueren Theorien zur Geschlechterdifferenz als »doing gender« beschrieben: Die Differenz der Geschlechter wird durch Alltagshandeln und Bücher wie das eben erwähnte nicht beschrieben, sondern vielmehr erst hergestellt. Der Konstruktionscharakter der Geschlechterdifferenz zeigt sich auch daran, dass die Zuschreibungen über die Zeiten variieren, was selbst für den vermeintlich klaren Rückgriff auf »Natur«, »Biologie« oder »Gene«

---

170 Philo von Alexandrien, Quaestiones et solutiones in Exodum I,18. Da dieser Text leider nicht im griechischen Original, sondern nur armenisch erhalten ist, gebe ich hier die englische Übersetzung aus RICHARD A. BAER, Philo's Use of the Categories Male and Female, ALGHJ III, Leiden 1970, 46, wieder. Zur Interpretation dieser Stelle im Kontext philonischer Aussagen vgl. dort 45–49.

171 ALLAN PEASE / BARBARA PEASE, Warum Männer nicht zuhören und Frauen schlecht einparken: Ganz natürliche Erklärungen für eigentlich unerklärliche Schwächen, Berlin 2003 u. ö. (der englische Originaltitel: »Why men don't listen and women don't read maps« bemüht ein etwas anderes Klischee).

gilt – auch dieser ist zeitbedingt und von vorgängigen Vorstellungen darüber bestimmt, was männlich und weiblich sei.[172]

Im Vergleich der zeitbedingten Zuschreibungen lässt sich allerdings zeigen, dass das in der Moderne verbreitete Modell von der »Komplementarität« der Geschlechter für die Antike nicht in derselben Weise gilt. Nach Thomas Laqueur geht dem neuzeitlichen »Zwei-Geschlechter-Modell« ein »Ein-Geschlecht-Modell« voraus, in dem Frauen sowohl biologisch wie auch sozial als unvollkommene Männer konzipiert sind.[173] Dementsprechend gilt: »›Männlich-Werden‹ bezeichnet dann immer eine Entwicklung, die von einem niedrigeren zu einem höheren Stadium der moralischen und geistigen Vollkommenheit führt.«[174]

Vor dem Hintergrund eines solchen Modells der Geschlechterdifferenz lässt sich auch der oben schon

---

172 Die derzeitige Biologie kennt vier Variablen der Geschlechterdifferenzierung: chromosomales, gonadales, hormonales und morphologisches Geschlecht. Die Natur ist vielfältig, dementsprechend verweisen die genannten Merkmale bei einer Person nicht immer auf dasselbe Geschlecht. Vgl. zur grundlegenden Kritik an der vermeintlich neutralen Biologie: Judith Butler, Das Unbehagen der Geschlechter, Frankfurt a. M. 1991, bes. 159–165.

173 Vgl. Thomas Laqueur, Auf den Leib geschrieben. Die Inszenierung der Geschlechter von der Antike bis Freud, Frankfurt a. M. / New York 1992; zur notwendigen Differenzierung dieses Modells vgl. Caroline Vander Stichele / Todd Penner, Contextualising Gender in Early Christian Discourse. Thinking Beyond Thecla, London / New York 2009, bes. 44–62.

174 Kari Vogt, »Männlichwerden« – Aspekte einer urchristlichen Anthropologie, in: Concilium 21, 1985, 434–442; 434. – Die hierarchische Komponente wird unübertroffen deutlich von Aristoteles formuliert: »Ferner ist die Beziehung des Männlichen zum Weiblichen von Natur aus so, dass das erste das bessere, das letzte das schlechtere, das eine das Herrschende, das andere das Beherrschte ist« (*Politik* I 5, 1254b13–14).

angesprochene letzte Abschnitt des EvThom verstehen. Zur Erinnerung zitiere ich den Text noch einmal:

»Simon Petrus sagte zu ihnen: Maria soll von uns weggehen, denn die Frauen sind des Lebens nicht würdig. Jesus sagte: Siehe, ich werde sie führen, auf dass ich sie männlich mache, damit auch sie ein lebendiger, euch gleichender, männlicher Geist wird. Denn (es gilt): Jede Frau, wenn sie sich männlich macht, wird in das Reich der Himmel eingehen.«[175]

Argumentiert wird gegen die Ausschlussforderung des Petrus nicht damit, dass Frauen als solche zu akzeptieren sind, sondern Maria – und auch jeder anderen Frau – wird zugesprochen, »männlich« werden zu können. Damit ist der »Anstoß« der Weiblichkeit beseitigt – und ebendadurch wird die Zugehörigkeit der Frauen ermöglicht. Worin aber ist dieser »Anstoß« zu sehen? Die Formulierung in der Jesusrede gibt einen Hinweis, wenn sie das »Männliche« mit dem »Geist« (*pneuma*) in direkte Verbindung bringt. Die Verbindung männlich-geistig war schon in anderen antiken Texten präsent, ihr korrespondiert die Kombination weiblich-körperlich. Im EvThom zeigt sich insgesamt eine negative Bewertung von Welt, Körper und Leiblichkeit, denen es letztlich zu entkommen gilt.[176] Die Assoziation von Weiblichkeit mit negativem Körperlichen und Männlichkeit mit höherwertigem Geistigen bedeutet dann aber, dass Jesus durch seine Führung Maria aus dem körperlich-weiblichen in einen geistig-männlichen Zustand erhebt – was (zumindest im Kontext des EvThom) zweifellos einen beträchtlichen Fortschritt bedeutet.

---

175 EvThom 114, NHC II, p.51,18–26.
176 Vgl. EvThom 27; 29; 56; 110; 112.

Im letzten Satz des Textes wird das zuvor am Beispiel Marias Explizierte verallgemeinert. Nun ist es nicht mehr Jesus, der »führt«, sondern in Abwesenheit seiner direkten Führung können Frauen sich auch selbst »männlich« machen. In Korrespondenz zur Anfrage des Petrus, die eine allgemeine Aussage über Frauen enthält, verallgemeinert auch die Antwort Jesu im Hinblick auf »jede Frau«. Maria aus Magdala ist die paradigmatische Frau für die Frage nach den Frauen und die Deutung der Geschlechterdifferenz.

Die Verbindung der Figur Marias mit der Frage nach der Differenz gibt es noch in weiteren Texten. Am Beginn dieses Kapitels hatte ich schon kurz auf eine entsprechende Passage im Dialog des Erlösers (= Dial; NHC III,5) hingewiesen. Dort wird zunächst Maria als eine Frau gepriesen, »die vollständig verstanden hatte«.[177] In einer Passage auf der nächsten Seite des Dial erfahren wir Weiteres über die besondere Rolle Marias:

»Maria sagte: Sage mir, Herr, weshalb bin ich an diesen Ort gekommen: Zu gewinnen oder zu verlieren? Der Herr sagte: Du zeigst den Überfluss des Offenbarers.«[178]

Die Frage Marias schließt sich an die Aussage Jesu an: »Was aus der Wahrheit ist, stirbt nicht; was aus der Frau ist, stirbt.«[179] Nach dieser Feststellung Jesu kann die Frage Marias nach dem Sinn ihres Da-Seins wenig überraschen, sind doch die Hervorbringungen von Frauen zum Sterben verurteilt. Der »Überfluss des Of-

---

177 Dial, NHC III, p.139,11–13.
178 Dial, NHC III, p.140,14–19.
179 Dial, NHC III, p.140,12–14.

fenbarers« erweist sich in besonderer Weise an Maria, weil sie – *obwohl* sie eine Frau ist – vollständig versteht. Ihre Anwesenheit als Jüngerin zeigt Jesu Größe, da seine Offenbarungen sogar für eine Frau zugänglich sind.

In einer weiteren Passage des Dial steht die Problematisierung der Weiblichkeit explizit im Vordergrund. Wieder ist Maria am Gespräch beteiligt; auf die Frage des Judas (Thomas): »Wenn wir beten, auch welche Art sollen wir beten?« folgt zunächst die Antwort Jesu: »Betet an dem Ort, an dem keine Frau ist.« Diese Aufforderung scheint mit der Anwesenheit Marias wenig zusammenzustimmen und auch die Fortsetzung des Textes wirkt auf den ersten Blick wenig erhellend, wenn es heißt:

»Matthaios sagte: Während er es uns sagt: ›Betet an dem Ort, an dem keine Frau ist‹ (bedeutet es): Zerstört die Werke der Weiblichkeit, nicht weil es eine andere [Geburt] gibt, sondern weil sie aufhören werden zu [gebären]. Maria sagte: Sie werden nicht zerstört werden in Ewigkeit.«[180]

Die Aufforderung Jesu, nur dort zu beten, wo keine Frau ist, wird von Matthaios nicht wörtlich genommen, sondern als Aufforderung gedeutet, die »Werke der Weiblichkeit« zu zerstören. Die richtige Art des Betens wird danach nicht weiter thematisiert, dagegen steht jetzt das Zerstören der »Werke der Weiblichkeit« im Mittelpunkt der Diskussion. Trotz des schlechten textlichen Erhaltungszustandes ist deutlich, dass es auch nach der Rede des Matthaios weiterhin um diese Werke geht. Dabei wird das Zerstören der »Werke der Weib-

---

180 Dial, NHC III, p.144,17–23.

lichkeit« mit dem Aufhören der Geburten in Verbindung gebracht. In der Rede des Matthaios dienen die beiden Aussagen »Es gibt keine andere Geburt« und »Sie werden aufhören zu gebären« als Erklärung, wie das »Zerstören der Werke der Weiblichkeit« zu verstehen ist: Die Werke der Weiblichkeit sind die Geburten durch Frauen. Sie werden nicht durch eine andere Art von Geburt ersetzt werden, sondern die Geburten werden überhaupt aufhören, wenn die Frauen aufhören zu gebären. Der Weg zur Ruhe und zur Erlösung geht nach dem Dial mit dem Aufhören menschlicher Reproduktion einher. Die hinter dem Dial stehende Gemeinschaft favorisiert also eine fortpflanzungsfeindliche Lebensweise.[181]

Nach der Aussage des Matthaios steht fest, dass die Geburten aufhören werden. Demgegenüber scheint die von Maria geäußerte Skepsis: »Sie werden nicht zerstört werden in Ewigkeit« realistischer.[182] Leider bleibt durch den fragmentarischen Zustand des folgenden Textes unklar, was auf den Einwand Marias erwidert wurde. Möglicherweise wurde das Aufhören der Geburten in einen kosmologischen Kontext gestellt, nämlich in den der Überwindung der von den Archonten verursachten mangelhaften Weltordnung.

Interessanterweise wird im Dial also das Thema Zerstörung der »Werke der Weiblichkeit« mit der Frage nach der An- oder Abwesenheit von Frauen zusam-

---

181 Dies ist nicht notwendigerweise mit vollständiger Askese gleichzusetzen. Auch in antiker Zeit führte die Ausübung von Sexualität nicht zwangsläufig zum Gebären von Kindern.

182 Marias Aussage kann auch als Frage übersetzt werden: »Werden sie jemals zerstört werden?« Aber auch dann würde es sich um eine Rückfrage an die vorherige Aussage des Matthaios handeln.

men gesehen und in Anwesenheit der Jüngerin Maria Magdalena verhandelt. Die Aufforderung, an dem Ort zu beten, an dem keine Frau ist, führt nicht zum Ausschluss der Frauen: Maria bleibt unwidersprochen im Kreis der Jünger/Jüngerinnen anwesend. Der Dial propagiert nicht den *Ausschluss* von Frauen, sondern die Zerstörung der »Werke der Weiblichkeit« bildet die Vorbedingung für die *Anwesenheit* von Frauen: Die Geschlechterdifferenz spielt jetzt keine Rolle mehr. Ebenso wie im EvThom ist also auch im Dial letztlich die Aufhebung von »Weiblichkeit« die Voraussetzung zur Partizipation Maria Magdalenas.

Ein ähnliches Modell wie im Dial ist auch in der *ersten Apokalypse des Jakobus* zu finden. Dieser Text existiert in einer Abschrift aus Nag Hammadi (NHC V,3),[183] neuerdings ist noch eine weitere Fassung aus dem sog. Codex Tchacos (CT, 2) veröffentlicht worden.[184] Beide Fassungen haben beträchtliche Lücken; deutlich ist jedoch, dass der Gesamttext als mehrteiliger Dialog zwischen Jesus und Jakobus konzipiert ist, in dem es sowohl um die Rolle der »Weiblichkeit« geht wie auch die Namen von mehreren Jüngerinnen vorkommen, darunter auch

---

183 Deutsche Übersetzung in: IMKE SCHLETTERER (Einl.) / UWE-KARSTEN PLISCH (Übers.), Die erste Jakobusapokalypse, in: NHD 2, 407–418.

184 Textausgaben mit Übersetzungen: RODOLPHE KASSER / GREGOR WURST U. A. (Hrsg./Übers.), The Gospel of Judas, together with the Letter of Peter to Philip, James, and a Book of Allogenes from Codex Tchacos. Critical Edition, Washington DC 2007, 115–176; JOHANNA BRANKAER / HANS-GEBHARD BETHGE (Hrsg./Übers.), Codex Tchacos. Texte und Analysen, TU 161, Berlin 2007, 81–162 – Dieser Codex hat bei seiner Erstveröffentlichung 2006 ein beträchtliches Interesse in den Medien gefunden, jedoch nicht wegen der neuen Version der Jakobusschrift, sondern wegen des ebenfalls in ihm enthaltenen *Evangelium des Judas*, in dem Maria jedoch nicht auftritt.

der Marias.[185] In einer Passage der Schrift fragt Jakobus Jesus explizit nach den »sieben Frauen, die dir zu Jüngerinnen geworden sind«, während er sich gleichzeitig darüber wundert, dass sie, »obwohl sie in machtlosen Gefäßen sind, Mächte und Verständnisse gefunden haben«.[186] Die »machtlosen Gefäße« dürften hier wohl als weibliche Körper aufzufassen sein. Auch in dieser Schrift geht mit der Wertschätzung der Frauen ihre Vergeistigung einher, so sagt Jesus nicht lange nach der Frage des Jakobus: »Die sieben Frauen – sieben Geistkräfte (*pneuma*) sind sie.«[187] Und auch in dieser Schrift ist die Weiblichkeit eine problematische Größe: Sie ist sekundär, und erst durch das selbständige Handeln der Sophiagestalt dieser Schrift namens Achamoth – von der es heißt »diese ist die Frau«[188] – wird die Entstehung defizitärer Wesen in Gang gesetzt. Demgegenüber sind die »sieben Frauen« nun aber gerade nicht als minderwertig und unwissend dargestellt, sondern als »Geistkräfte«, als »würdig des Seienden«, »befreit von der Blindheit« und als solche, die Jesus erkannt haben. Jesus hat sie selbst gereinigt, »damit die wahre Kraft in Erscheinung tritt«.[189] Als Begründung heißt es anschließend:

---

185 Vgl. NHC V, p.40,25 f./CT, p.27,26 f. – Dabei sind die Listen zum Teil lückenhaft und scheinen auch in beiden Fassungen nicht ganz miteinander übereinzustimmen, vgl. zu den Rekonstruktionsproblemen: SILKE PETERSEN, »Die sieben Frauen – sieben Geistkräfte sind sie«. Frauen und Weiblichkeit in der Schrift »Jakobus« (CT2) und in der (ersten) Apokalypse des Jakobus (NHC V,3), erscheint in: E. E. Popkes / G. Wurst (Hrsg.), Judasevangelium und Codex Tchacos. Studien zur religionsgeschichtlichen Verortung einer gnostischen Schriftensammlung, WUNT, Tübingen 2011.
186 CT, p.25,18–25; vgl. NHC V, p.38,15–23.
187 CT, p.26,4–10; der Text von NHC V ist hier schadhaft.
188 CT, p.21,4 f.
189 CT, p.26,4–10; p.28,1–5.16–18.

»Denn das Befleckte hat sich getrennt	»Denn das Zerstörte ging [hinauf]
von Unbeflecktheit	zum Unzerstörten
Und das <weibliche>[190] Werk	und [das] Werk der Weiblich-
gelangte hinauf zum Männli-	keit gelangte hinauf zum
chen.«	Werk dieser Männlichkeit.«

Interessant ist die höhere »Abstraktionsstufe« in NHC V, wo vom »Werk der Weiblichkeit« und »Werk der Männlichkeit« die Rede ist und nicht wie in CT nur vom »weiblichen Werk« bzw. »Männlichen«. Das Hinaufgelangen des »Weiblichen« ist in beiden Texten im Perfekt formuliert, es hat also zum Zeitpunkt der Rede Jesu an Jakobus schon stattgefunden. Jesus scheint auch ursächlich an der Rückkehr des Weiblichen in den himmlischen Bereich beteiligt zu sein, in dem er sie gereinigt hat. Mit dieser »Reinigung« aber stellt die Weiblichkeit der Jüngerinnen anscheinend kein Problem mehr dar, sie ist im Männlichen »aufgehoben« und damit ist – so lässt sich der generalisierende Charakter der Aussage verstehen – auch das eigenmächtige Handeln der Achamoth nicht mehr wirkmächtig. In Umkehrung der durch »die Frau« Achamoth verursachten Abwärtsbewegung bei der Schöpfung erfolgt eine Aufwärtsbewegung des »weiblichen Werkes« (bzw. des »Werkes der Weiblichkeit«), womit die Jüngerinnen der problematisch-defizitären Sphäre ihrer Weiblichkeit entkommen sind. Damit schließt sich der Kreis, und

---

190   Im Text von CT fehlen am Zeilenbeginn einige Buchstaben. Der Abschreibefehler hängt möglicherweise damit zusammen, dass dieselbe Buchstabenfolge schon am Zeilenumbruch von p.28,17f. vorkommt.

wir sind wieder bei der Formulierung der oben zitierten Frage des Jakobus, in der dieser sich angesichts der Jüngerinnen gewundert hatte, dass diese, »obwohl sie in machtlosen Gefäßen sind«, Mächte und Verständnisse gefunden haben. Das gefallene Weibliche ist in den himmlischen Bereich zurückgekehrt; die defizitäre Weiblichkeit bedeutet damit kein Hindernis mehr für die Jüngerinnen, das sie von »dem Seienden« trennen könnte.

Die bislang aufgezeigten Zusammenhänge zwischen Maria Magdalena, Diskussionen über die Geschlechterdifferenz und der mythologisch-problematischen Rolle des Weiblichen lassen sich noch in weiteren behandelten Schriften aufzeigen. Da die Grundlinien des vorliegenden Denkmodells (hoffentlich) deutlich geworden sind, diskutiere ich die folgenden Passagen in kürzerer Form.

In der *Pistis Sophia* – jener Schrift, in der Maria Magdalena nach Ansicht des Petrus zu viel redet und zu dominant ist – wird insgesamt eine welt-, materie-, körper- und fortpflanzungsfeindliche Grundhaltung vertreten. Durch bestimmte »Mysterien« kann der materielle Körper gereinigt werden. So beschreibt Jesus die Taufe als höchstes Mysterium,

»das eure Seelen führen wird zu dem Licht der Lichter, zu den Orten der Wahrheit und der Güte, zum Ort des Heiligen aller Heiligen, zu dem Ort, an dem es weder weiblich noch männlich gibt, noch gibt es Gestalten an jenem Ort, sondern ein beständiges, unbeschreibbares Licht«.[191]

In dieser pneumatischen Lichtwelt jenseits körperlicher Gestalten existiert auch die Geschlechterdifferenz

---

191 PS IV, Kap. 143; kopt. Text: Schmidt/MacDermot, Pistis Sophia, 372,24–373,3.

nicht mehr. Die Materie als das feindliche Prinzip ist überwunden. Geist (*pneuma*) und Verstand (*nous*) sind positive Größen. Sie sind auf den ersten Blick geschlechtsunabhängig: Als Maria zögert, eine Antwort zu geben, da sie sich vor dem Frauenfeind Petrus fürchtet (s. o.), fordert Jesus sie mit der Begründung auf zu reden, allein *pneuma* sei ausschlaggebend, das Geschlecht also nicht maßgeblich. An anderen Stellen wird deutlich, dass Maria die Bindungen der Materie schon überwunden hat: So wundert sich Jesus über eine Antwort Marias, denn sie war »gänzlich reines *pneuma*« geworden, und er bezeichnet sie in seinem Lob als eine »rein *pneumatische*«.[192] Die Ablehnung der Welt und ihrer Materie und die Orientierung am Ideal einer körperlosen Geistigkeit stehen im Hintergrund von Marias überragender Rolle. Durch das Transzendieren der Körperlichkeit wird die Relevanz des Geschlechtsunterschieds überwunden. Dabei wird in der PS nicht explizit die Zerstörung der »Werke der Weiblichkeit« gefordert, aber auch hier ist die Transzendierung der körperlichen Existenz als Frau die Voraussetzung weiblicher Partizipation.

Man könnte einwenden, dass dies entsprechend auch für Männer gilt: Auch sie müssen im dargestellten Modell ihren Körper transzendieren. Mir scheint allerdings der Unterschied zur Redeweise vom »Männlich-Werden« nicht so groß zu sein wie häufig angenom-

---

192 PS I, Kap. 87; kopt. Text: SCHMIDT / MACDERMOT, Pistis Sophia, 200. INGRID MAISCH, Maria Magdalena, 34, bemerkt zu diesen Stellen: »Wo die Geschlechterpolarität zugunsten des geistererfüllten Verstandes zurücktritt, wie es für Maria Magdalena gilt, können die Gemeinde-Frauen als gleichberechtigte Pneumatiker [sic] anerkannt werden.« – Auch in dieser Formulierung werden die Frauen »männlich«, explizit weibliche Pneumatikerinnen scheinen nicht vorgesehen.

men, da in beiden Fällen das Ideal einer geschlechts-
losen Geistigkeit propagiert wird, das über die stereo-
type Verbindung von Frauen mit Körper- und Ge-
schlechtlichkeit die größere Veränderung immer auf
der weiblichen Seite erwartet. Im antiken Sinne ist der
geistig-geschlechtslose Mensch eben geistig-»männlich«. Deutlich wird diese Asymmetrie in einer Formulierung des Clemens von Alexandrien:

»Denn an und für sich sind die Seelen selbst in gleicher Weise
Seelen und keines von beidem, weder männlich noch weiblich, da sie weder heiraten noch sich heiraten lassen. Möglicherweise wird so auch die Frau verwandelt zum Mann, indem sie in gleicher Weise das Weibliche ablegt und männlich
und vollkommen wird.«[193]

Der Gegensatz männlich/weiblich wird zunächst verneint, um dann im folgenden Satz gleich wieder etabliert zu werden. Die Transzendierung der Geschlechterdifferenz hält sich nicht durch, sondern wird im
Ideal einer geistig-männlichen Vollkommenheit noch
einmal »aufgehoben«. Damit steht aber die Rede von
der Aufhebung der Geschlechterdifferenz nicht in einem Gegensatz zu der vom »Männlich-Werden«. Insofern kann es auch nicht wirklich überraschen, dass z. B.
im EvThom beide Konzepte nebeneinander begegnen.
Neben Maria Magdalena und den anderen »männlich«
werdenden Frauen aus EvThom 114 (s. o.) lesen wir zuvor in EvThom 22 von der anzustrebenden Aufhebung
der Geschlechterdifferenz:

»Jesus sah kleine (Kinder), die gestillt wurden. Er sagte zu seinen Jünger/innen: Diese Kleinen, die gestillt werden, glei-

---

193 Clemens von Alexandrien, *Stromata/Teppiche VI,100,3* (griechi-
     scher Text: Stählin/Früchtel II, 482).

175

chen denen, die eingehen ins Reich. Sie sagten zu ihm: Werden wir, indem wir klein sind, eingehen ins Reich? Jesus sagte zu ihnen: Wenn ihr die zwei eins macht und wenn ihr das Innere wie das Äußere macht und das Äußere wie das Innere und das Obere wie das Untere, und zwar damit ihr das Männliche und das Weibliche zu einem Einzigen macht, auf dass das Männliche nicht männlich, das Weibliche nicht weiblich sei, und wenn ihr Augen macht anstelle eines Auges und eine Hand anstelle einer Hand und einen Fuß anstelle eines Fußes, ein Bild anstelle eines Bildes, dann werdet ihr eingehen ins Reich.«[194]

Der Ausspruch Jesu wird zuerst missverstanden. Nicht das Klein-Sein der Kinder ist das Anzustrebende, wie die Fragenden annehmen, sondern deren Unberührtsein von den Differenzierungen dieser Welt. Die grundlegenden Unterscheidungen unserer Welt, die dualistische Denkweise (die zwei) mit ihrer Differenzierung von innen und außen, oben und unten sollen aufgehoben werden, damit auch die grundlegende Unterscheidung von männlich und weiblich aufgehoben wird. In einem weiteren Satzteil wird noch die Transformation des Körpers als Voraussetzung zum Eingehen ins Reich genannt. Die Sprache und die Thematik verweisen auf den ersten Schöpfungsbericht in Gen 1,27f., wo ebenso wie im EvThom vom Bild (*eikon*) und von der Geschlechterdifferenz (»männlich und weiblich schuf er sie«) die Rede ist. Wenn die dort etablierte Geschlechterdifferenz wieder aufgehoben wird und der Mensch in neuer Weise zum *eikon* wird, dann steht der Weg ins Reich Gottes offen. Vorausgesetzt ist eine Verwandlung des Körpers.

---

194   EvThom 22, NHC II, p.37,20–35.

Mir scheint es dabei nicht notwendig, EvThom 22 und 114 in einen Gegensatz zueinander zu stellen oder anzunehmen, EvThom 114 sei ein späterer Zusatz.[195] Die andere Formulierung in diesem Text ergibt sich vielmehr aus der Verknüpfung mit dem Konflikt zwischen Petrus und Maria und der Platzierung des Logions am Ende des Evangeliums. Die Aufforderung des Petrus an Maria, wegzugehen, wird abgewiesen, da Jesus ihr die Fähigkeit zuspricht, den Männern gleichwertig werden zu können. Deshalb ist der anzustrebende Prozess diesmal aus der Perspektive der Veränderung für eine Frau formuliert.

Noch ein letztes Beispiel: In der *Sophia Jesu Christi* (s. o.) fragt Maria Magdalena als einzige namentlich genannte von sieben Jüngerinnen Jesus nach Herkunft und Schicksal der Jünger und Jüngerinnen.[196] Jesus antwortet mit einer Aussage, in der die Weiblichkeit als negatives Prinzip dargestellt wird: Im Zusammenhang mit der Abwärtsentwicklung bei der Schöpfung erscheint »der Mangel des Weiblichen«, dagegen hat »das

---

195 Gegen eine solche Theorie spricht auch, dass beide Konzepte noch in anderen Schriften nebeneinander begegnen, so etwa in den bei Clemens von Alexandrien erhaltenen Fragmenten des Ägypterevangeliums, vgl. dazu PETERSEN, Werke, 203–220. – Und auch in dem nächsten neutestamentlichen Paralleltext, nämlich Gal 3,28, führt die Aufhebung der Geschlechterdifferenz aus Gen 1,27f. (»nicht männlich und weiblich«) dazu, dass alle »einer in Christus« werden: »einer« (mask.) nicht »eine« (fem.) oder »eins« (neutr.). Das Resultat der Differenzaufhebung ist ein »männlicher« Idealmensch. Vgl. auch SILKE PETERSEN, Nicht mehr »männlich und weiblich« (Gen 1,27). Die Rede von der Aufhebung der Geschlechterdifferenz im frühen Christentum, in: I. Fischer / Ch. Heil (Hrsg.), Geschlechterverhältnisse und Macht. Lebensformen in der Zeit des frühen Christentums, exuz 21, Berlin u. a. 2010, 78–109.

196 SJC, BG p.117,12–17 / NHC III, p.114,8–12.

große Licht des Männlichen« eine positive Funktion.[197] Jesus ist gekommen, um die Menschen aus dem negativen Schöpfungszusammenhang zu befreien. Dazu gehört unter anderem, dass die Menschen »aus zwei eins« werden sollen, wie am Anfang.[198] Aufgrund der Parallelen zu dieser Redeweise (z. B. in EvThom 22) ist eine Deutung auf die Geschlechterdifferenz plausibel, zumal wenig später in der SJC gesagt wird, dass durch Jesu Lehre die Anwesenden als »männliche« Gruppe[199] vollendet werden. Die Denkbewegung auch dieses Textes führt von mythologischen Aussagen über die Schöpfung, in der die »Weiblichkeit« negativ konnotiert ist, über die Aufhebung der Geschlechterdifferenz zu einem letztlich geistigen »männlichen« Idealzustand. Und hervorgerufen werden die Aussagen im Textverlauf durch die Frage Marias. Dabei bilden wie im EvThom auch in dieser Schrift die genannten Ausführungen den Schlussteil des Textes: Marias Frage ist die letzte der in der SJC gestellten Fragen.

Als Fazit lässt sich konstatieren: Wo Maria Magdalena in einer »gnostischen« Schrift auftritt, wird in zahlreichen Fällen auch eine Diskussion über die Geschlechterdifferenz geführt. Die dabei begegnenden Formulierungen sind variabel: »Männlich« werden; die Zerstörung der »Werke der Weiblichkeit« oder »nicht mehr männlich und weiblich« sind unterschiedliche Ausdrucksformen, denen letztlich eine Körper-Geist-Dualität zugrunde liegt, bei der die körperliche Seite entweder als »weiblich« oder als »männlich und weiblich« beschrieben ist; die geistige entsprechend als

---

197 SJC, BG, p.118,15 f.; p.120,5 f. (In NHC III fehlen die entsprechenden Seiten).

198 SJC, BG, p.122,9–11/NHC III, p.117,1–3.

199 SJC, BG, p.124,15–16/NHC III, p.118,6–8.

»nicht mehr männlich und weiblich« oder einfach: »männlich«. Denn das männliche Prinzip ist das geistige, das weibliche das körperliche. Marias hervorragende Rolle und das Lob der Jüngerinnen gehen einher mit der Transzendierung der »weiblichen« Körperlichkeit.

Aus einer modernen Perspektive mutet das Dargestellte erst einmal befremdlich an. Die Existenz und Bewertung von Jüngerinnen Jesu scheint uns nicht an Vorgänge auf der kosmologisch-mythologischen Ebene gebunden zu sein, und die klare Hierarchisierung von männlich-geistig und weiblich-körperlich widerspricht neuzeitlichen Vorstellungen von einer Komplementarität der Geschlechter. Allerdings funktionieren, wie oben ausgeführt, vormoderne Genderkonzepte auf der Basis einer angenommenen hierarchischen Asymmetrie, in der Maria Magdalena und alle Frauen (idealerweise) männlich werden können. In einem solchen Denkrahmen bedeutet es eine besondere Qualität Marias, dass sie in der Lage ist, ihre weiblich-körperliche Seite zu überwinden und geistige Einsicht und Erkenntnis zu erlangen. Zu dieser »Gnosis« gehört auch und insbesondere die Einsicht in die Zusammenhänge des Schöpfungsprozesses, in dem das problematische Handeln mythologisch-weiblicher Gestalten zu materiellen Hervorbringungen führt, die letztlich zu überwinden sind.

Die mythologischen Aussagen der antiken Texte füllen ebenjene Stelle in der Reflexion der Geschlechterdifferenz, an der heutzutage die Gendertheorie steht. Anders gesagt: Wenn wir heute über Ursprung und Bedeutung – und inzwischen auch Herstellung – der Geschlechterdifferenz reden, dann tun wir dies auf der Ebene der Theorie, während antike Texte die

weltlichen Vorfindlichkeiten durch Rückgriff auf My-
thologisches zu erklären suchen. In beiden Fällen wird
die Ebene des alltäglichen Redens zugunsten einer
übergeordneten Sphäre verlassen, in der Erklärungen
für die weltlichen Gegebenheiten gefunden werden
sollen. Die Fragen allerdings, auf die die Gender-
Theorie einerseits und die mythologischen Vorstellungen andererseits antworten wollen, scheinen weniger
voneinander zu differieren als die Art und Weise, wie
sie beantwortet werden: Entstehung, Bedeutung und
auch Überwindung der Geschlechterdifferenz werden in der Antike wie in der Neuzeit kontrovers diskutiert. In jenen »gnostischen« Texten, in denen Maria
aus Magdala auftritt, ist sie in vielen Fällen die paradigmatische Gestalt, an der eine solche Diskussion
geführt wird oder die sie hervorruft. Ihre Rolle als
wichtigste Jüngerin in diesen Schriften steht nicht
im Kontext einer Aufwertung ihrer Weiblichkeit, vielmehr ist sie genau deshalb wichtig und paradigmatisch, weil sie nicht mehr an die Sphäre des Weiblichen
gebunden ist. Daraus folgt auch, dass die neuzeitliche
Idee, Jesus und Maria aus Magdala hätten gemeinsame
Kinder gehabt, im Zusammenhang jener Schriften, um
die es in diesem Kapitel ging, vollkommen undenkbar
ist.

3. Mutmassungen über die historische Maria aus Magdala

In den beiden vorherigen Abschnitten dieses Kapitels
habe ich die ältesten Quellentexte über Maria aus Magdala behandelt. Diese Texte stammen aus dem Neuen
Testament und aus einer Reihe von apokryph gewordenen Schriften und sind im Verlaufe der ersten drei

Jahrhunderte verschriftlicht worden. Alle weiteren Texte der folgenden Jahrhunderte, in denen Maria aus Magdala auftritt, sind für die historische Rückfrage nicht mehr relevant; an ihnen lassen sich dagegen die Wirkungs- und Rezeptionsgeschichte studieren und die vielfältige Verwandlung der Gestalt Maria nachzeichnen. Es ist deshalb sinnvoll, an dieser Stelle zunächst die historisch relevanten Informationen zu sammeln, bevor die späteren Texte in die Untersuchung einbezogen werden.

Zusätzlich zu den bisher behandelten ältesten Texten lassen sich noch einige weitere Indizien aus textexternem Material wie etwa archäologischen Funden in Magdala gewinnen. Von Interesse sind zudem auch generelle Überlegungen im Hinblick auf den historischen Wert der Quellen sowie sozialgeschichtliche Daten. In vielen Fällen lässt sich dennoch nicht über Vermutungen hinauskommen; dabei kann es jedoch auch interessant sein, Fragen zu stellen, die sich nicht beantworten lassen, und jene Punkte festzuhalten, über die uns keine Informationen zugänglich sind.

Einsetzen möchte ich zunächst mit Form und Gebrauch des Namens »Maria aus Magdala« und den daraus ableitbaren Schlüssen. In der Mehrzahl der Quellen, darunter in allen synoptischen Evangelien, wird der Name Marias in den Frauenlisten an erster Stelle genannt. Maria ist zudem die Einzige, deren Name in keiner Liste von Anhängerinnen Jesu fehlt; die anderen Frauennamen sind deutlich weniger stabil überliefert. Ein vergleichbares Bild ergibt sich im Hinblick auf die apokryph gewordenen Schriften: Auch in ihnen ist Maria aus Magdala eindeutig die wichtigste Jüngerin. Zudem ist sie die einzige Frau aus der Gruppe der Jesusnachfolgenden, unter deren Namen ein Evangelium überliefert wurde.[200] Insgesamt lässt sich daraus folgern, dass Maria aus Magdala tatsächlich die wichtigste Anhängerin Jesu innerhalb der Frauengruppe war.

Die in unserem Sprachgebrauch übliche Namensform *Maria* ist nur eine unter mehreren möglichen Namensvarianten in den antiken Quellen. Zusätzlich zu dieser latinisierten Namensform, die sich in neutestamentlichen Evangelienhandschriften, im Evangelium nach Philippus, in der Pistis Sophia und vor allem bei späteren Kirchenvätern findet, gibt es in griechischen Texten außerdem noch die Formen *Mariam* (in neutestamentlichen Evangelienhandschriften und im Petrusevangelium), *Mariamme* (in den griechischen Fragmenten des Mariaevangeliums und bei Kirchenvätern) sowie *Mariamne* (ebenfalls bei Kirchenvätern). Noch weitere Namensformen treten in den koptischen Texten auf, da das Koptische im Unterschied zum Griechischen einen Buchstaben für den Laut H hat: Hier gibt es die Formen *Mariham* (EvMar, EvThom, Dial, SJC, PS), *Marihamm* (EvMar, *subscriptio*) und *Marihamme* (Dial, SJC, PS, manichäische Psalmen).[201] Selbst innerhalb einer einzelnen Schrift wechseln die Namensformen gelegentlich, und auch die neutestamentliche Hand-

---

200 Einschränkend ist festzuhalten, dass uns mit Sicherheit nicht alle apokryph gewordenen Texte überliefert sind, die in den ersten drei Jahrhunderten in Umlauf waren. Einiges spricht jedoch dafür, dass auch neue Textfunde unser Bild nicht vollkommen verändern würden. Dieser Schluss lässt sich u. a. daraus ableiten, dass nach dem Nag-Hammadi-Fund neu entdeckte und publizierte Texte und Fragmente (wie etwa der Codex Tchacos) fast durchgehend mindestens zur Hälfte schon bekanntes Material enthalten, was insgesamt doch auf eine begrenzte Anzahl von umlaufenden Schriften hinweist.

201 Zu den Namensformen vgl. auch Tuckett, Gospel of Mary, 14–18.

schriftenüberlieferung schwankt zwischen *Maria* und *Mariam*. Um Verwirrungen zu vermeiden, habe ich die differierenden Namen in den bisher besprochenen Texten einheitlich mit »Maria« übersetzt – im Wissen darum, dass diese latinisierte Variante nicht unbedingt die im 1. Jh. verwendete Namensform gewesen ist. Alle bislang erwähnten Namensformen gehen auf das hebräische Wort *Mirjam* zurück, die seltener belegte aramäische Variante ist *Marin*. Wir wissen nicht, wie Maria aus Magdala tatsächlich angeredet wurde; möglich ist z. B. ein wechselnder Namensgebrauch je nach Kontext, was zumindest bei anderen Personen der Fall gewesen zu sein scheint (vgl. etwa Schimon/Simon/Kefas/Petrus). Hinter diesen Überlegungen steht ein weitergehendes Sprachproblem. Wir haben im Palästina des 1. Jh.s mit vier verschiedenen Sprachen zu rechnen: Aramäisch als Umgangssprache der Bevölkerung, Hebräisch als Sprache der heiligen Schriften, Griechisch als Sprache der hellenistischen Kultur sowie Latein als Sprache der Besatzungsmacht. Ob und in welchem Umfang in der Jesusbewegung Kenntnisse anderer Sprachen als des Aramäischen vorhanden waren, ist ungeklärt. So ist z. B. auch die Frage völlig offen, ob Maria aus Magdala Griechisch verstehen oder sprechen konnte; ebenso die Frage, ob sie Griechisch lesen oder schreiben konnte – und schließlich sogar die Frage, ob sie überhaupt lesen oder schreiben konnte.

Der Name verweist noch auf etwas anderes: Im Neuen Testament gibt es sieben verschiedene Frauen mit dem Namen Maria etc.[202] Es scheint sich dabei nicht

---

202 Gezählt ohne mögliche Identifikationen einzelner Frauen. Es sind neben Maria aus Magdala noch die Mutter Jesu; die Schwester der Martha und des Lazarus; die Mutter von Jakobus

um eine zufällige Häufung zu handeln, sondern um ein Phänomen repräsentativer Art. Statistische Untersuchungen der Namensverwendungen verweisen nämlich auf eine besondere Häufung des Namens Mirjam/Maria etc. in der relevanten Zeit: Etwa ein Viertel der zwischen 330 v. Chr. und 200 n. Chr. dokumentierten Frauennamen entfallen auf diesen Namen,[203] und weitere Untersuchungen zeigen eine besondere Häufung in der Zeit der römischen Besatzung Palästinas (63 v. Chr. – 135 n. Chr.). Eine solche Namensgebungspraxis lässt sich möglicherweise als Ausdruck der Hoffnung auf ein erneutes Befreiungsgeschehen für das Volk Israel sehen, das mit dem Namen Mirjam, der Schwester Moses und Aarons (vgl. Ex 2,4–7; 15,20 f. u. ö.) verbunden war.[204] Der Name dieser wohl für die Namensgebungspraxis entscheidenden Mirjam lautet in der griechischen Übersetzung der hebräischen Bibel *Mariam* – es handelt sich also tatsächlich um denselben Namen, auch wenn dies in deutschen Bibelübersetzungen zumeist nicht mehr sichtbar ist.

Interessanter noch ist der zweite Bestandteil des Namens: »Magdalena« bezeichnet die Herkunft aus Magdala. Dieser Beiname wird nicht durchgehend in allen Quellen gebraucht, er kommt aber dann zur Verwendung, wenn in einem Text auch noch andere Marien

---

und Joses (Mk 15,40par); die Maria des Klopas (Joh 19,25); die Mutter des Johannes Markus (Apg 12,12) und eine Christin in Rom (Röm 16,6).

203 Nach Tal Ilan, Lexicon of Jewish Names in Late Antiquity. Part I: Palestine 330 BCE – 200 CE, TSAJ 91, Tübingen 2002, sind es 80 Namen von insgesamt 317.

204 So Kerstin Schiffner, Lukas liest Exodus. Eine Untersuchung zur Aufnahme ersttestamentlicher Befreiungsgeschichte im lukanischen Werk als Schrift-Lektüre, BWANT 172, Stuttgart 2008, 259–278.

auftreten (so in den neutestamentlichen Evangelien, im Evangelium nach Philippus und in der Pistis Sophia). Auffallend ist, dass – abweichend von der üblichen Namensgebungspraxis – der unterscheidende Namenszusatz nicht einen männlichen Verwandten nennt, sondern mit Hilfe eines Ortsnamens erfolgt. Bei anderen neutestamentlichen Frauengestalten wird zumeist der Name des Ehemannes oder Sohnes hinzugefügt, manchmal ist auch nicht klar, welches von beiden, da lediglich ein männlicher Name im Genitiv genannt ist.[205] Lässt sich aus dieser Abwesenheit eines Männernamens darauf schließen, dass Maria aus Magdala unverheiratet und kinderlos war? In einem Großteil der Rezeptionsgeschichte wird Maria aus Magdala so dargestellt, aber sicher können wir auch in diesem Fall nicht sein.

Der Namenszusatz »aus Magdala« verweist weiterhin darauf, dass Maria diesen Ort zu irgendeinem Zeitpunkt verlassen hat. Da die neutestamentlichen Quellen belegen, dass sie zur Nachfolgegemeinschaft um Jesus gehörte, ist es einigermaßen plausibel, beides miteinander in Verbindung zu bringen. Zur Unterscheidung von anderen Marien im Umfeld Jesu, so von der Mutter Jesu oder der Maria des Jakobus, hätte Maria dann (als unverheiratete und kinderlose Frau?) den Beinamen »aus Magdala« erhalten. Leider gibt es auch in diesem Fall keine endgültige Sicherheit: Maria aus Magdala könnte auch vor ihrer Zeit in der Jesusbewegung beispielsweise von Magdala nach Kafarnaum umgezogen und dann dort mit Jesus in Kontakt gekommen sein.

---

205 Vgl. z. B. Johanna, die Frau des Chuza (Lk 8,3); die Mutter der Söhne des Zebedäus (Mt 27,56 u. ö.); die Maria des Jakobus (Mk 15,40 u. ö.); die Maria des Klopas (Joh 19,25).

Der Ort Magdala, um den es hier geht, liegt am Westufer des Sees Gennesaret etwa sechs Kilometer nördlich von Tiberias und gut zehn Kilometer südlich von Kafarnaum, wo Jesus zeitweilig wohnte. Sowohl der hebräische Name *Migdal Nunija* (Turm der Fische) als auch der mehrfach bei Josephus gebrauchte griechische Name *Tarichäa* verweisen auf Fischreichtum (im Griechischen geht es dabei um das Einsalzen der Fische). In den Jahren 1971–1977 gab es archäologische Grabungen in Magdala unter Federführung italienischer Franziskaner, die dann aber für drei Jahrzehnte aufgegeben wurden. Das eingezäunte Areal verkam und verwilderte.[206] Zu Beginn der neueren Grabung im Jahr 2006 waren zunächst Müll und wild wachsende Palmen zu entfernen. Die neueren Ausgrabungen sind noch nicht abgeschlossen, und die Publikationen zu den Funden sind bislang unvollständig und liegen zum Teil nur in italienischer Sprache vor.[207]

Der archäologische Befund verweist insgesamt darauf, dass es sich nicht um ein unbedeutendes Dorf, sondern um eine für galiläische Verhältnisse größere Stadt gehandelt hat, die ein Vielfaches der Einwohnerzahl von Kafarnaum oder Nazaret hatte. Neuere Schätzungen gehen von 5.000 bis 6.000 Einwohnern aus; zu finden sind auf dem Grabungsareal »zahlreiche Elemente urbaner Architektur«,[208] darunter gepflasterte Straßen,

---

206 Vgl. die traurig stimmende Beschreibung bei SCHABERG, Resurrection, 47–64.
207 Zu neueren Funden vgl. bes. www.magdalaproject.org und www.custodia.fr/SBF-News-Magdala-Project-2007.html?lang =it. Geplant ist auch eine Vermarktung u. a. mit Hotel und Multimediacenter, vgl. www.magdalacenter.com; alle zuletzt eingesehen am 20. 9. 2010.
208 Vgl. JAMES H. CHARLESWORTH / MORDECHAI AVIAM, Überlegungen zur Erforschung Galiläas im ersten Jahrhundert, in:

Säulen, ein Marktplatz, ein Thermenkomplex und ein Wasserturm. Zudem sind Hafenanlagen mit einer Promenade, einem durch einen Steinwall geschützten Becken sowie Dockanlagen gefunden worden.[209]

Ebenfalls am Westufer des Sees Gennesaret, einige Kilometer nördlich von Magdala, wurde bei einem Wassertiefstand im Jahr 1986 ein Fischerboot entdeckt, das

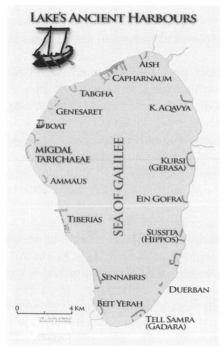

Abb. 12: Häfen am See Gennesaret

C. Claußen / J. Frey (Hrsg.), Jesus und die Archäologie Galiläas, BThS 87, Neukirchen-Vluyn 2008, 93–127; 107.

209 Vgl. MENDEL NUN, Ancient Ports of Galilee, www.magdalaproject.org/WP/?p=771, zuletzt eingesehen am 20.9.2010.

in den Medien als »Jesus-Boot« gehandelt wird und derzeit im Kibbuz Ginnosar am See Gennesaret zu besichtigen ist. Dazu passend fand sich während der ersten Grabungsphase in einer Stadtvilla in Magdala ein römischer Mosaikfußboden mit einer Schiffsdarstellung. Das Mosaik wird inzwischen in Kafarnaum aufbewahrt.

Die letztgenannten Funde illustrieren den zentralen Charakter der Fischereiwirtschaft in Magdala. Mitzudenken sind dabei auch Zulieferbetriebe (Netzeherstellung, Bootsbau) sowie Fischverarbeitung (Einsalzung), in denen mit Sicherheit auch Frauen beschäftigt waren.

Auffallend sind die Elemente von hellenistisch-römischer Architektur und Lebensstil, die sich in Magdala gefunden haben und die in sich in einen größeren Kontext einzeichnen lassen: Galiläa war keine abgelegene und weltabgeschiedene Gegend, sondern lässt sich eher als Durchgangsgebiet mit nach außen fließenden Grenzen betrachten.[210] Magdala war zudem ein Hafenort und lag ganz in der Nähe einer wichtigen Straßenverbindung in Nord-Süd-Richtung (eines Abschnittes der sog. *Via maris*, die insgesamt Alexandria mit dem syrischen Gebiet verband). Lässt sich aus diesem Lokalkolorit schließen, dass Maria aus Magdala möglicherweise »weltoffener«, gebildeter und hellenistisch geprägter war als manche der anderen Anhänger Jesu, die aus einer dörflicheren Umgebung stammten? Auch dies ist wieder eine offene Frage.

In einem anderen Punkt gibt es größere Sicherheit: Maria aus Magdala war fraglos Jüdin, ebenso wie Jesus

---

210 Vgl. Jürgen Zangenberg, Jesus – Galiläa – Archäologie. Neue Forschungen zu einer Region im Wandel, in: C. Claußen / J. Frey (Hrsg.), Jesus und die Archäologie Galiläas, BThS 87, Neukirchen-Vluyn 2008, 7–38.

Abb. 13: Fußbodenmosaik aus Magdala,
Ausschnitt mit Schiffsdarstellung

selbst und die anderen Personen der Jesusbewegung. Galiläa war jüdisches Territorium, unter römischer Oberaufsicht regiert von dem jüdischen Klientelkönig Herodes Antipas, der 4 v. Chr. auf seinen Vater Herodes den Großen folgte und bis 39 n. Chr. in Galiläa regierte. Elemente hellenistisch-römischer Kultur, wie sie in Magdala gefunden wurden, stehen nicht in einem Gegensatz zur jüdischen Bevölkerungsstruktur; das Judentum dieser Zeit war hellenistisch geprägt, wobei die Akzeptanz hellenistischer Kulturelemente im Einzelnen variierte.

In den älteren Ausgrabungen in Magdala fand sich ein Gebäude, das als »Mini-Synagoge« in die Literatur eingegangen ist, obwohl es eher eine Art Brunnenhaus gewesen sein könnte. Im Jahr 2009 ist jedoch ein weiteres Gebäude gefunden worden, bei dem es sich nun tatsächlich um eine Synagoge – und zwar aus der Zeit vor 70 n. Chr. – handeln dürfte. Im Zentrum dieses Gebäudes befindet sich ein großer Steinblock mit eingravierter Darstellung einer Menora.[211] Wie häufiger in diesen Fällen verbindet die mediale Rezeption solcher Nachrichten die archäologischen Funde gern mit bekannten biblischen Gestalten: So lässt sich zu dem Synagogenfund z. B. unter der Überschrift »Mary Magdalene's Synagogue?« ein Artikel finden,[212] der die Frage aufwirft, ob Maria und Jesus sich möglicherweise in ebendieser Synagoge zum ersten Mal begegnet sein könnten.

Ähnliche Reaktionen gab es auch in einem anderen Fall: Ende 2008 ging ein in Magdala gefundenes Salbölgefäß durch die Presse, das sofort mit Maria Magdalena in Verbindung gebracht wurde – in italienischen Zeitungen wurde sie dabei auch mit der salbenden »Sünderin« gleichgesetzt, was wiederum Proteste hervorrief.[213] Im Falle der Synagoge lässt sich durchaus imaginieren, dass Maria sie besucht haben könnte; eine Verbindung zu den Salbölgefäßen herzustellen, scheint dagegen eher problematisch – und noch weit abwegiger sind andere Theorien, die sich um ein angebliches Familiengrab von Jesus, seiner Mutter, Maria aus Magdala, einem (angeblichen) gemeinsamen Sohn und weiteren Personen ranken: Bei einer Notgrabung wurden 1980 im Jerusalemer Vorort Talpiot zehn Ossuare (Gebeinkästchen) gefunden, die im Februar 2007 verspätet,

---

211   Vgl. www.magdalaproject.org/WP/?p=672, sowie: www.zenit.org/article-26833?l=english; zuletzt eingesehen am 20. 9. 2010.

212   In der *Jerusalem Post* mit Datum 12. 4. 2010; vgl. www.jpost.com /ChristianInIsrael/Features/Article.aspx?id=172940; zuletzt eingesehen am 21. 9. 2010.

213   Vgl. dazu uk.reuters.com/article/idUKTRE4B96DB20081210 sowie die gesammelten Links bei www.magdalaproject.org /WP/?paged=2; darunter ein Artikel mit der Überschrift: »Ecco i balsami di Maddalena la peccatrice« (La Repubblica, 11. 12. 2008).

aber medienwirksam auf einer Pressekonferenz unter Mitwirkung des Titanic-Regisseurs und Oscar-Preisträgers James Cameron als Jesu Familiengrab vorgestellt wurden.[214] Schon die Namensformen und Namensstatistiken sprechen allerdings dagegen, bei diesem Grabfund tatsächlich irgendeine Verbindung mit Jesus oder Maria aus Magdala anzunehmen.[215]

Archäologische Funde sind kein direktes Fenster zur Vergangenheit, sondern ebenso interpretationsbedürftig wie antike Texte. Wie auch bei Texten sind *wir* es, die den Grabungsfunden eine Bedeutung geben, sie zu Zeichen machen, die innerhalb eines größeren Sinnzusammenhanges bewertet, interpretiert und manchmal auch verehrt werden. Im Falle der angeblichen Gebeine Marias lässt sich anmerken, dass es zu viele davon an zu vielen unterschiedlichen Orten gibt: Neben den eben erwähnten Ossuarfunden gibt es mittelalterliche Legenden um die Auffindung der Gebeine Marias, bei denen zwei südfranzösische Orte in Konkurrenz zueinander stehen, daneben finden sich auch Traditionen, die Maria in Ephesus gestorben sein lassen.[216] Demgegenüber lässt sich nur feststellen, dass wir keine historisch zuverlässigen Informationen über Ort und Zeit des Todes von Maria aus Magdala haben. Dazu

---

214 Vgl. auch die reißerische Inszenierung unter www.jesusfamily-tomb.com; zuletzt eingesehen am 21.9.2010.

215 Zur Kritik vgl. BERND KOLLMANN, Die Jesus-Mythen. Sensationen und Legenden, Freiburg i. B. 2009, 150–159; PETER LAMPE, Jesu DNS-Spuren in einem Ossuar und in einem Massengrab seine Gebeine? Von medialer Pseudowissenschaft und zuweilen unsachlichen Expertenreaktionen, in: ZNT 10, 2007, 72–76; JÜRGEN ZANGENBERG, Jeschua aus Talpiot und Jesus von Nazareth. Bemerkungen zum angeblichen Grab Jesu und seiner Familie, in: Welt und Umwelt der Bibel 44, 2007, 2–7.

216 Vgl. dazu unten C. 3.

kommt noch, dass wir auch ihr Geburtsdatum und damit ihr Alter nicht kennen. In der Rezeptionsgeschichte wird sie verbreitet als junge Frau imaginiert, sie könnte jedoch auch um einiges älter als Jesus gewesen sein und ihn schon deshalb nicht um eine längere Zeit überlebt haben – zumal die Lebenserwartung von Frauen in der Antike (anders als heute) insgesamt niedriger war als die von Männern.

Die vielen offenen Fragen hinsichtlich der Biographie Marias stellen für die Rezeptionsgeschichte Leerstellen zur Verfügung, die sehr unterschiedlich gefüllt werden können. Die neutestamentlichen Evangelien konzentrieren sich auf eine relativ kurze Zeitspanne in ihrem Leben. Je nachdem, wie lange man die Zeit der öffentlichen Wirksamkeit Jesu ansetzt, geht es maximal um einen Zeitraum von drei Jahren. Aus den Quellen lässt sich schließen, dass Maria aus Magdala schon in Galiläa zur Jesusbewegung gehört hat[217] und, wie schon gesagt, wohl die wichtigste unter den Jüngerinnen Jesu war. Ob sie tatsächlich von Jesus geheilt wurde, scheint fraglich, da die älteste diesbezügliche Notiz möglicherweise ausschließlich auf der lukanischen Redaktion basiert. Die Identifikationen Marias aus Magdala mit anderen neutestamentlichen Frauengestalten wie Maria aus Bethanien und der salbenden Sünderin sind ein Produkt der späteren Rezeptionsgeschichte und ergeben sich nicht aus den neutestamentlichen Texten, sie finden sich auch in den apokryph gewordenen Texten noch nicht. Im Zentrum der ältesten Überlieferungen über die Gestalt Marias aus Magdala steht vielmehr ihre Rolle als Zeugin der Osterereignisse. Hier dürfte auch der Grund zu finden sein, dass ihr Name überhaupt überliefert wurde. Es ist m. E. his-

---

217   Vgl. oben B. 1.1.

torisch plausibel, dass Maria aus Magdala tatsächlich Zeugin der Kreuzigung gewesen ist sowie dass sie eine entscheidende Rolle für die Verbreitung der Auferstehungsbotschaft gespielt hat. Die ältesten Quellen sind sich in diesen beiden Punkten weitgehend einig. Dass es sich hier lediglich um Erfindungen handelt, scheint schon wegen der wenig rühmlichen Rolle der männlichen Jünger bei den Ereignissen um Ostern kaum plausibel. Während es sich im Falle der Kreuzigung Jesu um ein mit den Kategorien der neuzeitlichen Geschichtsschreibung fassbares und diskutierbares historisches Ereignis handelt, ist die Lage im Hinblick auf die Erscheinungen des Auferstanden wesentlich komplexer, da dieses Thema Grundfragen des persönlichen Glaubens betrifft.[218] Möglichweise lassen sich aber dennoch einige Aussagen in Bezug auf Maria aus Magdala machen, wenn man darüber nachdenkt, was sie subjektiv erlebt haben könnte: In einer neueren Monographie unternimmt es Gerd Theißen, religiöse Wahrnehmungen und Erlebnisse im frühen Christentum zu klassifizieren und zu analysieren.[219] Theißen unterteilt

---

218 Vgl. etwa die Ausführungen RUDOLF BULTMANNS: »Dem Menschen ist in der christlichen Verkündigung aber gar nicht ein Geschichtsbericht über ein Stück Vergangenheit mitgeteilt, den er nachprüfen oder kritisch bestätigen oder verwerfen könnte; sondern es ist ihm gesagt, daß in dem, was damals geschah, es möge gewesen sein, wie es wolle, Gott gehandelt hat … Keine Geschichtswissenschaft kann diese Behauptung kontrollieren, weder sie bestätigen, noch sie verwerfen. Denn daß dieses Wort und seine Verkündigung Gottes Tun sei, steht jenseits der historischen Beobachtung.« RUDOLF BULTMANN, Die Krisis des Glaubens, in: Ders., Glauben und Verstehen. Gesammelte Aufsätze II, Tübingen 1952, 1–19; hier: 16.

219 Vgl. zum Folgenden: GERD THEISSEN, Erleben und Verhalten der ersten Christen. Eine Psychologie des Urchristentums, Gütersloh 2007, bes. 140–163.

diese Wahrnehmungen in »normalreligiöse« und »extremreligiöse«. Zu Letzteren gehören neben religiösen Träumen auch Visionen und Auditionen. Die Ostererscheinungen klassifiziert Theißen als Visionen. Er stellt fest, dass diese Erscheinungen insgesamt gut bezeugt seien, und konstatiert, dass Maria eine Ostererscheinung gehabt habe, die möglicherweise zugunsten der Ersterscheinung vor Petrus, einem Mann, verdrängt worden sei. Der einzige Augenzeuge einer Ostervision, von dem wir eine Beschreibung des Geschehens haben, ist Paulus. Dieser schildert sein Damaskuserlebnis als »ein visionäres (Seh-)Erlebnis« und benutzt dabei »die formelhafte Sprache vorgeprägter Wendungen«,[220] wobei er unter anderem vom *Sehen des Kyrios* redet (1Kor 9,1; vgl. dazu Joh 20,18). Theißen kontextualisiert die frühchristlichen Visionen mit modernen Berichten von Visionen, von denen es durchaus mehr gibt, als man zunächst anzunehmen geneigt ist. Analogien finden sich insbesondere bei Trauervisionen im Zusammenhang mit dem Tode nahestehender Menschen sowie bei Erleuchtungsvisionen; die Variationsbreite moderner Visionen sei der der Osterberichte vergleichbar, bei beiden gebe es deutliche Unterschiede, was die Realitätsnähe oder -ferne der einzelnen Berichte angeht, und es sei schwer, solche Visionen verantwortlich zu beurteilen: »Sind sie wirklich authentisch oder vielleicht doch erzählt, um Gruppenerwartungen zu entsprechen? Soll man sie als symbolischen Hinweis auf Transzendenz deuten? Oder bricht hier wirklich etwas durch die Grenzen unserer Alltagswirklichkeit hindurch?«[221]

---

220 Theissen, Erleben, 141.
221 Theissen, Erleben, 152.

Nach Theißens Einschätzung spricht nichts gegen die Erlebnisechtheit der Visionen. Es gebe keinen Grund, den Ostererscheinungen »subjektive Authentizität abzusprechen oder sie für pathologische Symptome zu halten«.[222] Ihre Auswirkungen jedenfalls sind deutlich: Sie führten dazu, dass sich die Jesusbewegung nicht auflöste, sondern neu konstituierte und schließlich die christliche Kirche entstand.

In Aufnahmen von Theißens Überlegungen lässt sich bei Maria aus Magdala von einer »subjektiven Authentizität« der Erscheinung des Auferstandenen ausgehen. Wie wir uns »objektiv« dazu verhalten, ist eine Frage der je eigenen Glaubensentscheidungen und -überzeugungen.

Maria aus Magdala ist in unseren frühesten Quellen mit den beiden Eckdaten des Ostergeschehens verbunden: Als Zeugin von Kreuzigung und Auferstehung ist sie eine zentrale Gestalt, die die Kerninhalte der christlichen Verkündigung beglaubigt. Zugespitzt lässt sich die Frage formulieren, ob es ohne Maria aus Magdala überhaupt so etwas wie eine christliche Verkündigung gegeben hätte: War sie die entscheidende Person, die bewirkte, dass sich die Jesusbewegung nach der Kreuzigung nicht auflöste, sondern in veränderter Form weiterbestand?

Diese Frage muss offenbleiben, ebenso wie auch die weitere Frage nach dem Verbleib Marias nach Ostern. Die Quellenlage ist eher spärlich: Die Apostelgeschichte erwähnt die Frauengruppe und damit auch Maria aus Magdala noch einmal zu Beginn ihres Berichtes über die Zeit nach Ostern (vgl. Apg 1,14), bietet aber keine weiteren Anhaltspunkte. Die apokryph ge-

---

222 THEISSEN, Erleben, 155.

wordenen Evangelien erzählen mehrfach von einem Konflikt zwischen Petrus und Maria. In je unterschiedlichen inhaltlichen Ausformungen ist das ihnen gemeinsame Motiv das Bestreben des Petrus, Maria auszuschließen, zu verdrängen oder ihre Rolle zu verkleinern. Wenn man diese Szenen nicht lediglich als einen Reflex auf die innergemeindlichen Auseinandersetzungen im 2. Jh. lesen möchte (was durchaus möglich ist), so lässt sich überlegen, ob sich in ihnen Hinweise auf den Grund für das Verschwinden Marias aus Magdala in der Zeit nach Ostern finden lassen: Gab es tatsächlich einen Konflikt mit Petrus, der dies erklärt? Meine vorsichtigen Formulierungen möchten andeuten, dass es sich lediglich um eine Hypothese handelt.

In den folgenden Jahrhunderten findet sich eine ganze Reihe von Texten, die den Versuch zeigen, die Rolle Marias aus Magdala zu minimieren. Daneben werden auch ganz neue Motive und Geschichten mit ihrer Gestalt verbunden. Maria Magdalena entwickelte sich zu einer Art multipler Persönlichkeit mit vielen Facetten. Zeitweise trat und tritt dabei ihre neutestamentlich bezeugte Rolle als Jüngerin und Zeugin von Kreuzigung und Auferstehung eher in den Hintergrund. In Erinnerung an die historische und die neutestamentliche Maria aus Magdala wäre jedoch ebendieser Aspekt wiederzugewinnen und erneut zu betonen.

C. WIRKUNG

Im vorigen Kapitel standen die frühesten Quellentexte über Maria Magdalena im Zentrum: zunächst die im Neuen Testament kanonisierten Texte aus dem 1. und 2. Jh., dann die apokryph gewordenen Quellen, überwiegend aus dem 2., zum Teil auch aus dem 3. Jh. Nur auf der Basis dieser Texte lassen sich mögliche historische Aspekte der Gestalt Maria Magdalenas diskutieren. Je weiter wir uns dann von diesen Quellen ausgehend durch die Zeiten bewegen, desto vielschichtiger wird das Magdalenenbild. Dabei werden einerseits alte Texte und Traditionen wieder aufgenommen und variiert, andererseits treten auch vollkommen neue Elemente hinzu. Im folgenden Kapitel werden Beispiele für beide Arten von Fortschreibungen thematisiert. Dabei ist es nicht möglich, das ausgesprochen reichhaltige und vielschichtige Material an Texten (und für spätere Zeiten auch an Bildern und Filmen) auch nur annähernd vollständig zu berücksichtigen. Der Schwerpunkt wird darauf liegen, einerseits spezifische Entwicklungslinien nachzuzeichnen und andererseits besonders repräsentative und verbreitete neue Themen und Motive exemplarisch vorzustellen.

1. FIGURENKONSTELLATIONEN: MARIA AUS MAGDALA, PETRUS UND DIE MUTTER MARIA

Im Folgenden soll es zunächst um jene Verschiebungen im Magdalenenbild gehen, die schon in der frühen Rezeption zu verzeichnen sind. Zunächst stehen weiterhin Anknüpfungen an die Ostergeschichten im Vordergrund. Dabei tritt neben einer gewissen Kontinuität in einigen Texten auch ein neuartiges Element auf, nämlich die Ersetzung Maria Magdalenas durch andere Personen, vermittels derer die Rolle und Bedeutung Marias minimiert wird. Beginnen möchte ich jedoch mit einem wenig bekannten Text, der im Spektrum der Rezeptionen inhaltlich eher auf der Seite kontinuierlicher Fortschreibung steht, formal jedoch einer anderen Gattung als die Ostergeschichten zugehört. Bei dem nun folgenden Text handelt es sich um einen manichäischen[223] Psalm, der im griechischen Original im späten 3. Jh. entstanden sein dürfte, uns aber (wieder einmal) nur in einer koptischen Übersetzung aus dem 4. Jh. erhalten ist.[224] Die angeredete Maria des Psalms ist Maria aus Magdala: Darauf verweisen sowohl die Namensform wie auch die mehrfachen Bezüge zu Joh 20,1–18. Im ersten Teil des Psalms spricht Jesus sie an:

2 »[Marihamme], Marihamme, erkenne mich, halte [mich] nicht fest.[225]

---

223 Der Manichäismus ist von einem dualistischen Weltbild geprägt, das zum Teil »gnostische« Züge trägt, und geht auf den Perser Mani zurück, der wohl von 216–276 n. Chr. lebte. Wichtige manichäische Texte, darunter auch das oben genannte Psalmbuch, wurden zu Beginn der 1930er Jahre in Medinet Madi in Ägypten gefunden.

224 Vgl. die Textausgaben: SIEGFRIED G. RICHTER (Hrsg.), The Manichaean Coptic Papyri in the Chester Beatty Library, Psalm Book II,2: Die Herakleides-Psalmen, Corpus Fontium Manichaeorum Series Coptica 1, Brepols 1998, 52–55; CHARLES R. C. ALLBERRY (Hrsg.): A Manichaean Psalm-Book. Part II, Manichaean Manuscripts in the Chester Beatty Collection. Bd. II, Stuttgart 1938, 187,2–35. Zur Bedeutung des Fundes vgl. PETER NAGEL, Die Thomaspsalmen des koptisch-manichäischen Psalmenbuches, Quellen 1, Berlin 1980, 11–15.

225 Das hier verwendete koptische Wort impliziert ebenso wie das

4 Wisch die Tränen aus deinen Augen und erkenne
mich, dass ich dein Meister bin.
Nur halte mich nicht fest, denn ich habe das
6 Gesicht meines Vaters noch nicht gesehen.
Dein Gott wurde nicht heimlich weggenommen
nach den Gedanken deiner Kleinheit.
8 Dein Gott ist nicht gestorben,
sondern er hat den Tod besiegt.
Ich bin nicht der Gärtner; ich habe gegeben,
ich habe empfangen den …
Ich bin dir
10 [nicht] erschienen, bis ich deine Tränen und deine
Schwäche sah … mich.
Tue ab diese Dunkelheit von dir und erfülle dieses Amt:
12 Sei für mich Botschafterin für diese umherirrenden
Waisen.
Werde schnell (wieder) froh und gehe zu den Elfen.
14 Du wirst sie versammelt finden am Ufer des Jordan.
Der Verräter überredete sie, Fischer zu sein wie
16 früher und ihre Netze niederzulegen,
mit denen sie Menschen zum Leben fingen.
18 Sage ihnen: ›Hört auf, lasst uns gehen, es ist euer Bruder,
der euch ruft‹. Wenn sie mein Bruder-Sein verachten,
sage ihnen:
20 ›Es ist euer Meister‹.
Wenn sie sich nicht kümmern um mein Meister-Sein,
sage ihnen: ›Es ist

---

griechische von Joh 20,17 nicht primär ein Berührungsverbot.
Der koptische Ausdruck wird in Bibelübersetzungen für solche
griechischen Worte gebraucht, die deutsche Übersetzungen zumeist mit »anhangen« wiedergeben, z. B. Dtn 6,13 (LXX); Jos
23,8; Mk 10,7; Röm 10,9; vgl. z. B. auch die *angehängte* Tafel in Joh
19,19 und Lk 10,11, wo es um den Staub geht, der an den Füßen
klebt: Maria soll nicht an Jesus festhängen, nicht an ihm kleben
bleiben, sondern als Botschafterin zu den anderen gehen.

22 euer Herr‹. Gebrauche jede Geschicklichkeit und alle
   Ratschläge, bis du die Schafe zum Hirten gebracht hast.
24 Wenn du siehst, dass sie nicht mehr weiter wissen, ziehe
   Simon Petrus an (deine) Seite. Sage ihm:
   ›Erinnere dich an das, was ich geäußert habe
26 zwischen mir und dir.
   Erinnere dich, was ich gesagt habe
   zwischen mir und dir auf dem Berg
28 der Oliven: Ich habe etwas zu sagen,
   ich habe niemanden, um es ihm zu sagen‹«.
30 – »Rabbi, mein Meister, ich werde dein Gebot befolgen
   in der Freude meines ganzen Herzens.
32 Ich will meinem Herzen keine Ruhe geben,
   ich will meinen Augen keinen Schlaf geben,
   ich will meinen Füßen keine Ruhe geben,
   bis ich die Schafe nicht in den Pferch gebracht habe.«
34 »Ehre für Marihamme,
   denn sie hat auf ihren Meister gehört,
   [sie] befolgte sein Gebot
   in der Freude ihres ganzen Herzens.«

Deutlich sind die durchgehenden Bezüge auf Joh 20,1–
18, die sowohl Einzelaspekte wie die Tränen Marias
und den »Gärtner« betreffen als auch die insgesamt ge-
schilderte Situation: Maria wird in beiden Texten von
Jesus als Botschafterin und Verkündigerin der Auferstehung zu den anderen geschickt. Die Texte unterscheiden sich vor allem durch ihre formale Gestaltung:
Während in Joh 20 ein erzählender Text vorliegt, besteht der Psalm bis auf den Lobpreis Marias am Ende
ausschließlich aus wörtlicher Rede. Deutlicher als in
Joh 20 werden Unsicherheit, Zweifel und Verloren-Sein
der »verwaisten« Elf herausgestellt. Maria tritt als Hir-
tin auf, die »die Schafe« einsammelt. Dabei ist – im Gegensatz zu einer Reihe der im vorigen Kapitel behan-

delten Texte – keine Konkurrenz zwischen Maria und Petrus impliziert. Maria erhält vielmehr den Auftrag, speziell Petrus auf ihre Seite zu bringen, beide sollen zur Stabilisierung der Gruppe zusammenwirken.

In diesem Psalm, dem noch weitere, kürzere Erwähnungen Marias in den manichäischen Psalmen zur Seite gestellt werden können,[226] zeigt sich eine wesentlich größere Übereinstimmung mit neutestamentlichen Texten als in vielen späteren Maria-Magdalena-Adaptionen. Bemerkenswert ist auch, dass Maria und Petrus nicht gegeneinander ausgespielt werden. Dies ändert sich in anderen nun zu besprechenden Texten deutlich.

Ann Graham Brock verfolgt in ihrer Monographie über Maria Magdalena als erste Apostelin[227] die These, dass das Maria- und das Petrusbild einer Schrift in gegenläufiger Weise miteinander korrespondieren: In solchen Texten, wo Maria Magdalena eine bedeutende Rolle hat, lässt sich gleichzeitig eine eher kritische Einstellung gegenüber Petrus konstatieren; in anderen Texten, die die Figur des Petrus aufwerten, geschieht dies auf Kosten Maria Magdalenas. Besonders instruktive Beispiele für die zweite Tendenz finden sich in einigen Texten der ersten Jahrhunderte, in denen Maria Magdalena entweder durch Petrus oder durch die Mutter Maria ersetzt wird. Eine Ersetzung durch Petrus begegnet in den Philippusakten – sie fällt allerdings erst

---

226 Vgl. dazu u. a. Petersen, Werke, 189–194.252 f.; Peter Nagel, Mariamme – Netzewerferin und Geist der Weisheit (PsB II p. 192,21 und 194,19), in: C. Fluck u. a. (Hrsg.), Divitiae Aegypti. Koptologische und verwandte Studien zu Ehren von Martin Krause, Wiesbaden 1995, 223–228.

227 Vgl. Ann Graham Brock, Mary Magdalene, zum Folgenden bes. 123–142 mit der Überschrift: »The Replacement of Mary Magdalene: A Strategy for Eliminating the Competition«.

dann auf, wenn man verschiedene Handschriften miteinander vergleicht. In einer Passage aus den (griechischen) Philippusakten,[228] wohl im 4. nachchristlichen Jh. entstanden, wird Philippus von Jesus nicht allein in das ihm zugedachte Missionsgebiet geschickt, sondern erhält als Begleitung neben Bartolomäus auch eine Mariamne, die wohl mit Maria Magdalena zu identifizieren sein dürfte, auch wenn sie gleichzeitig als Schwester des Philippus vorgestellt wird. Mariamne wird beauftragt, Philippus zu begleiten, der aufgrund seines jähzornigen Temperamentes nicht allein gelassen werden soll. Sie verwandelt dabei ihre Gestalt und ihr weibliches Aussehen und reist in männlicher Kleidung. Maria spielt in diesem Text eine wichtige Rolle bei den obligatorischen Wundern und Bekehrungen; so wie Philippus die Männer tauft, so tauft sie die Frauen. Die Philippusakten sind auch in übersetzten Versionen (Koptisch, Äthiopisch, Arabisch) erhalten.[229] In diesen Versionen ist es nicht mehr Maria, die mit Philippus wandert und seine anfänglichen Defizite ausgleicht: Vielmehr ist jetzt Petrus der Reisebegleiter. Auch steht nun nicht mehr Maria, sondern Petrus an der Seite Jesu, als dieser die Missionsgebiete verteilt. Maria als missionierende und taufende Apostelin wurde ersetzt.

Ein vergleichbares Phänomen findet sich in mehreren weiteren Texten in Bezug auf Maria Magdalena und Maria, die Mutter Jesu. So enthalten die griechi-

---

228 Textausgabe mit französischer Übersetzung: FRANÇOIS BOVON / BERTRAND BOUVIER / FRÉDÉRIC AMSLER (Hrsg./Übers.), Acta Philippi: Textus, CChr.SA 11, Turnhout 1999. Die ältere Textausgabe in: LIPSIUS / BONNET, (Hrsg.), Acta Apostolorum Apocrypha II,2, Nachdruck Darmstadt 1959, ist nicht mehr aktuell, da inzwischen weitere Handschriften aufgefunden wurden.

229 Zu den verschiedenen Textausgaben vgl. BROCK, Mary Magdalene, 127.

schen Thaddäusakten[230] eine Liste von Zeuginnen und Zeugen der Auferstehung, die von der *Mutter* Maria und den anderen Frauen angeführt wird, anschließend werden auch Petrus, Johannes und die Zwölf erwähnt, Maria Magdalenas Name fehlt jedoch. In einem koptischen Fragment wird die Szene von Joh 20,1–18 als Begegnung zwischen Jesus und seiner Mutter neu erzählt, wobei die Mutter Maria ihn anredet mit: »Rabbi, Lehrer, mein Herr und mein Gott *und mein Sohn*, du bist auferstanden, du bist tatsächlich auferstanden.«[231] Anstelle von Maria Magdalena wie in Joh ist es anschließend die Mutter Maria, die zu den anderen gesandt wird, um ihnen die Auferstehung zu verkündigen. Weitere Beispiele einer solchen Ersetzung finden sich in den unterschiedlichen Bartholomäustexten.[232] In dem koptisch erhaltenen »Buch der Auferstehung Jesu Christi von Bartholomäus dem Apostel« werden die Namen jener Frauen aufgezählt, die am Sonntagmorgen zum Grab Jesu gehen, angeführt wird die Liste wie üblich von Maria Magdalena; von der Mutter Jesu ist zunächst nicht die Rede. In der nächsten Szene folgt jedoch ein Gespräch einer Maria mit einem Gärtner namens Philogenes, der diese Maria als Jungfrau und Mutter Christi anredet.[233] Anschließend erscheint Jesus

---

230 Griechischer Text in: Lipsius/Bonnet (Hrsg.), Acta Apostolorum Apocrypha III, Nachdruck Darmstadt 1959.

231 Der koptische Text (mit englischer Übersetzung) dieses Revillot-Fragments 14 findet sich am leichtesten zugänglich bei Brock, Mary Magdalene, 134f., dort auch weitere Angaben zu den Textausgaben.

232 Nach Felix Scheidweiler/Wilhelm Schneemelcher, Bartholomäusevangelium, in: NTApo 1, 424–440, gehen die im Folgenden behandelten Texte letztlich auf ein Bartholomäusevangelium aus dem 3. oder 4. Jh. zurück.

233 Fol. 6a; koptischer Text bei E. A. Wallis Budge, Coptic Apocrypha in the Dialect of Upper Egypt, London 1913, 11.

und offenbart sich seiner Mutter, die daraufhin die Auferstehungsbotschaft überbringt.[234] Anstelle von Maria aus Magdala ist also die Mutter Jesu die erste Zeugin der Auferstehung. Ihre Rolle wird damit beträchtlich aufgewertet. Maria aus Magdala dagegen tritt (mit Ausnahme der Erwähnung in der Frauenliste am Grab) nicht als Osterzeugin in Erscheinung.

Die Intention dieser Ersetzung Magdalenas geht aus der genannten Passage nicht direkt hervor. Allerdings ist im Kontext der Passage die Gestalt des Petrus deutlich hervorgehoben, der in anderen Fragmenten des »Buches der Auferstehung« göttlichen Segen als »Erzbischof der ganzen Welt« erfährt.[235] Möglicherweise hatte in diesen Texten also die Hochschätzung des Petrus eine Reduzierung der Rolle Magdalenas zur Folge.

Zwei Passagen aus den sog. »Fragen des Bartholomäus«, führen auf eine ähnliche Spur. In den Fragen des Bartholomäus wird von einem Gespräch zwischen den Aposteln und der Mutter Maria erzählt. Die Apostel wollen von Maria die Geheimnisse der Geburt Jesu erfahren. Maria zögert und fordert sie auf, sich zuerst zum Gebet aufzustellen. Der Text fährt fort: »Und die Apostel stellten sich hinter Maria. Da sprach diese zu Petrus: Petrus, oberster der Apostel, stärkste Säule, stehst du hinter mir? Hat nicht unser Herr gesagt: Des Mannes Haupt ist Christus, aber das des Weibes der Mann?[236] Tretet also zum Gebet vor mich!« Die Apostel weigern sich unter Hinweis auf die Bedeutung der Mutterschaft Marias, so dass schließlich doch Maria vor ihnen stehend betet. Gleichzeitig wird aber dennoch die Unterordnung aller Frauen propagiert: Wenn

---

234 Fol. 6b–8b; Budge, Apocrypha, 12–16.
235 Vgl. Brock, Mary Magdalene, 137.
236 Vgl. 1Kor 11,3.

sogar Maria trotz ihrer in dieser Schrift gepriesenen Einzigartigkeit zurücktreten will, so muss dies umso mehr für »normale« Frauen gelten.

Noch in einem weiteren Abschnitt der Schrift wird die freiwillige Unterordnung Marias unter Petrus hervorgehoben. Petrus bittet Maria, Fragen an Jesus zu stellen. Maria formuliert den Vorrang des Petrus: »Du oben behauener Fels, hat nicht auf dir der Herr seine Kirche erbaut? Du bist also der erste zu gehen und ihn zu fragen. ... Du bist das Abbild Adams. Wurde dieser nicht zuerst geschaffen und danach erst Eva? Sieh die Sonne! Sie glänzt nach der Art Adams. Sieh den Mond! Er ist voller Schmutz, weil Eva das Gebot übertrat. ... sie besudelte das Gebot des Herrn, und deshalb wurde der Mond schmutzig, und sein Licht glänzt nicht. Da du also das Abbild Adams bist, ist es an dir zu fragen. In mir aber nahm der Herr Wohnung, damit ich die Würde der Frauen wiederherstelle.«[237]

Das Szenario entspricht dem der »gnostischen« Dialoge: Die Jünger stellen Fragen an den auferstandenen Jesus auf dem Ölberg. Im Gegensatz zu diesen Dialogen, in denen Maria Magdalena als führende Jüngerin in einem Konkurrenzverhältnis zu Petrus steht, sehen wir jetzt aber die freiwillige Unterordnung einer anderen Maria (die gleichzeitig hochgepriesen wird) unter Petrus. Die politischen Implikationen dürften deutlich sein.

---

237 Fragen des Bartholomäus II,7 und IV,3 f.; Übersetzungen nach: SCHEIDWEILER/SCHNEEMELCHER, Bartholomäusevangelium, 429.431.

2. Maria, das Hohelied, Eva und die Apostelin der Apostel

Im eben zitierten Text hatte Eva ihren ersten Auftritt in diesem Buch im Kontext einer frühchristlichen Argumentation über Frauen und Männer. Es wird nicht ihr letzter bleiben, denn auch im direkten Zusammenhang mit Maria Magdalena wird von den Kirchenvätern auf Eva verwiesen. Das mag zunächst überraschen, da in der Eva-Maria-Typologie späterer Zeiten die *Mutter* Maria das positive Gegenbild zur sündigen und todbringenden Eva wurde. Der folgende Text bezieht sich jedoch wiederum in deutlicher Weise auf Joh 20: Anscheinend hat dabei unter anderem die Begegnung Maria Magdalenas mit dem auferstandenen Jesus im *Garten* noch zwei andere Gärten in den Text gebracht: den Paradiesgarten sowie den Garten, in dem die liebende Frau des Hohelieds ihren Geliebten sucht. Der Text stammt von Hippolyt (gest. 235/236) und ist nicht im griechischen Original, sondern nur in späteren Übersetzungen überliefert, die unklare Passagen enthalten und zum Teil deutlich voneinander abweichen. Er findet sich in Hippolyts Kommentar zum Hohelied, was bedeutet, das wir jetzt eine andere Textgattung vor uns haben als in den meisten der bisher behandelten Schriften: Während dort narrative Variationen der (Oster-)Erzählungen dominierten, kommen wir nun in den Bereich der Kommentarliteratur, in dem explizit mit biblischen Gestalten und Geschichten *argumentiert* wird. Dabei liegt ein besonderer Schwerpunkt der Kirchenväterexegese darin, alt- und neutestamentliche Textpassagen zusammen zu lesen. Der Hoheliedkommentar Hippolyts steht in der Tradition der allegorischen Textauslegung des Hohelieds, in der die beiden Liebenden nicht einfach als individuelle Liebende gedeutet werden, sondern z. B. der Geliebte als Allegorie Christi verstanden ist. Die zitierte Passage kommentiert Hld 3,1–4:[238]

»O der seligen Stimme, o der wunderbaren Frauen, vorlängst vorgebildet! Deshalb ruft sie und spricht: ›Des Nachts suchte ich, welchen meine Seele geliebt hat‹ (Hld 3,1). Siehe dies eintreffend (sich erfüllend) an Martha und Maria, welche suchten den gestorbenen Christus, dem Lebendigen nicht glaubend. Denn dieses bedeutet, was sie spricht: ›In der Nacht suchte ich, welchen meine Seele liebte‹ (Hld 3,1). Denn es spricht die Schrift des Evangeliums: Es kamen die ›Frauen‹ in der Nacht suchend in dem Grab, ›und fanden ihn nicht‹. Denn nicht ziemte ihm das Grab als Wohnung, sondern der Himmel: ›Was suchet ihr den Lebendigen bei den Toten‹? … Und als sie ein wenig <von ihnen>[239] weggegangen waren, begegnete ihnen Jesus. Da ward erfüllt, das da gesagt ist: ›Ich fand den, welchen meine Seele liebte‹; <›ich fand ihn‹, ›ich hielt ihn fest und liess ihn nicht los‹> (Hld 3,4). Er aber rief zu ihnen sprechend: ›Maria‹ (Joh 20,16) und Martha! Sie aber hielten ihn an den Füssen (Mt 28,9). … O der seligen Frauen, die an den Füssen <den Herrn> halten (fassen), damit sie in den Aër emporfliegen! Dies riefen Maria und Martha, das gerechte Geheimnis vorlängst durch Salomo ankündigend (offenbarend). ›Ich lasse dich nicht‹ (Hld 3,4) auffahren. ›Ich gehe zu meinem Vater‹ (Joh 20,17). Er hob (trug) empor ein neues Geschlecht, er hob (trug) empor Eva, die schon nicht verführte, sondern den Baum des Lebens fest-

---

238 Ich zitiere im Folgenden Auszüge aus der Übersetzung der altslawischen Fragmente von GOTTLIEB NATHANAEL BONWETSCH, Hippolyt 1; GCS 1, Leipzig 1897, 350–355; in spitzen Klammern Zusätze der armenischen Übersetzung. Beigaben von Bibelstellen habe ich im Text hinzugefügt. Zum Text und der Überlieferungslage vgl. auch TASCHL-ERBER, Maria, 590–593.
239 Gemeint sind die Grabesengel.

halten (fassen) wollende (Gen 3,22). Siehe durch das Festhalten der Füsse, nicht durch Flechten einer Kette, damit er gebunden würde. Lass mich nicht zurück auf der Erde, damit ich nicht verführt werde (irre gehe)! … Führe mich in den Himmel! O der seligen Frau, welche von Christo nicht getrennt werden will! …

Nachdem dies aber geschehen, ruft sie (?) wieder durch die Frauen als gute Zeugen, und die Apostel der Apostel wurden sie, von Christus gesandt. Zu welchen die Engel redeten: ›Gehet hin und saget den Jüngern‹, ›er geht vor euch nach Galiläa.‹ (Mt 28,7) Aber damit sie nicht von einem Engel gesandt keinen Glauben hätten (›fänden‹?), begegnet Christus selbst sendend (Mt 28,9), damit auch Frauen Christi Apostel werden und den Mangel[240] des Ungehorsams der ersten Eva durch den jetzigen zurechtbringenden Gehorsam offenbar machten. O wunderbarer Berater, Eva wird Apostel! … Jetzt wird Eva eine Gehilfin dem Adam (Gen 2,18). O der schönen Gehilfin durch das Evangelium! Daher auch die Frauen Evangelium verkündigen. Ursache aber hiervon, weil die Gewohnheit war der Eva, zu verkündigen Lüge (Irrtum) und nicht Wahrheit. Was dies? Bei uns verkündigen Frauen als Evangelium die Auferstehung. Dann erscheint ihnen Christus <und> spricht: ›Friede sei mit euch!‹ (Joh 20,19). Ich bin den Frauen erschienen und habe sie euch als Apostel gesandt.«

Der Text ist im Einzelnen einigermaßen unübersichtlich. Das liegt nicht nur an der komplizierten textgeschichtlichen Überlieferungslage und dem altmodischen Duktus der Übersetzung, sondern auch daran, dass mehrere Argumentations- und Auslegungsstränge

---

240 Von hier an weichen die Textversionen deutlicher voneinander ab, ich zitiere nach Bonwetschs Übersetzung der kürzeren altslawischen Version.

ineinander verwickelt sind. Um diese Verwicklungen zu sortieren, gebe ich im Folgenden zu den Hauptmotiven des Hippolyt-Textes (Hohelied, Evatypologie und Aposteltitel) jeweils weitere Kirchenvätertexte wieder, in denen die genannten Motive klarer hervortreten. Dies mag auch verdeutlichen, dass der Hippolyt-Kommentar keinen Sonderfall darstellt, sondern Traditionsstränge in ihm verwoben sind, die das Bild Maria Magdalenas in den ersten Jahrhunderten prägen.

Zunächst ein Text zur Verknüpfung von Hohelied und Ostergeschichten: Die Passage stammt von Rufin von Aquileia (gest. 411/12) aus seinem Kommentar zum apostolischen Glaubensbekenntnis. Rufin möchte veranschaulichen, wie im Hohelied die Osterereignisse vorausgesagt werden:

»Aber auch über jene (Frauen), die, wie sie sagen, nach der Auferstehung zum Grab gegangen seien, ihn gesucht und nicht gefunden hätten, wie über Maria, von der berichtet wird, dass sie vor Sonnenaufgang gekommen sei und, da sie ihn nicht fand, weinend zu den anwesenden Engeln gesagt habe: ›Sie haben den Herrn genommen, und ich weiß nicht, wohin sie ihn gelegt haben‹ – auch darüber wird folgendermaßen im Hohelied vorhergesagt: ›Auf meinem Lager suchte ich ihn, den meine Seele liebt; in den Nächten suchte ich ihn und fand ihn nicht‹ (Hld 3,1). Ebenfalls wird über jene, die ihn fanden und seine Füße festhielten, im Hohelied vorhergesagt: ›Ich werde ihn festhalten und ihn nicht gehen lassen, ihn, den meine Seele liebt‹ (Hld 3,4).«[241]

Anknüpfungspunkt ist der Ausspruch Maria Magdalenas aus Joh 20,2.11, in dem sie das Verschwinden des *Kyrios* beklagt; später wird (wie auch bei Hippolyt) zu-

---

241 Expositio symboli 28; Lateinischer Text: CChr.SL 20, 1961, 163 f.

sätzlich noch Mt 28,9 herangezogen, wo es um das
Festhalten der Füße Jesu geht. Marias zunächst vergeb-
liche Suche nach ihrem *Kyrios* fällt zusammen mit der
Suche der Liebenden nach dem Geliebten in Hld 3,1.
Auch die Protagonistin im Hohelied fragt andere:
»Habt ihr ihn gesehen, den meine Seele liebt?« (Hld
3,3). Später, als die beiden sich finden, begegnet mehrfach auch das Garten-Motiv wie in Joh 20: »Ich komme
in meinen Garten«, sagt der Geliebte (5,1); »In seinen
Garten ging mein Geliebter« (8,2), sagt die Geliebte. Sie
möchte ihn festhalten, aber kann es nicht: »Der Geliebte war weg, verschwunden. Mir stockte der Atem:
Er war weg. Ich suchte ihn, ich fand ihn nicht« (5,6). Die
Geliebte möchte ihn festhalten (3,4), wie die beiden Marien in Mt 28,10 Jesu Füße festhalten.[242] Liest man das
Hohelied und die Erscheinungserzählungen der Evangelien nebeneinander, so lassen sich über das direkt bei
Rufin Zitierte hinaus noch weitere Parallelen sehen.
Wer beide Texte kennt, kann beim Lesen selbst die Ver-
knüpfungslinien ausziehen. Das Zusammenlesen beider Texte lässt sich so mit jeweils unterschiedlichen
Schwerpunkten variieren. Manchmal entstehen bei einer solcher Exegese auch Parallelen, die etwas ge-
zwungen wirken: wie im oben zitierten Text Hippolyts, in dem zu Beginn die *nächtliche* Suche zur Textver-
knüpfung herhalten muss, obwohl in den Evangelien
Maria und die anderen Frauen *frühmorgens* am Grab
eintreffen.[243]

---

242 In den griechischen Bibeltexten werden in beiden Fällen Formen
des Verbs *krateo* verwendet, an den entsprechenden Stellen bei
Rufin beide Male Formen des lateinischen Verbs *teneo*.

243 Vgl. Mk 16,2 und die Parallelen. Immerhin ist es – anders als bei
Mk, wo der Sonnenaufgang erwähnt wird – in Joh 20,1 noch
dunkel, als Maria zum Grab kommt.

Rufin kommentiert im zitierten Abschnitt den Satz aus dem Glaubenbekenntnis »am dritten Tage auferstanden von den Toten«. Als Zeugnisse dienen ihm dabei eine ganze Reihe alttestamentlicher Textstellen, in denen nach seiner Auffassung »Propheten, Gesetzeslehrer und Psalmendichter« vorausschauend von der Auferstehung Christi reden. Die neuzeitliche Exegese hat sich von einer solchen Methodik weitgehend verabschiedet, läuft sie doch Gefahr, die Hebräische Bibel einlinig auf Christus hin zu interpretieren und damit gegen das Judentum christlich zu vereinnahmen. In der Kirchenväterexegese ist das Zusammenlesen und geradezu »Überblenden« von alt- und neutestamentlichen Textpassagen und Ereignissen jedoch häufig, so auch im folgenden Text von Chrysologos (gest. um 450), in dem ebenso wie bei Hippolyt Maria Magdalena und Eva kombiniert werden. Der Text bearbeitet das »Problem« – für Chrysologos ist es eines –, dass es ausgerechnet Frauen und nicht Männer waren, denen der Auferstandene zuerst erschien:

»Brüder, die Frau ist die Ursache des Bösen, der Sünde Urheberin, der Weg zum Tod, des Grabes Grund, das Tor zur Hölle, des Wehklagens ganze Notwendigkeit: deswegen werden sie mit Tränen geboren, … und in den Wehklagen sind sie so stark, wie sie in den Kräften als schwach befunden werden: und wie sie für Mühen ungerüstet sind, so sehr sind sie bereit zu Tränen … Es ist also kein Wunder, wenn im Hinblick auf Tränen, auf Bestattung, auf Grab, auf Dienst am Leichnam des Herrn die Frauen hier als leidenschaftlicher erscheinen als die Apostel; wo die Frau als Erste zu den Tränen läuft, welche als Erste zum Fall gelaufen ist; zum Grab vorangeht, welche zum Tod vorangegangen ist; Botin der Auferstehung wird, welche Vermittlerin des Todes gewesen ist; und diejenige, welche dem Mann die Botschaft eines so großen Unterganges dargereicht hatte, reicht den Männern selbst die Kunde vom großen Heil dar, um durch die Botschaft des Glaubens auszugleichen, was sie durch die Kunde des Unglaubens weggenommen hat.«[244]

Chrysologos vermeidet die Nennung der Frauennamen. Damit entindividualisiert er die Geschichte: Nicht mehr nur die sich zum Teil spiegelnden, zum Teil parallelisierten Geschichten von Evas »Fall« und Marias Ostererscheinung und -verkündigung sind Thema, sondern »die Frau« mit ihrer Nähe zu Tränen, Tod und Affekten.[245] Insgesamt werden Mut und größere Loyalität der Frauen in den Grabesgeschichten der Evangelien negiert. Und an Maria als Beispiel wird (einmal mehr) Prinzipielles zum Thema Frauen und Weiblichkeit ausgeführt, es dominieren in diesem Falle geschlechtstypologische Klischees. Der Ton ist bei Chrysologos insgesamt misogyner als bei Hippolyt, der sich mitfreut, wenn Eva »Apostel« wird, und quasi gemeinsam mit ihr und Maria an Christus festhalten und in den Himmel emporsteigen möchte. An anderer Stelle zieht Chrysologos dann auch die Konsequenz aus seiner Haltung den Frauen gegenüber, wenn er ihnen das Reden gänzlich verbieten will. Er muss dazu einen Trick bei der Auslegung der Ostergeschichten an-

---

244 Chrysologos, Sermo 79 (PL 52,423a–b); Übers.: TASCHL-ERBER, Maria, 598f.; vgl. zum Thema auch: ANDREA TASCHL-ERBER, »Eva wird Apostel!« Rezeptionlinien des Osterapostolats Marias von Magdala in der lateinischen Patristik, in: I. Fischer / Ch. Heil (Hrsg.), Geschlechterverhältnisse und Macht. Lebensformen in der Zeit des frühen Christentums, exuz 21, Berlin u. a. 2010, 161–196.

245 Zur problematischen christlichen Auslegungsgeschichte von Evas »Fall« vgl. auch HELEN SCHÜNGEL-STRAUMANN, Die Frau am Anfang – Eva und die Folgen, Freiburg 1989; Münster ³1999.

wenden: Zunächst beginnt er nicht bei der Verkündigung Marias in Joh 20,18, sondern beim Schweigen der Frauen in Mk 16,8: »Und sie sagten niemandem etwas«,

»weil es den Frauen geboten ist zu hören, nicht zu reden, zu lernen, nicht zu lehren, wie der Apostel sagt: Die Frauen sollen in der Kirche schweigen. Schließlich geht später dieselbe Maria und verkündigt, aber nunmehr nicht als Frau, sondern als Kirche (*Ecclesiam*), sodass sie dort wie eine Frau schweigt, hier wie die Kirche verkündigt und redet.«[246]

Durch Zitation von 1Kor 14,34 wird das Schweigen der Frauen in Mk 16,8 erklärt und, anders als im Markustext, geradezu gerechtfertigt. Wenn Maria Magdalena später dennoch verkündigt, so tut sie dies gerade nicht als Frau, sondern wird als »Kirche« allegorisiert. Der willkürliche Wechsel zwischen historischer und allegorischer Auslegung von Bibelversen dient in diesem Fall offensichtlich dazu, weibliche Ansprüche auf Verkündigungstätigkeit abzuweisen. Solange die Frauen schweigen, handeln sie nach Ansicht des Chrysologos frauenadäquat. Maria Magdalenas Verkündigungstätigkeit zählt demgegenüber nicht, da sie nur auf einer allegorischen Ebene zu verstehen ist: Die Kirche soll verkündigen, aber nicht die Frauen.[247]

---

246 Chrysologos, Sermo 82 (PL 52, 432b); Übers.: Taschl-Erber, Maria, 601 f.

247 Im Hintergrund zeichnet sich noch ein weiteres Problem solcherart allegorisierender Auslegung ab, in der Formulierung Anne Jensens: »Ob Maria von Nazaret oder Maria von Magdala: mit der Ekklesia-Typologie sind die Weichen für die Identifikation des Männlichen mit Christus und des Weiblichen mit der Kirche und somit – in Verbindung mit der Brautmetapher – der Unterordnung des Weiblichen unter das Männliche gestellt.« Anne Jensen, Maria von Magdala – Traditionen der frü-

Die Stimme des Chrysologos, die sich durch die anderer Kirchenväter ergänzen ließe, repräsentiert jedoch nur einen Strang der Rezeptionsgeschichte. Andere Kirchenväter gestehen Maria und den Frauen durchaus eine konkrete Verkündigungstätigkeit zu und bezeichnen sie sogar als Apostelinnen. Das älteste erhaltene Beispiel hierfür bietet der oben zitierte Text aus Hippolyts Kommentar zum Hohelied, in dem Eva, Maria und die Frauen explizit »Apostel« genannt werden.[248] Für die Verwendung dieses Titels gibt es noch eine Reihe weiterer Beispiele. So schreibt Hieronymus (gest. 420, bekannt vor allem durch seine lateinische Bibelübersetzung) am Ende der Vorrede eines Kommentars zum Prophetenbuch Zefanja:

»Mir genüge ..., soviel am Ende des Prologs gesagt zu haben, dass der Herr, als er auferstand, zuerst Frauen erschienen ist und jene Apostolinnen der Apostel gewesen sind (*apostolorum illas fuisse apostolas*), damit die Männer schamrot werden, nicht zu suchen, den das hinfälligere Geschlecht schon gefunden hatte.«[249]

Die Frauen sind zwar das »hinfälligere Geschlecht« (*fragilior sexus*), aber – oder gerade – als solches den Männern bei der Auferstehung vorgeordnet. Hierony-

---

hen Christenheit, in: D. Bader (Hrsg.), Maria Magdalena – Zu einem Bild der Frau in der christlichen Verkündigung, München/Zürich 1990, 33–50; 40.

248 Aufgrund meiner fehlenden Kenntnisse im Altslawischen kann ich leider nicht beurteilen, ob die Verwendung der maskulinen Form auf die deutsche Übersetzung oder den übersetzten altslawischen Text zurückgeht.

249 Hieronymus, Comm. in Sophoniam Prophetam, prologus (Lateinischer Text: CChr.SL 76A,655,24–28); Übers.: Taschl-Erber, Eva, 167.

mus rechtfertigt sich in der Vorrede zu seinem Kommentar dafür, dass er diesen – wie schon vorhergehende Kommentare – ausgerechnet an zwei Frauen (seine Freundinnen und Sponsorinnen Paula und Eustochium) richtet, und er tut dies, indem er eine große Anzahl bedeutender Frauen aufzählt, die den Männern in nichts nachstanden oder sie sogar übertroffen haben: Debora, Judith und Esther, Anna, Elisabeth und Maria sowie aus dem griechisch-römischen Umfeld u. a. Aspasia, Sappho und Cornelia, die Mutter der Gracchen. Die Frauen als erste Auferstehungszeuginnen bilden sozusagen den krönenden Abschluss dieser Reihe; sie wirken als Vorbild für die Männer im Allgemeinen – oder auch im Gegenüber zu Petrus. Letzteres ist der Fall in einer griechischen Rede über die »salböltragenden Frauen«, die von Gregor von Antiochien (gest. 593) stammt:

»Petrus, der mich verleugnet hat, soll lernen, dass ich auch Frauen zu Aposteln (*apostolous*) einsetzen kann.«[250]

In späterer Zeit begegnet der Aposteltitel nicht mehr im Plural für die Frauengruppe, sondern im Singular, allein auf Maria Magdalena bezogen. So schreibt etwa Abaelard (gest. 1142) über Maria:

»Apostolin der Apostel (*apostolorum apostola*) aber ist sie genannt worden, das heißt Gesandte der Gesandten: weil der Herr sie als Erste zu den Aposteln sandte, damit sie ihnen die Freude der Auferstehung verkündige.«[251]

---

250 Gregor von Antiochien, Oratio in mulieres unguentiferas (PG 88,1864b); vgl. TASCHL-ERBER, Maria, 604.
251 Petrus Abaelardus, Sermo 13: In die Paschae (PL 178, 485b); Übers.: TASCHL-ERBER, Maria, 623.

Bei mittelalterlichen Autoren findet sich der Titel *apostola apostolorum* häufiger, so bei Petrus Damiani (gest. 1072), Hugo I. von Cluny (gest. 1109), Marbod von Rennes (gest. 1123) und anderen.[252] Verschiedene mittelalterliche Lebensbeschreibungen Maria Magdalenas geben ihr den Aposteltitel, so etwa die Hrabanus Maurus zugeschriebene lateinische Magdalenenvita[253] und die ostkirchliche Magdalenenvita des Nikephorus Kallistos Xanthopoulos (gest. um 1335).[254] Auch bildliche Darstellungen Maria Magdalenas zeigen sie als Verkündigerin der Auferstehung im Gegenüber zur Jüngergruppe. Ein bekanntes Beispiel einer solchen Szene findet sich in der Illustration eines Psalters aus der englischen Abtei St. Albans aus dem 12. Jh.: Maria predigt mit Heiligenschein und erhobenem Zeigefinger auf Augenhöhe mit Petrus und der Jüngergruppe.

Wer Ideen vom »finsteren Mittelalter« und der »fortschrittlichen Neuzeit« im Kopf hat – die ja oft sprichwörtlich kolportiert werden –, sollte diese auch im Hinblick auf die Maria-Magdalena-Traditionen noch einmal überdenken. Der Aposteltitel wird für Maria von antiken wie mittelalterlichen kirchlichen Schriftstellern mit einer gewissen Selbstverständlichkeit verwendet. Gleiches zeigt sich auch bei dem Aposteltitel für die im Neuen Testament so bezeichnete und von Paulus gegrüßte Junia (Röm 16,7), der sich bei den Kir-

---

252 Vgl. die Belege bei Taschl-Erber, Maria, 624 f.

253 PL 112,1431–1508, mit einem Titel, der die Identifikation Maria Magdalenas und Marias von Bethanien zeigt: De vita beatae Mariae Magdalenae et sororis ejus sanctae Marthae; vgl. Taschl-Erber, Maria, 630–633.

254 Vgl. Jensen, Maria, 46 f.; Taschl-Erber, Maria, 629 f.; Eva Maria Synek, Heilige Frauen der frühen Christenheit. Zu den Frauenbildern in hagiographischen Texten des christlichen Ostens, Das östliche Christentum NF 43, Würzburg 1994, 41.55–60.

Abb. 14: Albani-Psalter, 1. Hälfte 12. Jh.

chenvätern häufiger findet und bis in mittelalterliche Handschriften erhalten hat.[255] Erst in späteren Zeiten wurde aus der Apostelin Junia ein Apostel Junias – eine Geschlechtsumwandlung, die in neuester Zeit in textkritischen Bibelausgaben und Übersetzungen wieder rückgängig gemacht worden ist.

Zudem ist festzuhalten, dass die bislang in diesem Kapitel zitierten Texte mit einer gewissen Selbstver-

---

255 Vgl. dazu BROOTEN, Junia.

ständlichkeit von einer Ersterscheinung vor Maria (und den Frauen) ausgehen. Selbst wenn, wie bei Chrysologos, negative Klischees über Frauen überwiegen und die Ersterscheinung vor ihnen deshalb extra erklärt werden muss, wird sie dennoch als solche nicht angezweifelt oder weginterpretiert. Ein ganz anderes Bild zeigte sich in neuzeitlichen Exegesen,[256] gelten dort doch die Evangelienberichte unter Verweis auf den historisch ältesten Text 1Kor 15,3–7 weithin als sekundäre und spätere Legenden. In der impliziten (und in manchen Texten auch expliziten) Konkurrenzsituation um die Ersterscheinung zwischen Maria und Petrus gibt es also in den älteren kirchlichen Texten, beginnend mit dem sekundären Markusschluss, eine eindeutige Bevorzugung Marias im Gegenüber zu Petrus. Gleichzeitig setzt jedoch schon in der späteren Antike eine Vermischung und Identifikation verschiedener neutestamentlicher Marien- und Frauengestalten ein, die Maria Magdalena auf längere Sicht deutlich geschadet hat. Interessanterweise läuft die Darstellung Marias als Apostelin und Verkünderin der Osterbotschaft über eine lange Zeit hinweg parallel mit diesem neuen Aspekt der Verschmelzung. In der Neuzeit jedoch hat die (westkirchliche) Identifikation der Frauengestalten die Verkündigerin der Osterbotschaft in den Hintergrund treten lassen.

---

256   Vgl. oben B. 1.5.

2. Sünderin und Büsserin.
Die Gebeine Maria Magdalenas

Vielfach läuft auch heute noch die erste Assoziation beim Namen »Maria Magdalena« auf die Sünderin, Prostituierte und Büßerin hin. Vom neutestamentlichen Textbefund her ist diese Assoziation erst einmal nicht gedeckt. Sie basiert, wie schon oben in der Einleitung erwähnt, auf der Identifikation unterschiedlicher neutestamentlicher Frauengestalten, von denen zwei Maria heißen, während eine im Neuen Testament namenlos bleibt. Die zweite Maria ist Maria von Bethanien, die Schwester der Martha und des Lazarus, von der im Johannesevangelium erzählt wird, sie habe Jesu Füße gesalbt (Joh 12,1–8; vgl. zu dieser Maria auch Lk 10,38–42 und Joh 11,1–45). Die dritte, namenlose Frau ist die »Sünderin« aus Lk 7,36–50, von der dort ebenfalls eine Salbung der Füße Jesu berichtet ist. Die lukanische Salbungsgeschichte steht zudem direkt vor der ersten Erwähnung der »echten« Maria aus Magdala in Lk 8,1–3, wo dieser von Jesus »sieben Dämonen« ausgetrieben werden. Wieder aufgenommen wird die Dämonengeschichte auch im sekundären Markusschluss (Mk 16,9). Die reuige Sünderin zu Jesu Füßen (nach Joh 12,3 namens Maria) und die dämonische Besessenheit Maria Magdalenas eigneten sich gut für eine Verknüpfung der drei Gestalten.[257] Explizit wird diese »Einheits-

---

[257] Gelegentlich (allerdings nicht durchgehend) gibt es auch vor Gregor Identifikationen, zum Teil nur von zwei der genannten Frauen, vgl. Urban Holzmeister, Die Magdalenenfrage in der kirchlichen Überlieferung, in: ZKTh 46, 1922, 402–422.556–584. – Dazu gibt es Interpretations- und Datierungsprobleme: Wenn, wie im oben zitierten Hoheliedkommentar des Hippolyt, Maria Magdalena und Martha gemeinsam genannt werden, ist dann die Identifikation der beiden Marien tatsächlich schon vollzo-

Maria« in den Evangelienhomilien Gregors des Großen (gest. 604) propagiert:

»Von dieser aber, welche Lukas eine sündige Frau, Johannes
Maria nennt, glauben wir, dass sie jene Maria ist, aus der,
wie Markus bezeugt, sieben Dämonen ausgetrieben worden
waren. Und was (bedeuten) die sieben Dämonen, wenn nicht
sämtliche Laster bezeichnet werden? Da nämlich durch die
sieben Tage die ganze Zeit zusammengefasst wird, wird
durch die Siebenzahl mit Recht die Gesamtheit abgebildet.
Sieben Dämonen also hatte Maria, welche voll von sämtli-
chen Lastern war.«[258]

Gregor I., genannt der Große, hatte als Papst, Kloster-
gründer, Kirchenlehrer, Prediger, Briefschreiber und
vieles mehr großen Einfluss auf die Gestaltung von
Christentum, christlichem Leben und Liturgie in seiner
Zeit und in den folgenden Jahrhunderten. Neben der
Einheitsgestalt transportiert Gregor in seinen Homilien
auch andere uns schon bekannte Aspekte des Magdalenenbildes. So taucht auch bei ihm die Eva-Magda-
lena-Typologie wieder auf, nun aber in einer Form, die
die Heilsgeschichte auch individuell in Magdalena repräsentiert sieht: In ihrer Person wird die Verwandlung von der ehemaligen Sünderin zur Zeugin der Auferstehung vollzogen. Um diesen Wandlungsprozess zu
illustrieren, kann die sündige Vergangenheit Marias
etwa bei der Auslegung der Salbungsgeschichte ausgemalt werden:

---

gen? Und stand »Martha« schon in der griechischen Version
oder handelt es sich erst um eine Erweiterung in den späteren
übersetzten Versionen aufgrund der inzwischen vollzogenen
Identifikation?

258 Gregor, In evang. 33,1 (zu Lk 7,36–50); (CChr.SL 141,288,7–13);
Übers.: Taschl-Erber, Maria, 610.

»Was sie also schändlich für sich verwendet hatte, das brachte sie jetzt löblich Gott dar. Mit den Augen hatte sie Irdisches begehrt, aber jetzt weinte sie aus Reue, sich diese zerreibend. Die Haare hatte sie zur Zierde des Antlitzes verwendet, aber jetzt trocknete sie mit den Haaren die Tränen. Mit dem Mund hatte sie Hochfahrendes geredet, aber (jetzt) heftete sie diesen, die Füße des Herren küssend auf die Spuren ihres Erlösers. Wie viele Ergötzungen sie bei sich hatte, so viele Opfer fand sie bei sich. Sie kehrte die Zahl der Vergehen in die von Tugenden um, dass alles Gott in Reue diene, was von ihr Gott in Schuld verachtet hatte.«[259]

So problematisch diese Um-Drehung des Magdalenenbildes ist, so ist doch zu betonen, dass es Gregor nicht darum geht, die individuelle Person Maria abzuwerten. Sie wird vielmehr ein Vorbild, ein Prototyp des sündigen und umkehrwilligen Menschen: »Gregor hat kein Interesse an Maria Magdalena als Person (insofern ist er nur indirekt der Urheber ihrer Biographie und des späteren negativen Magdalenen-Bildes!), sondern an ihrer Bedeutung als Bindeglied zwischen biblischem Vorbild und kirchlicher Wirklichkeit. Dennoch schuf er mit dieser Kunstfigur eine Gestalt, die allmählich ihre eigene Anziehungskraft entwickelte.«[260]

Die Funktion Marias als Vorbild und Prototyp des zunächst sündigen, dann aber bereuenden Menschen, der von Gott angenommen wird, lässt sich auch seelsorgerlich einsetzen. Dies tut Gregor in einem Brief an Gregoria, in dem noch einmal diverse Aspekte des neu-alten Magdalenenbildes kombiniert werden:

---

259 Gregor, In evang. 33,2 (CChr.SL 141,289,27–35); Übers.: Taschl-Erber, Maria, 610.
260 Maisch, Maria Magdalena, 54.

»Das ersehnte Schreiben eurer Liebenswürdigkeit habe ich erhalten, in welchem ihr danach strebtet, Euch ganz und gar wegen der großen Zahl eurer Sünden anzuklagen. Aber ich weiß, dass ihr den allmächtigen Gott glühend liebt, und vertraue auf seine Barmherzigkeit, dass jenes Urteil über euch aus dem Munde der Wahrheit hervorgeht, welches über eine gewisse heilige Frau gesprochen worden ist: ›Vergeben sind ihr die vielen Sünden, weil sie viel geliebt hat‹ (Lk 7,47). Auf welche Weise sie aber vergeben worden sind, zeigte sich auch in dem, was bald darauf folgte: weil sie zu Füßen von jenem saß, das Wort aus dem Mund von jenem hörte (Lk 10,39). Am kontemplativen Leben nämlich hängend, hatte sie das aktive bereits transzendiert, welches Marta, die Schwester von jener, noch festhielt (Lk 10,40–42). Sie suchte auch eifrig wieder den begrabenen Herrn, und als sie sich zum Grab beugte, fand sie den Leichnam von jenem nicht (Joh 20,1 f.11 f.). Aber sogar als die Jünger zurückgingen, blieb sie selbst vor dem Eingang des Grabes weinend stehen und machte sich würdig, denjenigen als Lebenden zu sehen, welchen sie als Toten beweinte, und verkündigte den Jüngern, dass er auferstanden war (Joh 20,11–18). Und dies geschah durch die wunderbare Verteilung der Güte Gottes, dass aus dem Mund einer Frau das Leben verkündet wurde, da aus dem Mund einer Frau im Paradies der Tod zu trinken gegeben worden war (Gen 2 f.). Diese sah auch zu anderer Zeit mit der anderen Maria nach der Auferstehung den Herrn und umfasste herzutretend seine Füße (Mt 28,9). Führe dir bitte vor Augen, welche Hände wessen Füße umfassten. Jene Frau, welche in der Stadt eine Sünderin gewesen war (Lk 7,37), jene Hände, welche von Unrecht beschmutzt gewesen waren, berührten die Füße von jenem, der zur Rechten des Vaters über dem Scheitel der Engel sitzt. Erwägen wir, wenn wir können, wie groß dieses Herz der himmlischen Güte ist, dass die Frau, die in der Tiefe des Abgrundes versunken gewesen war durch die Schuld, vom Flügel der Liebe so in die Höhe gehoben wurde durch die Gnade.«[261]

Maria Magdalena ist gerade als ehemalige Sünderin ein Beispiel für die Größe der Gnade Gottes. Nach den Gesetzen kontrastierender Argumentation und Nacherzählung lässt sich die Größe der Gnade durch die Größe der vorhergehenden Sünde steigern: Je mehr Letztere ausgemalt ist, desto strahlender leuchtet die Gnade. Seelsorgerlich ist eine solche Rhetorik nachzuvollziehen, problematisch bleibt aber – und dies wird vor allem in neuerer feministischer Perspektive betont –, dass gerade eine Frau das typische Vorbild des sündigen und umkehrenden Menschen darstellt, wären doch auch zahlreiche biblische Männergestalten für eine solche Rolle denkbar, nicht zuletzt Petrus. Dieser jedoch wurde in der kollektiven Erinnerung zum »Fels der Kirche« und »ersten Papst«, während Maria zunehmend von der Jüngerin und Auferstehungszeugin zur reuigen Sünderin und großen Büßerin mutierte.

In der mittelalterlichen Ausgestaltung des Magdalenenbildes spielen die Vorgaben Gregors eine große Rolle; betont wurde – der mittelalterlichen Theologie und Frömmigkeit entsprechend – vor allem die Rolle Marias als Büßerin. Es geht also nicht nur um Sünde und Umkehr, sondern um intensive Reue und Buße über einen längeren Zeitraum hinweg. Die Zeit Magdalenas als einsamer Büßerin wird dabei eigenartigerweise in einen späteren Abschnitt ihres Lebens verlegt, nämlich in die Zeit *nach* den im Neuen Testament berichteten Ereignissen. Eigenartig ist dies deshalb, weil – selbst wenn man die Einheitsgestalt annimmt – die

---

261 Gregor, Ep. 7,22 (CChr.SL 140,472,2–-473,26); Übersetzung: Taschl-Erber, Maria, 611 f.; die Bibelstellen sind von mir im Text hinzugefügt.

Abb. 15: Meister der Magdalena, Maria Magdalena
mit acht Szenen aus ihrem Leben, um 1270/80;
Schriftrolle als Zeichen ihrer Verkündigungstätigkeit.
Text: »Verzweifelt nicht, die ihr zu sündigen pflegt,
und nach meinem Beispiel versöhnt euch mit Gott«

Umkehr dieser prototypischen Magdalena ja eigentlich
zwar nach der Salbung, aber vor den Osterereignissen
stattgefunden haben müsste. Die Erweiterung der Biographie Magdalenas um ein nachösterliches Kapitel
bringt sie gleichzeitig auch nach Südfrankreich, wo
zwei Orte bis heute reklamieren, ihre Gebeine aufzu-
bewahren.

Die mittelalterlichen Legendenbildungen sind am
übersichtlichsten greifbar in der sog. *Legenda aurea* des
Dominikaners Jakobus de Voragine aus dem 13. Jh.,[262]

262   In deutscher Übersetzung zugänglich bei: Richard Benz, Die
      Legenda aurea des Jacobus de Voragine. Aus dem Lateinischen
      übersetzt von Richard Benz, Heidelberg ⁹1979; vgl. auch Bar-

in der dieser zahlreiche Heiligenviten zusammengestellt hat, folgend der Anordnung des Kirchenjahres. Die *Legenda aurea* hat ihrerseits wieder einen großen Einfluss auf die weitere Rezeptionsgeschichte ausgeübt, so etwa auf Volksdichtungen und Bilderzyklen, erhalten sind von ihr mehr als 1.000 mittelalterliche Handschriften.

Die Sammlung der *Legenda aurea* enthält eine längere »Biographie« Maria Magdalenas,[263] vorausgesetzt ist die Einheitsgestalt Gregors. In einer Art theologischer Vorrede wird zunächst ihre Buße betont, anschließend beginnt die eigentliche Biographie mit deutlichen Eintragungen aus den gesellschaftlichen Verhältnissen des Mittelalters:

»Maria Magdalena ist mit Beinamen genannt von der Burg Magdalum. Sie war von gar edler Geburt, denn sie stammte aus königlichem Geschlecht; ihr Vater hieß Syrus und ihre Mutter Eucharia. Mit ihrem Bruder Lazarus und ihrer Schwester Martha besaß sie die Burg Magdalum, die zwei Meilen ist von dem See Genezareth, und das Dorf Bethanien, welches nahe bei Jerusalem ist, und auch einen großen Teil der Stadt Jerusalem. … Da nun Maria sich ganz der leiblichen Wollust gab, Lazarus aber der Ritterschaft, so nahm Martha sich des Gutes ihrer Geschwister an und regierte es mit großer Weisheit, und sorgte für ihre Krieger und Knechte und für die Armen. Nach der Himmelfahrt des Herrn aber verkauften sie es alles und legten den Erlös zu der Apostel Füßen nieder. Da nun Magdalena überflüssig reich war, und die Wollust allezeit eine Gesellin ist des Reichtums, sah sie ihre Schönheit

---

BARA LEICHT, Von Galiläa nach Frankreich. Die *legenda aurea*, in: Welt und Umwelt der Bibel: »Maria Magdalena« 2/2008, 54 f.

263 Vgl. »Von Sankt Maria Magdalena«, ebd., 470–482; daraus die folgenden Zitate.

und ihren Reichtum an und gab sich gänzlich den leiblichen Wollüsten, also dass sie ihres eigenen Namens verlor und allein die Sünderin wurde genannt.«[264]

Burg, Ritterschaft, Krieger und Knechte vermitteln ein mittelalterliches Kolorit. Maria ist zwar einerseits adlig und reich, andererseits wird der Reichtum jedoch auch als Gefahr gesehen – diese Spannung ist letztlich dadurch aufgelöst, dass die drei Geschwister am Ende alles verkaufen und zu »den Füßen der Apostel« niederlegen – und damit ein in der lukanischen Apostelgeschichte formuliertes frühchristliches Ideal erfüllen (vgl. Apg 4,32–37).

Der letzte Satz des Textes erklärt, warum der Name Maria Magdalena in der lukanischen Version der Salbungsgeschichte (Lk 7,36–50) fehlt: Maria ist so sehr »typische« Sünderin geworden, dass auf ihren Namen verzichtet werden kann. Die »Sünden« sind dabei nicht wie noch bei Lk unspezifiziert, sondern in einer Engführung als »leibliche Wolllüste« konkretisiert.

Im Anschluss an den gerade zitierten Text folgt eine Nacherzählung der lukanischen Version der Salbungsgeschichte. Die Identität der Salbenden mit Maria Magdalena wird bestätigt, Jesu Liebe zu ihr betont. Im weiteren Text sind einerseits die sieben Dämonen aus Lk 8,1–3 aufgenommen, andererseits noch weitere neutestamentliche Frauengeschichten im Schnelldurchgang aufgezählt:

»Magdalena war auch das Weib, das die Füße des Herrn mit ihren Tränen wusch, mit ihren Haaren trocknete und mit Salbe salbte; die in der Zeit der Gnade als erste Buße tat; die

---

264 BENZ, Legenda aurea, 471 f.

das beste Teil erwählte; die zu den Füßen des Herrn sein Wort hörte, sein Haupt salbte; die neben dem Kreuze stund beim Tode des Herrn; die da Salbe bereitete, seinen Leichnam zu salben; die sich nicht von der Gnade kehrte, da die Jünger davon gingen; der Christus bei seiner Auferstehung zuerst erschien; und die er machte zur Apostelin der Apostel.«[265]

Neben der Fußsalbung geht es auch um die Schwestern-Geschichte von Maria und Martha aus Lk 10,38–42 sowie um die Kopfsalbung aus Mk 14,3–9/Mt 26,6–13. Im zweiten Teil des zitierten Abschnitts erfolgt eine Zusammenstellung der »echten« Maria-Magdalena-Geschichten von der Kreuzigung über die beabsichtigte Totensalbung bis zur Erscheinung des Auferstandenen, und es begegnet uns der schon bekannte Titel »Apostelin der Apostel« wieder. So weit bewegt sich die Magdalenenbiographie der *Legenda aurea* also in einem Rahmen, der auf der Basis der bislang betrachteten Quellen erwartbar war. Allerdings: Dieser Abschnitt der Geschichte Magdalenas füllt weniger als ein Viertel des Textes, was bedeutet: Die entscheidende Legende folgt erst noch, sie wird ausführlich erzählt, während Kreuzigung und Auferstehung nicht einmal einen ganzen Satz füllen. Die folgende Geschichte nimmt sich einer Leerstelle der bisherigen Texte an, sie beantwortet nämlich jene Frage, die bisher unbeantwortet blieb: Wie ging es nach Ostern mit Maria Magdalena weiter?

Die in der *Legenda aurea* erzählte Fortsetzungsgeschichte bringt Maria, ihre Geschwister und einige weitere Personen auf ein steuerloses Schiff, worauf sie die »Ungläubigen« setzen, »aufdaß sie allesamt untergin-

---

265 BENZ, Legenda aurea, 472 f.

Abb. 16: Giotto di Bondone, Die Reise nach Marseille, um 1320

gen«. Das Schiff wird ins Meer hinausgestoßen, kommt aber durch Gottes Fügung unbeschadet wieder an Land an, und zwar in »Massilien«, d.h. bei der südfranzösischen Stadt Marseille. Maria Magdalena beginnt dort der heidnischen Bevölkerung sowie dem Landesfürsten und seiner Frau zu predigen. Durch Marias Fürbitte bei Gott wird die Fürstin schwanger. Der Fürst möchte sich bei »Sankt Peter« in Rom von der Wahrheit der Lehre Marias überzeugen und schifft sich zusammen mit seiner schwangeren Frau ein. Sturm und Unwetter provozieren die Geburt des Kindes, bei der die Frau stirbt, das Kind aber am Leben bleibt. Die Schiffsbesatzung fordert die Entsorgung des Leichnams, um das Unwetter zu beruhigen. Der Fürst erreicht jedoch die Aussetzung des Leichnams mitsamt Kind auf einem Felsen im Meer. Die beiden zurücklassend ruft er Maria Magdalena an, er beschwert sich bei ihr über das Geschehene, will aber dennoch weiterhin ihrem Gott vertrauen.

Der Fürst fährt anschließend weiter zu Petrus, verbringt zwei Jahre mit ihm und wird im Glauben unterwiesen. Petrus nimmt ihn auch mit nach Jerusalem und zeigt ihm alle Orte der christlichen Geschichte. Auf der Rückfahrt kommt der Fürst wieder zum Felsen und findet das Kind am Leben. Die Mutter wacht auf seine Ansprache hin auf, und es stellt sich heraus, dass sie, geführt durch Maria Magdalena, die Pilgerreise geistig mitvollzogen hat und alle Orte genau kennt. Fröhlich fahren sie zurück, gehen in die Stadt und finden dort Maria Magdalena predigend vor. Sie werden durch »Sankt Maximinus«, einen der ursprünglichen Mitreisenden Magdalenas, getauft, zerstören die Heidentempel und bauen Kirchen. Zum Bischof der Stadt Marseille wird Lazarus gewählt, Maximinus zum Bischof der nahegelegenen Stadt Aix. Maria jedoch zieht sich als Einsiedlerin zurück:

»Maria Magdalena aber begehrte nach himmlischer Beschauung; und ging in die rauheste Wildnis. Da wohnte sie unerkannt dreißig Jahre an einer Statt, die ihr von Engelshänden war bereitet. An der Statt waren nicht Wasserbrunnen noch Freude an Bäumen und Gras; daraus sollte erkannt werden, daß unser Herr sie nicht mit irdischer Nahrung wollte sättigen, sondern allein mit himmlischer Speise. An jeglichem Tag ward sie zu den sieben Gebetsstunden von Engeln auf in die Lüfte geführt, und hörte mit leiblichen Ohren den Gesang der himmlischen Heerscharen. So ward sie alle Tage mit dieser süßen Kost gespeiset und darnach von den Engeln wieder an ihre Stätte zurückgebracht, also daß sie keiner irdischen Nahrung bedurfte.«[266]

---

266 BENZ, Legenda aurea, 477f.

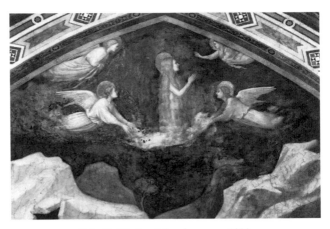

Abb. 17: Giotto di Bondone, um 1320,
Die Himmelfahrt der Maria Magdalena; auch unter dem Titel:
Maria Magdalena spricht mit den Engeln

Als Maria Magdalena ihren Tod nahen fühlt, geht sie zum Bischof Maximinus, um von ihm die Eucharistie zu empfangen. Sie stirbt, und die Kirche erfüllt sich mit süßem Duft. Ihr Leichnam wird vom Bischof bestattet, der selbst neben ihr begraben werden möchte.

Der letzte Abschnitt der *Legenda aurea* beschäftigt sich mit dem weiteren Verbleib der Gebeine Maria Magdalenas. Die Geschichte setzt zur Zeit Karls der Großen wieder ein und berichtet zunächst von einem frommen Herzog, der im französischen Vézelay ein Kloster gründet und einen Mönch beauftragt, die Gebeine Magdalenas aus Aix zu holen. Dieser findet sie auch und bringt sie nach Vézelay. Angefügt sind kurze Berichte, die von Wundern und Bekehrungen erzählen, die durch Magdalena, insbesondere durch ihre Anrufung und die Nähe ihrer Gebeine, bewirkt werden.

Die in der *Legenda aurea* erzählte Geschichte liegt zahlreichen bildlichen Darstellungen zugrunde. So gibt

es etwa auf dem Magdalenenaltar des Lukas Moser
eine bildliche Umsetzung der Erzählung: Im oberen
Teil, dem Tympanon, ist die Salbung der Füße Jesu dargestellt, Marias Schwester Martha bedient gleichzeitig
die Anwesenden. Der linke Seitenflügel zeigt Maria
und ihre Mitreisenden auf einem steuer- und ruderlo-
sen Schiff auf dem Weg nach Frankreich. Auf dem
Mittelteil sehen wir die Übernachtung in einem »Heidentempel«, während Maria gleichzeitig im oberen
Stockwerk dem Fürstenpaar im Traum erscheint. Der
rechte Seitenflügel zeigt, wie Maria nach der Zeit ihrer
Buße die Eucharistie vom Bischof Maximinus emp-

Abb. 18: Magdalenen-Altar des Lukas Moser; 1431/32

231

fängt. Keine einzige der Abbildungen stellt eine Szene aus dem Leben der neutestamentlichen Maria aus Magdala dar. Die Salbungsszene beruht auf der späteren Identifikation unterschiedlicher Frauengestalten, die anderen Episoden stammen aus dem südfranzösischen Legendenkreis.

Die Magdalenendarstellung der *Legenda aurea* zeigt eine interessante Widersprüchlichkeit in der Darstellung Magdalenas: Einerseits wird sie als predigende und »die Heiden« bekehrende Missionarin dargestellt und als eine besondere Heilige »erhöht«, von Engeln in die Lüfte geführt und mit himmlischer Speise ernährt. Andererseits bedarf sie funktional immer der Absicherung durch die männliche Kirchenhierarchie: Der Fürst vergewissert sich bei Petrus in Rom über die Wahrheit ihrer Lehre, nach der Rückkehr des Fürstenpaares wird dieses vom Bischof Maximinus und nicht von Magdalena getauft,[267] und am Ende ihres Lebens erhält Maria die Eucharistie aus der Hand eines kirchlichen Würdenträgers – und dies trotz ihrer vorherigen Speisung mit himmlischer Nahrung. Es entsteht der Eindruck, dass eine im Volk besonders verehrte und exzeptionelle Heilige in die kirchlichen Strukturen eingeordnet werden musste – möglicherweise, um nicht zu bedeutend und selbständig zu werden.

Eine weitere kirchenpolitische Verwendung Magdalenas lässt sich anhand der Geschichte ihrer Gebeine

---

267 Es gibt eine alternative Überlieferung in einer anonymen griechischen Magdalenenvita aus dem Mittelalter, wo tatsächlich Maria Magdalena die Taufende ist. Gegen Ende dieser Vita heißt es (zitiert nach JENSEN, Maria, 45 f.): »Maria Magdalena taufte nicht nur ihn und sein Haus, sondern auch alle Bewohner der Stadt, groß wie klein. Sie baute Kirchen, verwaltete die Stadt und lehrte immer mehr. Dann ging sie in die Umgebung und predigte überall den Namen Christi.«

nachzeichnen.[268] Der Besitz dieser Reliquien bedeutete Prestige sowie Einnahmen durch Wallfahrten für die entsprechende Kirche oder Abtei. Zunächst war die in der *Legenda aurea* erwähnte Benediktinerabtei Vézelay im Burgund das Zentrum. Maria Magdalena wurde mit päpstlichem Segen zur offiziellen Schutzpatronin Vézelays, Papst Stephan IX. bestätigte zudem 1058 die Ansprüche Vézelays auf den Besitz der Reliquien. Das Grab zog große Pilgerströme an, und die Bedeutung des Ortes zeigte sich auch daran, dass Bernhard von Clairvaux ebendort 1146 im Beisein von König Ludwig VII. und Königin Eleonore von Aquitanien zum zweiten Kreuzzug aufrief. Als dabei die Tribüne einbrach und dennoch niemand verletzt wurde, galt dies als

Abb. 19: Basilika Sainte Madeleine in Vézelay (Burgund)

---

268 Vgl. zum Folgenden u. a. Katherine Ludwig Jansen, Die Ankunft Maria Magdalenas in Vézelay, in: Welt und Umwelt der Bibel: »Maria Magdalena« 2/2008, 56–57; Sophie Laurent, Auf den Spuren Maria Magdalenas in der Provence, ebd., 58; Taschl-Erber, Maria, 620–622 (dort weitere Literatur).

Verdienst Magdalenas. Der in der folgenden Zeit einsetzende Niedergang der Abtei gipfelte darin, dass 1279 alternative Gebeine auftauchten: Der angebliche Leichnam Maria Magdalenas wurde unversehrt in der Krypta von Saint-Maximin-la-Sainte-Baume bei Aix-en-Provence wiederentdeckt. Die Erklärung: Der Mönch, der die Gebeine Magdalenas zuvor von dort nach Vézelay gebracht haben solle, habe sich geirrt und tatsächlich den Leichnam des heiligen Cedonius ausgegraben. Es bildete sich eine neue Kultstätte, die Heilige wirkte nun auch dort Wunder, Pilger und Pilgerinnen brachten ihr Vertrauen und ihr Geld dorthin. In der Krypta der Basilika Saint-Maximin befindet sich ein Sarkophag, der als Grab Magdalenas angesehen wird, in einem Schrein ist ihr (angeblicher) Schädel aufgestellt, der zur Zeit des Festtages Maria Magdalenas am 22. Juli auch heute noch in einer Reliquienprozession durch die Straßen getragen wird. In der Nähe des Ortes, im Bergmassiv der Sainte-Baume, befindet sich zudem jene Felsgrotte, in der Magdalena die letzten 30 Jahres ihres Lebens büßend verbracht haben soll – bis heute ein beliebtes Reiseziel.[269]

Das Motiv der Büßerin in der (südfranzösischen) Grotte hat auch in der Kunstgeschichte Karriere gemacht. Während bei älteren Darstellungen Maria Magdalenas eher die Büßerin betont ist,[270] setzte danach eine Entwicklung ein, die zu einer zunehmenden Erotisierung der Darstellungen führte. Im 16. Jh. finden

---

269   Zur virtuellen Besichtigung vgl.: www.st-maximin.fr/pages/monuments.php, zuletzt eingesehen 3. 9. 2010. – Erst durch die moderne Legendenbildung (s. u. C. 4) wurde das südfranzösische Dorf Rennes-le-Château in der Region Languedoc-Roussilion zu einem Pilgerort für Gralssuchende.

270   Vgl. etwa die Abbildung der Statue Donatellos oben in der Einleitung.

Abb. 20: Domenico Tintoretto,
Büßende Maria Magdalena, um 1598

Abb. 21: El Greco,
Büßende Maria Magdalena, um 1576

sich Gemälde unter anderen von Domenico Tintoretto (Domenico Robusti) und El Greco (Dominikos Theotokopoulos), die Maria Magdalena in der Grotte zeigen. Ihre Attribute sind dabei zumeist ein Behälter für das Salböl, ein Kreuz und/oder Totenkopf und häufig auch ein Buch (vgl. Abb. 20 und 21).

Bei den zahlreichen Darstellungen der büßenden Maria Magdalena (mit oder ohne Grotte) lassen sich im Laufe der folgenden Jahrhunderte bestimmte Entwicklungen konstatieren: So nimmt etwa in der Barockzeit die Entrückung zu (vgl. Abb. 22) und insgesamt die Haardichte ab.

Abb. 22: Guido Reni, Büßende Maria Magdalena, um 1638

Abb. 23: Jules-Joseph Lefebvre,
Maria Magdalena in der Grotte, 1876

Schließlich, im 19. Jh., finden wir Maria Magdalena
gänzlich unbekleidet den Blicken der Betrachtenden
dargeboten. Ohne den Titel wäre nicht mehr klar, welche Szene hier dargestellt wird, zumal auch die kon-
ventionellen Attribute wie die Salbölflasche nun fehlen
(vgl. Abb. 23). Zur ebenderselben Zeit, aus der die erotisch aufgeladene Darstellung von Jules-Joseph Lefebvre stammt (der auch sonst häufig weibliche Akte
malte), zeigt sich – wie zur Illustration der Doppel-
moral des 19. Jh.s – noch ein anderes Phänomen: Es
gab, beginnend schon im 18. Jh., eine Fülle von nach
Magdalena benannten Häusern und Einrichtungen für
Prostituierte und »gefallene« Frauen und Mädchen, in
denen diese »gebessert« werden sollten. Die Einrichtungen wurden in der Regel von katholischen Orden
geführt. Zunächst dienten sie wohl tatsächlich zum Teil
auch als Zufluchtsort. Allerdings wurden die Frauen
und Mädchen häufig gegen ihren Willen eingesperrt,
misshandelt und missbraucht, gleichzeitig zur Buße

angehalten sowie zur Zwangsarbeit, vor allem in Wäschereien, herangezogen. Das letzte dieser »Magdalenenheime« in Irland wurde erst 1996 geschlossen.[271]

Jenseits dieser erschreckenden Folgerungen der Identifikation Magdalenas als »großer Sünderin« und Büßerin gibt es jedoch auch anderes zu verzeichnen. Den ersten Einspruch gegen die Identifikation erhob 1517 der französische Humanist und Bibelübersetzer Faber Stapulensis (Jacques Lefèvre d'Étaples, gest. 1536). Dies brachte ihm jedoch eine Verurteilung von der Sorbonne und einen (später abgebrochenen) Ketzerprozess ein.[272] Erst nach dem Zweiten vatikanischen Konzil wurde in der Reform der römisch-katholischen Liturgie die Identifikation Maria Magdalenas mit der anonymen Sünderin aufgehoben.[273]

Anders als in der westlichen, durch Gregor den Großen geprägten Tradition hat es in der Ostkirche eine entsprechende Gleichsetzung der Frauengestalten nie gegeben. In der orthodoxen Liturgie wird Maria Magdalena ganz eindeutig und bis heute als Erstzeugin der Auferstehung und Erstverkünderin der Auferstehung gefeiert:

»Als Erste hast Du, Maria von Magdala, die göttliche Auferstehung der Quelle alles Guten gesehen, die Auferstehung

---

271 Zur Geschichte der sog. »Magdalene Laundries« (Wäschereien) in Irland vgl. Frances Finnegan, Do Penance or Perish. Magdalene Asylums in Ireland, Congrave, Piltown 2001. Vgl. auch: http://de.wikipedia.org/wiki/Magdalenenheim; zuletzt eingesehen am 5.9.2010.

272 Vgl. Friedrich Wilhelm Bautz, Artikel: Faber, Jakob, Biographisch-Bibliographisches Kirchenlexikon, Bd. I, 1582–1584, Hamm ²1990; aktualisierte Internet-Version: www.bautz.de/bbkl/f/faber_ja.shtml; zuletzt eingesehen am 5.9.2010.

273 Vgl. Jensen, Maria, 34.

dessen, der unsere Natur aus Güte vergöttlichte. Du warst auch die erste Verkündigerin der frohen Botschaft, als Du den Aposteln sagtest: ›Freut euch, faßt Mut und kommt, den auferstandenen Christus zu sehen, der der Welt das Heil schenkt!‹«[274]

Der Festtag Maria Magdalenas am 22. Juli wird als Gedächtnistag der »Heiligen Myrophorin und Apostelgleichen Maria von Magdala« gefeiert; ebenso spielt sie auch eine große Rolle am 2. Sonntag nach Ostern, dem Sonntag der »Salbenträgerinnen«.[275] Auch die legendarische Tradition hinsichtlich des Grabes von Maria Magdalena ist in der östlichen Überlieferung eine andere: Eine Verehrung ihres Grabes ist seit dem 6. Jh. in Ephesus nachweisbar; ihre Reliquien wurden von dort unter dem Kaiser Leo VI. (886–912) nach Konstantinopel gebracht.[276]

Vor dem 20. Jh. sind individuelle weibliche Stimmen zu Maria Magdalena selten. Es lässt sich zwar davon ausgehen, dass Frauen auch zuvor an der Überlieferung der Traditionen und Legenden Anteil hatten, sie treten jedoch nicht als individuell fassbare Autorinnen auf, wie dies etwa die Kirchenväter tun. Zum Ausgleich sollen am Ende dieses Abschnittes noch zwei weibliche Stimmen zum Thema zu Wort kommen, eine aus dem Mittelalter und eine aus dem 19. Jh. Ich beginne mit Letzterer, da diese ein im Sinne des bisher

---

274 Zitiert nach Jensen, Maria, 44.
275 Vgl. Jensen, Maria, 43. Myrophorin bedeutet Salbenträgerin.
276 Vgl. Jensen, Maria, 46. – Als protestantische Skeptikerin gehe ich allerdings davon aus, dass uns keine dieser Überlieferungen auf die Spur der echten Gebeine Maria Magdalenas führt – und mir scheint deren Aufbewahrungsort auch eher unerheblich zu sein.

Ausgeführten konventionelleres Magdalenenbild repräsentiert, nämlich das der reuigen Sünderin. Von der
viktorianischen Autorin Christina Georgina Rossetti
(1830–1894) stammt ein Gedicht, das sich als Fortfüh-
rung der Magdalenendarstellung Gregors des Großen
lesen lässt:

Mary Magdalene

She came in deep repentance,
And knelt down at His feet
Who can change the sorrow into joy,
The bitter into sweet.

She had cast away her jewels
And her rich attire,
And her breast was filled with a holy shame,
And her heart with a holy fire.

Her tears were more precious
Than her precious pearls –
Her tears that fell upon His feet
As she wiped them with her curls.

Her youth and her beauty
Were budding to their prime;
But she wept for the great transgression,
The sin of other time.

Trembling betwixt hope and fear,
She sought the King of Heaven,
Forsook the evil of her ways,
Loved much, and was forgiven.[277]

---

277 Christina Georgina Rossetti, The Poetical Works of Christina
Georgina Rossetti. With Memoir and Notes by William Michael

Der Inhalt des Gedichtes lehnt sich eng an die Salbungsgeschichte aus Lk 7,36–50 an. Die Identifikation mit Maria Magdalena ist allein durch die Überschrift gegeben. Der Text verdichtet die lukanische Erzählung auf die Frauengestalt, andere Züge der Geschichte, wie etwa der Einspruch gegen die Verschwendung, fehlen. Interessanterweise ist die Hauptperson an keiner Stelle als »Sünderin« bezeichnet, die Sünden werden vielmehr als solche einer »anderen Zeit« qualifiziert. Die Reue der Frau ist betont, ohne dass sie durch ein entsprechendes Etikett quasi für immer eine »Sünderin« bleibt. Im letzten Vers stehen ihre große Liebe – und die Vergebung, die die im ersten Vers erwähnte Reue spiegelt und aufhebt.

Der zweite Text aus einer weiblicher Perspektive ist die (soweit mir bekannt) historisch älteste Äußerung aus der Sicht einer individuellen Frau. Auch hier ist die Liebe Magdalenas betont. Der Text stammt von Christine de Pizan, einer der erfolgreichsten Schriftstellerinnen des späten Mittelalters. In ihrem »Buch von der Stadt der Frauen« baut Christine de Pizan literarisch eine utopische Stadt, die den Frauen als Zufluchtsort dient und die von zahlreichen Frauengestalten unterschiedlicher Zeiten und Traditionen bewohnt ist. »Unvergleichliche Herrscherin« dieser Stadt ist die Mutter Maria, der weitere Frauen der christlichen Überlieferung hinzugesellt werden:

»Nun weilt die unvergleichliche Herrscherin unter uns, ob das nun den männlichen Schandmäulern passen mag oder nicht. Deshalb ist es jetzt an der Zeit, ihr ihre gesegneten

Rossetti, London 1911, 89. Christina Georgina Rossetti arbeitete von 1859 bis 1870 als Freiwillige am St. Mary Magdalene »house of charity« in Highgate.

Schwestern und Maria Magdalena zuzugesellen, die ihr in unverbrüchlicher Treue neben dem Kreuz zur Seite standen, als ihr Sohn seinen Lebensweg beendete. Oh über welch starken Glauben verfügten die Frauen, die den von allen seinen Aposteln verlassenen Gottessohn weder im Leben noch im Tode jemals verließen! Allem Anschein nach mißbilligte Gott keineswegs diese gewaltige weibliche Liebe und war mitnichten der Auffassung, diese sei, wie manche behaupten, ein schwächlich Ding; vielmehr versah er selbst das Herz der gebenedeiten Maria Magdalena und anderer Frauen mit dem Funken dieser starken Liebe, die er so sehr guthieß.«[278]

Die »starke Liebe« Magdalenas und der anderen Frauen ist in diesem Text nicht in den Kontext Sünde – Reue – Vergebung eingebunden, sondern in den des Glaubens und der Treue zum lebenden und sterbenden Jesus. Auch die beiden anderen Erwähnungen Magdalenas in der »Stadt der Frauen« sind von besonderer Art.[279] Im ersten Teil des Buches unterhält sich die Ich-Erzählerin »Christine« mit der Frau Vernunft (die weibliche Allegorie der Vernunft ist zur Gesprächspartnerin geworden). Es geht um die Vorwürfe, die Männer gegen Frauen erheben, konkret um deren angebliche Nähe zu »Flennen« und »Schwätzen«. Frau Vernunft argumentiert zunächst gegen die negative Bewertung des Weinens: Christus, der die Herzen der Menschen kennt, halte die Tränen der Frauen nicht für Zeichen von Schwäche und Einfalt, da er sich in seiner Hoheit selbst dazu herabgelassen habe, »Tränen des Mitgefühls« zu weinen, als er Maria Magdalena und ihre

---

278 CHRISTINE DE PIZAN, Das Buch von der Stadt der Frauen. Vollständige Ausgabe. Aus dem Mittelfranzösischen von Margarethe Zimmermann, dtv klassik, München ³1990, 251 (Le Livre de la Cité des Dames, Paris 1405).
279 Zum Folgenden vgl. ebd., 59–61.

Schwester Martha wegen des Todes ihres Bruders weinen sah (vgl. Joh 11,11–45). Zudem habe Christus die Tränen Maria Magdalenas nicht verachtet, sondern sie angenommen und ihr ihre Sünden verziehen, so dass sie nun »Dank jener Tränen im Himmel thront«. Beide Argumente setzen die Identifikation der Frauengestalten voraus, das zweite die mit der salbenden Sünderin, das erste die mit Maria von Bethanien. Jenseits dessen ist es bemerkenswert, wie Christine de Pizan das geschlechtertypologische Klischee der »weiblichen« Tränen mit dem neutestamentlich korrekten Hinweis auf Joh 11,35 entkräftet, wo es tatsächlich heißt: »Jesus weinte«. Nach einigen weiteren Beispielen positiver Folgen des Weinens wendet sich Frau Vernunft dem Vorwurf der Geschwätzigkeit zu – oder, wie sie es formuliert, der »Gabe der Rede«: Sie lobt Gott dafür, dass er den Frauen diese Gabe gegeben habe. Die weibliche Rede sei nichts Tadelnswertes, sonst hätte Christus nicht zugelassen, dass das Geheimnis seiner Auferstehung »zuerst von einer Frau verkündet worden wäre«, wie Christus es selbst der »gebenedeiten Magdalena« befohlen habe. Es schließt sich ein Lobpreis Gottes an, weil dieser eine Frau zur »Überbringerin einer so wichtigen und würdigen Botschaft« gemacht habe.

Bei Christine de Pizan ist insgesamt die Zeugin der Kreuzigung und Verkündigerin der Auferstehungsbotschaft nicht hinter dem Bild der »großen Sünderin« verschwunden. Auffällig ist auch die besondere Betonung, die sowohl Christina Rossetti als auch Christine de Pizan auf die Liebe Maria Magdalenas legen. Das Motiv der Liebe wird auch im 20. Jh. aufgegriffen, nun jedoch noch einmal ganz anders gewendet: Es beginnt die Zeit der individuellen Liebesgeschichte zwischen Jesu und Maria Magdalena, der sich der folgende Abschnitt widmen wird.

4. Noch einmal:
Die Jüngerin, die Jesus liebte

Die Erotisierung und Sexualisierung der Beziehung zwischen Jesus und Maria Magdalena ist ein neuzeitliches Phänomen mit antiken Vorläufern. Zwei mögliche Anknüpfungspunkte für eine solche Ausdeutung bieten die Rezeptionen der Magdalenengestalt bei den Kirchenvätern: Zum einen erhält Maria in der überblendenden Lektüre von Joh 20 und dem Hohelied die Rolle der (weiblichen) Geliebten auf der Suche nach ihrem verschwundenen (männlichen) Geliebten. Die Kirchenväter aktivieren die erotischen Momente einer solchen Lektüre nicht, da sie das Hohelied allegorisch und insofern enterotisiert lesen. In der Neuzeit spielt diese Verbindung dann aber gelegentlich wieder eine Rolle für die Darstellung der Beziehung zwischen Jesus und Maria. Ein weiteres Moment einer erotischen Aufladung ergibt sich aus der Identifikation der Frauengestalten, heißt es doch über die salbende Sünderin: »Ihre vielen Sünden sind ihr vergeben, denn sie hat viel geliebt« (Lk 7,47); und über Maria von Bethanien, Jesus habe sie und ihre Geschwister geliebt (Joh 11,5). Die bekannteste neuzeitliche Version der Liebesgeschichte zwischen Jesus und Maria setzt jedoch nicht bei diesen möglichen Anknüpfungen an, sondern erzählt eine andere Geschichte.

Populär wurde diese andere Geschichte von Maria Magdalena als Geliebter / Ehefrau Jesu und Mutter einer gemeinsamen Tochter, von der bis heute Nachkommen existieren, durch Dan Browns Roman *The Da Vinci Code*, im Deutschen mit dem zusätzlichen Obertitel *Sakrileg* veröffentlicht (und im Jahr 2006 auch verfilmt).[280] Der Plot des Romans besteht in der Suche nach dem »heiligen Gral«, die als partizipatives Rätselraten gestaltet ist und bei der sich die zentralen Figuren in Art einer Schnitzeljagd durch Westeuropa bewegen. Die beiden Hauptpersonen Robert Langdon und Sophie Neveu werden von Sophies im Louvre ermordet aufgefundenem Großvater Saunière mit Hilfe einer Reihe von Rätseln auf die Fährte eines Geheimnisses gesetzt. Im Verlaufe zahlreicher Verfolgungsjagden finden sie Zuflucht bei dem Gralsforscher Teabing (der sich später allerdings als der große Böse entpuppt). Er erklärt Sophie, dass Maria Magdalena die Geliebte Jesu und Mutter einer gemeinsamen Tochter namens Sarah gewesen sei. Um dies zu belegen, zitiert er jene Passagen aus dem Evangelium nach Maria sowie dem Evangelium nach Philippus, wo von der besonderen Liebe Jesu zu Maria die Rede ist und gesagt wird, dieser habe sie auf den Mund geküsst.[281] Zusätzlich bringt Teabing eine sehr eigene Interpretation der Darstellung des »letzten Abendmahls« von Leonardo da Vinci vor. In seiner Deutung dieses Gemäldes wird die (kunsthistorisch eindeutig den Lieblingsjünger darstellende) Gestalt zu Jesu Rechten als Maria Magdalena identifiziert. Verschlüsselte Hinweise auf eine Beziehung beider fin-

---

280 DAN BROWN, Sakrileg. The Da Vinci Code, Bergisch Gladbach 2006; RON HOWARD, The Da Vinci Code – Sakrileg, 2006.

281 Vgl. zur Interpretation oben B. 2.3. mit dem Exkurs über »Küsse im frühen Christentum«. – Bei den Küssen gibt es eine interessante Differenz zwischen Buch und Film: Während im Buch die Passage zitiert wird: »Christus liebte sie mehr als seine Jünger und küsste sie oft auf den Mund« (339), wird das Zitat im Film beim Dialog der Anwesenden *vor* den Worten »auf den Mund« unterbrochen – und damit die Textlücke, die sich im koptischen Codex an dieser Stelle findet, in intelligenter Weise in ein anderes Medium übertragen. – Insgesamt finden sich eine Reihe von Fehlern des Buches im Film nicht wieder, anscheinend hat es dort eine fachliche Beratung gegeben.

den sich nach Teabing auch sonst in Leonardos Gemälde: Wenn man etwa die Positionen der beiden genannten Figuren vertauscht – was im Film auch optisch durchgeführt wird –, so lehnt sich »Maria« nunmehr vertrauensvoll an Jesu Schulter. Zudem soll das ausgesparte Dreieck in der Bildmitte, also zwischen »Maria« und Jesus, den Gral symbolisieren und die Gesamtlinie über beiden Figuren in Form eines großen »M« sowohl auf Maria Magdalena verweisen als auch das Wort »Matrimonium« für »Ehe« abbilden. Leonardo da Vinci habe dies alles gewusst, da er Mitglied – und sogar Großmeister – einer angeblich im Mittelalter gegründeten und mit den Tempelrittern in Verbindung stehenden Geheimgesellschaft namens »Prieuré de Sion« gewesen sei, die dieses Wissen gehütet habe und zu der auch Sophies Großvater gehörte.

Am Ende der ausdauernden Suche nach dem »heiligen Gral«, der letztlich als Symbolisierung Maria Magdalenas fungiert, stellt sich heraus, dass Sophie eine legitime Nachfahrin Marias ist sowie dass Maria Magdalenas Gebeine, die zwischenzeitlich in einer Kirche in Schottland beerdigt waren, nun unter der Pyramide des Louvre liegen – der männliche Hauptdarsteller versinkt in der Schlusssequenz der Verfilmung in Anbetung an dieser Pyramide.

Buch und Film sind durchaus spannend zu lesen bzw. zu sehen. Man kann am Rätselraten teilnehmen, sich mit den beiden Hauptfiguren verbunden fühlen und sich mit ihnen zusammen in einer rätselhaften Welt von Mysterien, Intrigen und Geheimgesellschaften bewegen. Problematisch scheint mir nicht die erzählte Geschichte, sondern die Suggestion des Authentischen, mit der der Roman arbeitet: So wird etwa im Vorspruch zum Buch nicht nur die Gründung der (tatsächlich neuzeitlichen) Geheimgesellschaft »Prie-

Abb. 24: Leonardo Da Vinci: Das letzte Abendmahl, um 1496

uré de Sion« im Jahr 1099 als historische Wahrheit dargestellt, sondern es heißt auch: »Sämtliche in diesem
Roman erwähnten Werke der Kunst und Architektur
und alle Dokumente sind wirklichkeits- bzw. wahr-
heitsgetreu wiedergegeben.«[282] Dieser Anspruch hält
einer kritischen Lektüre des Romans nicht stand. Als
Beispiel mögen einige Sätze aus einer Schlüsselpassage
des Buches dienen, die zahlreiche Fehler enthalten: »In
einer Höhle bei Qumran in der Wüste von Judäa wurden im Jahr 1950 die Schriftrollen vom Toten Meer entdeckt. Und dann gibt es natürlich noch die koptischen
Schriftrollen von Nag Hammadi. Abgesehen davon,
dass diese Dokumente die wahre Gralsgeschichte erzählen, sprechen sie in einer sehr menschlichen Weise
vom Wirken Jesu. Natürlich hat der Vatikan in Fortsetzung seiner Tradition der Verschleierung und Infor-
mationsunterdrückung mit allen Mitteln versucht, die
Veröffentlichung dieser Schriften zu verhindern.«[283]

---

282   BROWN, Sakrileg, 11.
283   BROWN, Sakrileg, 324 f.; zur Kritik an BROWN vgl. auch BERND
      KOLLMANN, Die Jesus-Mythen. Sensationen und Legenden,
      Freiburg i. B. 2009, 96–105.

Dazu ist zu bemerken, dass die Entdeckung der Qumranschriften 1947 begann; dass die Texte aus Nag Hammadi keine Rollen sind, sondern Codices, also gebundene Bücher, und dass weder in diesen noch in den Qumranschriften vom Gral die Rede ist (die Gralslegenden gibt es erst seit dem Mittelalter in der europäischen Literatur). Zudem kommt Jesus in den Qumranschriften nicht vor und die Codices aus Nag Hammadi, in denen Jesus auftritt, reden gerade nicht in einer »sehr menschlichen Weise« von seinem Wirken – eher ist das Gegenteil der Fall. Und schließlich lag die zum Teil verzögerte Veröffentlichung der Texte nicht an einer vatikanischen Verschleierungspolitik, sondern hatte andere Gründe, die primär mit dem fragmentarischen Zustand der Handschriften und den ausschließenden Regeln der Organisation wissenschaftlicher Arbeit zusammenhängen. Letzteres lässt sich kritisieren, ohne daraus eine Verschwörungstheorie abzuleiten.

Der *Da Vinci Code* ist nicht der einzige neuere Roman, der eine Liebesbeziehung zwischen Jesus und Maria sowie beider Nachkommenschaft zum Thema hat. Als weiteres Beispiel lässt sich z. B. *Das Magdalena Evangelium* von Kathleen McGowan anführen,[284] auch dies ein sehr erfolgreicher Roman: Im Jahr 2008 gab es allein vier Auflagen der deutschen Taschenbuchausgabe. Die Hauptperson dieser Geschichte ist eine moderne amerikanische Autorin namens Maureen Paschal (ein *Alter Ego* der Autorin, wie aus dem Nachwort hervorgeht), mit der Maria Magdalena in eine Art telepathischen Kontakt tritt, was schließlich und nach vielen Verwirrungen und Intrigen – ausgelöst von rivalisierenden Geheimgesellschaften – zur Auffindung eines

---

284 Kathleen McGowan, Das Magdalena Evangelium. Roman, Bergisch Gladbach 2008.

antiken Textes in Südfrankreich führt. Gefunden wird eine Kiste mit zwei Tonkrügen, die ein von Maria Magdalena auf Griechisch geschriebenes Evangelium enthalten, das mit den Worten beginnt: »Ich bin Maria, genannt Magdalena, und ich bin die rechtmäßig angetraute Ehefrau von Jesus, genannt der Messias, der ein Königsohn aus dem Hause Davids war.«[285]

Maria ist nicht nur die Ehefrau Jesu, es gibt auch zwei gemeinsame Kinder mit Jesus sowie ein drittes, dessen Vater Johannes der Täufer ist (aus einer ersten Ehe Marias, die nach Art einer politischen Zwangsheirat dargestellt wird). Alle drei Kinder sind Ahnen europäischer Königshäuser. Die Rolle »der Bösen« fällt in diesem Roman Johannes dem Täufer und seinen modernen Anhängern zu. Der Roman ist zwar streckenweise amüsant zu lesen, allerdings stören die historischen Fehler und Unstimmigkeiten.[286] Zu problematisieren ist auch hier wieder die Suggestion von Authentizität und historischer Wahrheit, die sich im Nachwort zur Behauptung steigert, der konstruierten Geschichte lägen tatsächlich authentische Quellen zugrunde. Die Autorin schreibt dort als sie selbst und nicht als ihre literarische Hauptperson: »Aus Gründen der Sicherheit muss ich zwar umsichtig sein, was die Primärquelle dieser neuen Informationen betrifft, doch so viel will ich sagen: Der Inhalt des Evangeliums nach

---

285 McGowan, Magdalena Evangelium, 328.
286 Vgl. etwa die historisch falsche Gleichsetzung von Priestern und Pharisäern (bes. 431–434) sowie die Verknüpfung der angeblichen Flucht der hochschwangeren Maria Magdalena – unter Mithilfe von Josef von Arimatäa – nach Alexandria mit der Tatsache, dass die »berühmten gnostischen Schriften in Ägypten entdeckt wurden« (546). Letzteres verdankt sich dem ägyptischen Klima – wo die Schriften entstanden sind, wissen wir nicht.

Maria Magdalena, so wie ich ihn hier interpretiere, stammt aus bisher geheimem Quellenmaterial. Bis heute ist es nie an die Öffentlichkeit gelangt. ... ich glaube, dass die Geschichte, die hier erzählt wird, echt ist und ausschließlich aus ihrer Feder stammt.«[287] Aus »ihrer Feder« bezieht sich dabei auf Maria Magdalena. Gäbe es diesen Text tatsächlich, so wäre Kathleen McGowan verpflichtet (wenn sie sich nicht selbst der Verschleierung und Verschwörung schuldig machen wollte), ihn der wissenschaftlichen Öffentlichkeit zur Verfügung zu stellen.

Im Hintergrund der neueren Romane über die Ehe zwischen Maria und Jesus sowie deren gemeinsame Nachkommenschaft stehen tatsächlich keine *antiken* Quellen, sondern eine neuzeitliche Monographie mit dem Titel *Der Heilige Gral und seine Erben* von Henry Lincoln, Michael Baigent und Richard Leigh.[288] Zwei der drei Autoren sind auch Verfasser des Bestsellers *Verschlußsache Jesus*, in dem die »Wahrheit« über die Qumranrollen aufgedeckt wird.[289] Die im Grals-Buch vertretene Hypothese ist die folgende:

»Maria Magdalena war mit Jesus verheiratet. Dieser Ehe entsprangen ein oder mehrere Kinder. Unmittelbar nach der Kreuzigung Jesu floh Maria Magdalena mit ihrer Nachkom-

---

287 McGowan, Magdalena Evangelium, 530f.

288 Henry Lincoln / Michael Baigent / Richard Leigh: Der heilige Gral und seine Erben, Bergisch Gladbach 1984 (The Holy Blood and the Holy Grail, London 1982). – McGowan beruft sich explizit auf dieses Buch (539). Baigent und Leigh haben 2006 einen Plagiatsprozess gegen Dan Brown angestrengt, ihre Ansprüche wurden aber abgewiesen – und gleichzeitig die Verkaufszahlen des Gralsbuches gesteigert.

289 Michael Baigent / Richard Leigh, Verschlußsache Jesus. Die Qumranrollen und die Wahrheit über das frühe Christentum, München 1991 (The Dead Sea Scrolls Deception, London 1991).

menschaft nach Gallien, wo sie bei den dort existierenden jüdischen Gemeinden wahrscheinlich einen Unterschlupf gefunden haben dürfte. Auf diese Weise faßten die direkten Nachkommen Jesu in Gallien Fuß, und das sang réal, das unschätzbare ›königliche Blut‹, pflanzte sich im geheimen und ohne Unterbrechung etwa vierhundert Jahre lang fort. … Im fünften Jahrhundert vereinigte sich das Geschlecht Jesu mit dem der Franken und brachte so die Dynastie der Merowinger hervor.«[290]

Die Nachkommenschaft Jesu hat dann alle »Ausrottungsversuche« überlebt und existiert bis heute. In der Theorie der Autoren symbolisiert »der heilige Gral« zweierlei:

»Einerseits symbolisiert er Jesu Herkunft und Nachkommenschaft – das ›Sang Raal‹, das ›echte‹ oder ›königliche Blut‹, zu dessen Bewachern die Ritter des von der Prieuré de Sion ins Leben gerufenen Templerordens ernannt wurden; andererseits ist der heilige Gral im Wortsinne das Gefäß, das Jesu Blut empfing und erhielt, das heißt, er symbolisiert den Schoß der Maria Magdalena und im weiteren Sinne Maria Magdalena selbst. Daraus dürfte der mittelalterliche Kult um Maria Magdalena entstanden sein und mit dem Kult um die Jungfrau Maria verwechselt und vermengt worden sein.«[291]

Der Gral symbolisiert außerdem noch einen Schatz und/oder Dokumente, die im Jerusalemer Tempel versteckt waren und die Geschichte beweisen könnten.

---

290 Lincoln/Baigent/Leigh, Gral, 284.
291 Lincoln/Baigent/Leigh, Gral, 361 f. – Die in diesem Zitat vom vorigen abweichende Schreibweise »Sang Raal« habe ich aus dem Buch übernommen – Unstimmigkeiten dieser Art sind zahlreich.

Diese Dokumente – so die Theorie weiter – wurden im Mittelalter von den Templern gefunden, nach Europa gebracht und versteckt. Im 19. Jh. seien sie dann von einem Priester namens Saunière im südfranzösischen Dorf Rennes-le-Château wiedergefunden worden. Auch die Geheimgesellschaft »Prieuré de Sion« (bekannt aus Dan Browns Roman) taucht hier schon auf: Sie war und ist in das Geschehen verwickelt und ihre Mitglieder wissen Bescheid.

Der Hypothesen-Turm ist gewaltig und in sich widersprüchlich.[292] Zudem beruhen die Hypothesen auf einem Denkschema, das sich jeder Widerlegung insofern entzieht, als es jenseits normaler Logik, und damit jenseits von Falsifizierbarkeit, funktioniert. Das Denkschema ist folgendes: Wenn nichts zu finden ist, was eine Hypothese stützt, bedeutet das, dass die entsprechenden Zeugnisse unterdrückt oder beiseitegeschafft wurden – nicht aber, dass die Hypothese selbst in Zweifel zu ziehen wäre. Ein Beispiel zur Schlüsselgestalt Saunière: »Wir haben die entsprechenden Archive im Vatikan zweimal überprüft, konnten aber in beiden Fällen keinerlei Hinweis auf Saunière finden, was darauf hindeuten mag, daß alle Informationen, die den

---

292 Zusätzlich zu dem oben Referierten findet sich u. a Folgendes: Maria Magdalena, Maria von Bethanien und die salbende Frau sind identisch (304 f.), ebenso Lazarus und der johanneische Lieblingsjünger (309 f.). Barabbas war der Sohn Jesu (316–318). Bei der Hochzeit von Kana heiratete Jesus selbst, und zwar Maria Magdalena (300 f.). Jesus überlebte die Kreuzigung (318–323). Maria Magdalena war von königlicher Herkunft, aus dem Stamm Benjamin (313). Sie brachte den Gral nach Südfrankreich (324). Von den frühen Abschriften des Neuen Testaments ist »keine einzige vor dem vierten Jahrhundert entstanden« (332), was den »Hütern der Orthodoxie«, die in Konstantins Auftrag handelten, Änderungen am Neuen Testament ermöglichte.

Priester betreffen, absichtlich entfernt wurden«.[293] Nach normaler Logik dürfte dies eher darauf hindeuten, dass die gesamte Saunière-Geschichte eine Fiktion ist.

Angesichts der Beliebtheit der genannten Bücher ist dennoch nicht vorschnell über sie hinwegzugehen. Es stellt sich mithin die Frage: Was nützen solche Hypothesen und wie lässt sich ihre Faszination erklären?

Eine Antwort gibt Umberto Eco in seinem Roman *Das Foucaultsche Pendel*.[294] In diesem Roman verstricken sich die Hauptpersonen in einen selbsterdachten großen Weltverschwörungsplan, der sich verselbständigt und seine Erfinder in den Abgrund reißt. Zutaten dieses Planes sind wiederum der Gral, die Tempelritter und diverse Geheimgesellschaften, und es findet sich auch ein expliziter Verweis auf den »Heiligen Gral« von Lincoln, Baigent und Leigh.[295] Ecos Version ist, im Gegensatz zu den anderen bisher besprochenen Büchern, ironisch und doppelbödig: Der erfundene »große Plan« erfüllt sich nicht nur selbst, sondern wird gleichzeitig auch dekonstruiert, und über seine Funktion wird reflektiert. Diese Reflexion läuft auf Folgendes hinaus: Die Suche nach dem großen Plan oder der großen Verschwörung hat eine Entlastungsfunktion: Gibt es einen großen Plan, dann ist nicht alles nur Zufall – und dann ist der Einzelne nicht nur ein hilf- und willenloses Spielzeug der Umstände. Bei Eco heißt es: »Ein Plan hinter allem: ein Schuldiger. Traum der Menschheit.« Und: »Leben, als ob es einen Plan gäbe: der Stein der Weisen. … Glaub an ein Geheimnis, und

---

293 Lincoln/Baigent/Leigh, Gral, 408. Strukurell kehrt dieselbe Argumentation mehrfach wieder.
294 Umberto Eco, Das Foucaultsche Pendel, München/Wien 1989.
295 Vgl. Eco, Pendel, 440f. Auf S. 441 findet sich als *motto* ein Zitat aus dem »heiligen Gral«.

du fühlst dich eingeweiht. Kostet nichts.«[296] Zudem zitiert Eco in einem Motto zu Beginn eines Kapitels Karl Popper: »The conspiracy theory of society ... comes from abandoning God and then asking: ›Who is in his place?‹«[297] So gesehen ist es eine Funktion der Verschwörungstheorie, Gott zu ersetzen: Der angenommene große Plan füllt die Geschichte mit Sinn, wo die Existenz einer Heilsgeschichte ihre Plausibilität verloren hat.

In Bezug auf die Rolle Maria Magdalenas in den Verschwörungstheorien scheint mir noch etwas anderes bemerkenswert. Maria wird nämlich – explizit oder implizit – dazu verwendet, Jesu wahres Mensch-Sein zu garantieren. Aufschlussreich sind die folgenden Ausführungen aus dem »Heiligen Gral«:

»Der christlichen Theologie liegt die Annahme zugrunde, Jesus sei die Inkarnation Gottes. ... Die symbolische Bedeutung Jesu besteht darin, daß er als Gott dem gesamten Spektrum menschlicher Erfahrungen ausgesetzt war. Könnte aber ein in Jesus fleischgewordener Gott wahrhaftig behaupten, Mensch gewesen zu sein und das Spektrum an menschlichen Erfahrungen in sich aufgenommen zu haben, ohne zwei der grundlegendsten und elementarsten Aspekte der *conditio humana* zu kennen, ohne sich mit zwei so wesentlichen Aspekten dieses Daseins auseinanderzusetzen, nämlich dem der Sexualität und der Vaterschaft?
Wir sind nicht der Auffassung, daß die Menschwerdung Gottes wirklich symbolisiert, was sie symbolisieren soll, es sei denn, Jesus wäre verheiratet gewesen und hätte Kinder gezeugt. Der Jesus, den wir aus dem Neuen Testament kennen,

---

296 Eco, Pendel, 621 bzw. 622.
297 Eco, Pendel, 725, mit Verweis auf K. Popper, Conjectures and Refutations, 4, London, Routledge 1969, 123.

bleibt letztendlich unvollständig, ein Gott, dessen Inkarnation als Mensch nur zum Teil erfolgt ist.

Wir glauben also nicht, daß wir Jesus durch unsere Hypothese sozusagen in Verruf bringen oder herabsetzen. Im Laufe unserer Recherchen trat uns ein lebensnaher und überzeugender Jesus entgegen, ein Jesus, dessen Leben für uns Heutige nach wie vor bedeutsam und verständlich ist.«[298]

Wenn das Mensch-Sein Jesu auf die beschriebene Weise vervollständigt werden soll, so ist dazu eine Frau an seiner Seite nötig. Dass gerade Maria Magdalena diese Funktion ausfüllt, ergibt sich quasi zwangsläufig, da sie in den Evangelien eindeutig die wichtigste Anhängerin Jesu ist – und da ihr die sexuellen Konnotationen schon seit der Spätantike anhaften. Maria wird also funktionalisiert, um eine bestimme Auffassung von Inkarnation zu vertreten. Diese Auffassung von Inkarnation ist allerdings – und dies scheint mir ein zentraler Punkt – letztlich ahistorisch. Sie lässt nämlich außer Acht, dass die Vorstellung, was einen wahren Menschen ausmacht, selbst zeitgebunden und in Antike und Gegenwart deshalb nicht von vornherein identisch ist. Die Vorstellung, dass gelebte Sexualität, Ehe und Vaterschaft zu einem erfüllten Mensch- (oder hier: Mann-)Sein gehören, ist eine moderne Idee, die sich in den antiken Texten so nicht findet. Zudem funktioniert die Argumentation des zitierten Textes auf der Basis einer speziellen Logik: Sie läuft darauf hinaus, dass das, was notwendigerweise zu denken ist, deshalb auch historisch wahr sein müsse.[299]

---

298 Lincoln/Baigent/Leigh, Gral, 370.
299 Diese Argumentationsfigur bringt die Verfasser des »Heiligen Grals« interessanterweise in die Nähe mancher mariologischer Plausibilitäten, die bei der Fixierung der neuzeitlichen

Die Funktion Maria Magdalenas als Garantin von Jesu menschlicher Seite bestätigt sich im Hinblick auf weitere neuzeitliche Romane.[300] So lässt die schwedische Autorin Marianne Fredriksson in ihrem zuerst 1999 auf Deutsch erschienenen Roman mit dem Titel *Maria Magdalena* diese nach seinem Tod an Jesus denken:

»Du hast geliebt. Und vielleicht hast du mir gegenüber Dankbarkeit empfunden, weil ich dich die körperliche Liebe lehrte und damit dein Wissen von den Lebensbedingungen der Menschen vertieft habe. Deine Mutter hat versucht, dir das Unvermeidliche des Lebens zu vermitteln, aber du hast nicht auf sie gehört. Auf mich hast du gehört. Mit deinem Körper. … Ich habe dazu beigetragen, daß du ein Mensch wurdest.«[301]

Die Tendenz neuerer Romane, Jesus als *Menschen* auf der Suche nach Gott, sich selbst und seiner Aufgabe darzustellen, führt dazu, ihm auch eine – zumindest

---

Marien-Dogmen der römisch-katholischen Kirche eine Rolle spielten.

300 Dieser Zusammenhang besteht nicht nur in Romanen, sondern gilt etwa auch für BARBARA THIERING, Jesus von Qumran. Sein Leben – neu geschrieben, Gütersloh 1993 (Jesus the Man, 1992). Hier gehört Jesus seit seiner Jugend zu den Essenern in Qumran, mit denen er sich aber überwarf (Jesus wird mit dem »Frevelpriester« der Qumranschriften gleichgesetzt). Jesus war mit Maria Magdalena verheiratet, weil er als Nachfahre Davids dazu verpflichtet gewesen sei, für einen männlichen Thronfolger zu sorgen. Jesus überlebte die Kreuzigung scheintot; Maria Magdalena ließ sich später von ihm scheiden, woraufhin Jesus eine zweite Ehe mit der Purpurhändlerin Lydia einging. Jesus starb als alter Mann in Rom oder in Südfrankreich. Ziel auch dieses Buches ist es, die Menschlichkeit Jesu hervorzuheben (vgl. bes. 11 f. 95–98) – Zur Kritik insgesamt vgl. KOLLMANN, Jesus-Mythen, 71–77.

301 MARIANNE FREDRIKSSON, Maria Magdalena. Roman, Frankfurt a. M. 1999, 13.

256

zeitweise – erfüllte Sexualität zuzugestehen. Ein weiteres Beispiel für diesen Zusammenhang bietet der zuerst 1991 erschienene Roman des portugiesischen Literaturnobelpreisträgers José Saramago mit dem Titel *Das Evangelium nach Jesus Christus.*[302] Der Jesus dieses Romans ist ein Suchender mit einer dunklen Familiengeschichte, der, von Träumen verfolgt, als Jugendlicher Nazaret verlässt, und, nach mehreren Jahren aus Judäa nach Galiläa zurückwandernd, aufgrund einer wieder aufbrechenden Fußverletzung in Magdala nicht mehr weiterlaufen kann. Er befindet sich zu diesem Zeitpunkt vor einem etwas abseits liegenden Haus Magdalas, bewohnt von einer Hure namens Maria. Diese nimmt ihn auf und versorgt seine Fußwunde: Sie wäscht, salbt und verbindet sie. Die anschließende Liebesszene, in der die einige Jahre ältere Maria als Lehrerin des bislang unerfahrenen Jesus dargestellt wird, ist durchsetzt mit Zitaten und Anspielungen aus dem Hohelied.[303] Maria und Jesus bleiben zunächst eine Woche lang in Magdala zusammen; Maria gibt ihren Beruf als Prostituierte auf, da sie den Mann gefunden hat, auf den sie immer schon wartete. Jesus kehrt nach einem kurzen Besuch in Nazaret zu Maria zurück, und beide entschließen sich zu einem gemeinsamen Leben, das sie bis zu Jesu Tod, zeitweise auf Wanderschaft, zeitweise in Bethanien, fortführen. Maria aus Magdala und Maria aus Bethanien werden identifiziert: Maria hat zunächst in Bethanien gewohnt, wohin sie mit Jesus gegen Ende des Romans zurückkehrt. Der Jesus Saramagos hat sowohl eine menschliche wie auch eine göttliche Seite: Er heilt, tut Wunder und hat Gottesbegeg-

---

302 José Saramago, Das Evangelium nach Jesus Christus. Roman, Reinbek bei Hamburg 82009.
303 Vgl. Saramago, Evangelium, 317–333.

nungen – wobei dieser Gott allerdings ein grausamer und Opfer fordernder Gott ist, gegen den Jesus aufbegehrt. Entsprechend schließt die Geschichte mit der Kreuzigung, eine Auferstehung wird nicht erzählt. Damit entfällt auch Marias Rolle als Auferstehungszeugin. Sie ist vielmehr die ideale Gefährtin und Freundin Jesu, die ihm näher ist als alle anderen, die auf ihn wartet, ihn umsorgt und liebt. Bei ihr ist er nicht Sohn Gottes, sondern Sohn des Josef.[304] Maria hält ihn davon ab, Lazarus aufzuerwecken, ihr Argument: »Niemand hat im Leben so viel gesündigt, daß er den Tod zweimal verdiente.«[305] Jesus geht daraufhin hinaus und weint.

Eine weitere Version einer Liebesbeziehung zwischen Maria Magdalena und Jesus stammt aus dem Roman des griechischen Autors Nikos Kazantzakis mit dem Titel *Die letzte Versuchung*, zuerst 1951 erschienen, 1988 verfilmt, aufgeführt unter Protesten konservativ orientierter christlicher Kreise.[306] Auch der Jesus der »letzten Versuchung« wird als ein mit seiner Berufung und mit Gott ringender *Mensch* gezeichnet, der seiner Aufgabe lieber entkommen würde. Seine »letzte Versuchung« findet am Kreuz statt. Der leidende Jesus verlässt unter Mithilfe eines (angeblichen) Schutzengels das Kreuz und imaginiert ein anderes Leben, in dem er zunächst Maria Magdalena heiratet. Sie wurde schon zuvor als Prostituierte eingeführt, der Jesus sich aber verweigert hatte und die ebendeshalb zur Prostituierten geworden war. In der Schlusssequenz des Films

---

304 Vgl. SARAMAGO, Evangelium, 472.
305 SARAMAGO, Evangelium, 492.
306 NIKOS KAZANTZAKIS, Die letzte Versuchung. Roman, Reinbek bei Hamburg 1984 (zuerst 1951); MARTIN SCORSESE, Die letzte Versuchung Christi (The Last Temptation of Christ), USA, Cineplex Odeon Films 1988.

wird ihre Wiederbegegnung gezeigt, wobei auch explizit sexuelle Szenen sowie die Darstellung der schwangeren Magdalena nicht ausgespart sind. Nach Marias plötzlichem Tod lebt Jesus anschließend mit Martha und Maria von Bethanien sowie gemeinsamen Kindern in einer Art Patchwork-Familie zusammen. Die etwa halbstündige Visions-Schlusssequenz des Filmes lässt Jesus ein irdisches Leben leben – aber damit seine Aufgabe gerade verfehlen. Jesus erkennt, unter anderem in einer Konfrontation mit seinen alten Weggefährten, dass der (angebliche) Schutzengel in Wirklichkeit ein satanischer Verführer war. Jesus kehrt aus seinem alternativen Visions-Leben ans Kreuz zurück, um seine wahre Aufgabe zu erfüllen. Seine größte und letzte Versuchung war es, sich seinem Leiden und seiner Berufung zu entziehen. In der Visionssequenz wird die andere, die letztlich *verworfene* Möglichkeit durchgespielt. Die Ehe mit Maria Magdalena und das menschliche Leben sind nach Kazantzakis gerade nicht Jesu wahre Aufgabe. (Möglicherweise haben die empörten Kritiker des Films diesen nicht wirklich gesehen.)

Der Roman von Kazantzakis sowie die eng an der Vorlage orientierte Verfilmung repräsentieren damit aber letztlich einen anderen Typus der Beziehung zwischen Jesus und Maria: den der unerfüllten oder transzendierten Liebesgeschichte. Denn die Schlusssequenz ist eine Imagination aus der Perspektive Jesu, tatsächlich stirbt Jesus am Kreuz, ohne das alternative Leben seiner Vision gelebt zu haben. Eine solche unerfüllte/ transzendierte Liebesgeschichte wird häufiger in neuzeitlichen Darstellungen erzählt. Erwähnt seien einige ansonsten sehr unterschiedliche Beispiele für eine solche Beziehungsgeschichte:

In Luise Rinsers Roman *Mirjam* werden viele überlieferte Elemente der katholischen Tradition aufgenommen.[307] Die gewählte Perspektive ist die Mirjams/Marias als Ich-Erzählerin, die sich zu Beginn des Romans in einer Höhle in Südfrankreich befindet, geflohen aus Palästina wegen der Verfolgungen des Schaulus/Paulus (vor seinem Damaskuserlebnis). In Mirjams Rückblickserzählung erfolgt eine Identifizierung mit der Salbenden, allerdings ohne Darstellung als »Sünderin«. Ihre Liebe zu Jesus ist häufiger thematisiert, es kommt im Verlauf des Romans auch zu einem einzigen Kuss zwischen Jesus und Mirjam. Eingeleitet ist diese Szene mit Zitaten aus dem Hohelied, Jesus sagt dann zu Mirjam:

»Stärke mich auch in der kommenden Nacht und am morgigen Tag. Ich werde dich stärken in den drei Tagen danach. Im Garten wirst du mich wiederfinden.
Er zog mich an sich, und zum ersten, einzigen, letzten Mal legte er seine Lippen auf die meinen. Mehr ein Einhauchen seines Atems als ein Kuß. Dann schob es mich sanft von sich: Und nun stärke die anderen in ihrer Schwäche. Sie bedürfen des Hirtenhunds, der die Herde zusammenhält. Ich zähle auf dich, Mirjam!
Rabbi, lass mich dir folgen!
Wohin ich gehe, kannst du mir noch nicht folgen.[308]
Er hatte mich verstanden, und ich verstand ihn. Kein Wort weiter war nötig.«[309]

Mirjam ist in diesem Roman Jesu engste Vertraute und diejenige, die ihn am besten versteht; er hingegen ist ihre »Überforderung«. Mirjams durchgehende Anwe-

---

307   Luise Rinser, Mirjam, Frankfurt a. M. 1987 (zuerst 1983). – Traditionell katholische Elemente sind u. a. auch in der Figur der Veronika und in der Aufnahme der Grabtuch-Tradition zu finden.

308   Vgl. Joh 13,36, wo Jesus dies zu Petrus sagt.

309   Rinser, Mirjam, 261 f.

senheit bei dem Geschehen wird erzählerisch erreicht, indem Luise Rinser sie in neutestamentliche Szenen einschreibt, in denen sie ursprünglich nicht genannt war. So ist sie eine der drei Personen, die die Verklärung Jesu erleben, und sie ist auch in Gethsemane anwesend, dort wird sie mit dem rätselhaften und anonymen fliehenden Jüngling aus Mk 14,51 f. identifiziert. Mirjams Rolle wird auf diese Weise erweitert, ohne dass traditionelle Elemente ausgespart sind. Sie ist die erste Zeugin der Auferstehung; Petrus glaubt ihr, Paulus hingegen ist derjenige, der später die Rolle der Frauen und ihr Auferstehungszeugnis verschweigt und unterschlägt – und aus Mirjams Perspektive letztlich die Botschaft Jesu missverstanden hat.

Ein weiteres Beispiel einer unerfüllten/transzendierten Liebesgeschichte findet sich einem Gedicht Rainer Maria Rilkes. Bei Rilke werden zwei Szenen ineinandergelesen, die beide nur indirekt mit Maria Magdalena zu tun haben: einerseits die Szene der Kreuzesabnahme und Beweinung Jesu, andererseits die der Fußsalbung. Auch wenn der Name Maria Magdalena nicht fällt, kann nur sie die imaginierte Sprecherin sein:

Pietà

So seh ich, Jesus, deine Füße wieder,
die damals eines Jünglings Füße waren,
da ich sie bang entkleidete und wusch;
wie standen sie verwirrt in meinen Haaren
und wie ein weißes Wild im Dornenbusch.

So seh ich deine niegeliebten Glieder
zum erstenmal in dieser Liebesnacht.
Wir legten uns noch nie zusammen nieder,
und nun wird nur bewundert und gewacht.

Doch, siehe, deine Hände sind zerrissen –:
Geliebter, nicht von mir, von meinen Bissen.
Dein Herz steht offen und man kann hinein:
das hätte dürfen nur mein Eingang sein.

Nun bist du müde, und dein müder Mund
hat keine Lust zu meinem wehen Munde –.
O Jesus, Jesus, wann war unsre Stunde?
Wie gehn wir beide wunderlich zugrund.[310]

– Einen vollkommen anderen Ton schlägt der amerikanische Schriftsteller Christopher Moore in seiner Version der Jesusgeschichte an: *Die Bibel nach Biff. Die wilden Jugendjahre von Jesus, erzählt von seinem besten Freund Biff*.[311] Dieser Roman ist besser recherchiert, als man aufgrund der eher flapsigen Sprache zunächst anzunehmen geneigt ist. Levi ben Alphäus, genannt Biff, ist der beste Freund von Josua (= Jesus) und verliebt in Maggie (= Maria Magdalena). Die drei lernen sich schon als Kinder kennen, Biff stockt der Atem, als er Maggie das erste Mal begegnet. Biff beschreibt sein Problem folgendermaßen: »Das Mädchen, das ich will, liebt meinen besten Freund, und er ist der Messias.«[312] Die drei diskutieren als Kinder mögliche Rollenverteilungen auch unter Berücksichtigung der Geschlechterdifferenz:

---

310 RAINER MARIA RILKE, Neue Gedichte. Erster Teil, Leipzig 1907, 21.

311 CHRISTOPHER MOORE, Die Bibel nach Biff. Die wilden Jugendjahre von Jesus, erzählt von seinem besten Freund Biff. Roman. Deutsch von Jörn Ingwersen, München 2002; der englische Titel differiert: Lamb: The Gospel According to Biff, Christ's Childhood Pal, 2002.

312 MOORE, Bibel nach Biff, 55.

»›Ich glaube‹, verkündete Maggie, ›wenn ich groß bin, gehe ich nach Magdala zurück und werde Fischer auf dem See Genezareth.‹ Ich lachte. ›Sei nicht albern, du bist ein Mädchen. Du kannst nicht Fischer werden.‹ ›Kann ich wohl.‹ ›Nein, kannst du nicht. Du musst heiraten und Söhne bekommen. Übrigens, bist du eigentlich jemandem versprochen?‹ Josua sagte: ›Komm mit mir, Maggie, und ich mache dich zu einem Menschenfischer.‹ ›Was soll das bedeuten?‹ fragte Maggie.«[313]

Maggie wird von ihrer Familie mit Jakan, dem Gegenspieler von Josua und Biff, verlobt und verheiratet. Im langen Mittelteil des Buches verlieren Josua und Biff Maggie zunächst aus den Augen, da sie die drei Magier aus der matthäischen Kindheitsgeschichte suchen, was sie bis nach Afghanistan, China und Indien bringt und ihnen Kenntnisse in Meditation, Joga und asiatischen Kampftechniken beschert. Die drei treffen sich schließlich in Bethanien wieder, wo Maggie mit ihrem Mann kinderlos lebt. Biff will Maggie überreden, ihren Mann zu verlassen. Verabredungsgemäß spielt Maggie die Dämonenbesessene und kreischt Obszönitäten. Der Trick hat Erfolg, Jakan lässt sich scheiden, Maggie geht zunächst zu ihren Geschwistern Martha und Lazarus zurück und schließt sich im Folgenden der herumwandernden Gruppe an. »Maggie« ist sowohl mit Maria von Bethanien wie auch mit der Salbenden identifiziert. In der Variante der Salbungsszene folgt auf den Einspruch des Zeloten Judas noch eine Szene zwischen Maggie und Josua, der zuvor seinen Tod angekündigt hatte:

»Maggie goss Josua das restliche Öl über den Kopf und malte ihm mit dem Finger ein Muster an die Stirn. Josua wollte ihre

313 Moore, Bibel nach Biff, 43.

Hand nehmen, aber sie löste sich von ihm und trat zurück, bis er ihre Hand losließ. ›Ein Toter kann nicht lieben‹, sagte sie, ›sei still.‹ Als wir Josua am nächsten Morgen zum Tempel folgten, war Maggie nirgendwo zu sehen.«[314]

Erzählt wird in diesem Roman letztlich eine mehrfach unglückliche Beziehungsgeschichte. Maggie liebt Josua, Biff liebt Maggie und versucht am Ende noch, seinen besten Freund Josua durch das Arrangieren eines Scheintods zu retten, was allerdings misslingt. Auf intelligente Weise wird hier mit den unterschiedlichsten Motiven der christlichen Tradition gespielt: Das Motiv »Jesus in Indien« ist ebenso untergebracht wie die Spekulationen über einen angeblichen Scheintod Jesu und die Identifikation Maria Magdalenas mit Maria von Bethanien und der Salbenden.

Letztere Identifikation ist auch in der Rockoper *Jesus Christ Superstar* vollzogen.[315] Maria ist als (ehemalige) Prostituierte dargestellt, die sich um Jesus kümmert, ihn umsorgt und stärkt. Entsprechend ist auch die Salbungsszene inszeniert: Zu ihrer Fürsorge-Handlung singt Maria »Everyting's allright«.[316] Maria liebt Jesus auf eine Art und Weise, die sie verwirrt, da sie einer solchen Art der Liebe bislang nicht begegnet ist; sie singt:

---

314 Moore, Bibel nach Biff, 522.
315 Die Uraufführung fand 1971 in New York City statt; die Musik stammt von Andrew Lloyd Webber, die Texte von Tim Rice. Bekannt ist die Verfilmung von 1973: Norman Jewison, Jesus Christ Superstar, USA, Universal Pictures 1973; zur Interpretation vgl. Anja Wisskirchen, Identität gewinnen an Maria Magdalena. Eine Untersuchung der mythologischen Erzählstrukuren in den biblischen Texten und deren Rezeption in »Jesus Christ Superstar« und »Die letzte Versuchung Christi«, Pontes 6, Münster 2000.
316 Vgl. www.youtube.com/watch?v=jkje4FiH9Qc&feature=related; zuletzt eingesehen am 14. 9. 2010.

»I don't know how to love him«[317] und bringt darin auch ihre Angst vor Jesus zum Ausdruck (»he scares me so«). Maria ist die einzige der auftretenden Personen, die Jesus versteht, gleichzeitig lässt sie sich und ihr Leben durch Jesus verändern.

Die zuletzt vorgestellten Magdalenenadaptionen – drei ansonsten sehr unterschiedliche Romane, ein Gedicht und eine Rockoper – ähneln sich in ihrer Darstellung der Beziehung zwischen Maria und Jesus. Eine besondere Nähe beider ist in allen Fällen zu verzeichnen – ohne dass es jedoch zu einer »normalen« Liebesgeschichte kommt. Der Grund hierfür scheint mir letztlich in der Besonderheit und Exzeptionalität Jesu zu liegen, auch wenn diese im Einzelnen in unterschiedlicher Weise konkretisiert wird. Die zuvor behandelten »erfüllten« Liebesgeschichten standen demgegenüber in einem engen Zusammenhang mit der Betonung der Menschlichkeit Jesu Christi. Dies bedeutet aber, dass die »Liebesgeschichte« in beiden Fällen eine christologische Funktion hat. Je nachdem, ob die Menschlichkeit oder die Besonderheit Jesu betont werden soll, wird diesem eine »erfüllte« Liebesgeschichte, in einigen Fällen sogar mit Kindern, zugesprochen – oder eben nicht. Die Funktion Maria Magdalenas ist dabei die einer Erfüllungsgehilfin für die narrative Umsetzung der jeweils im Hintergrund stehenden Christologie.

Dies wirkt sich auch auf mögliche Einzelelemente bei der Darstellung Maria Magdalenas aus. Von den verschiedenen möglichen Identifikationen ist die mit der anonymen salbenden Frau auch in der Neuzeit die am häufigsten auftretende. Die Salbung lässt sich so-

---

317 Vgl. www.youtube.com/watch?v=18GTVeXNWfg; zuletzt eingesehen am 14. 9. 2010.

wohl in den Kontext einer Liebesszene integrieren (so etwa bei Saramago) wie auch als Fürsorge-Handlung deuten (so z. B. in *Jesus Christ Superstar*) und ist damit universell einsetzbar. Anders sieht es mit Maria Magdalena als Auferstehungszeugin aus: Da in einer Reihe von neueren Romanen und Filmen eine Auferstehungsszene nicht explizit erzählt wird, entfällt dort diese Rolle Marias. Wieder ist die jeweils im Hintergrund stehende Christologie maßgeblich für die Darstellung Magdalenas. Unterschiedlich fällt in den neueren Versionen der Umgang mit dem Motiv der Sünderin aus. Die Betonung der Buße und Reue steht nicht mehr in gleicher Weise im Zentrum wie in den älteren Texten zwischen Spätantike und Mittelalter.[318] Gleichwohl ist das Motiv der »Sünderin« noch vorhanden, so tritt Maria in einer Reihe von Texten als (ehemalige) Prostituierte auf (z. B. bei Saramago, Kazantzakis und Fredriksson), in anderen wird dies jedoch explizit verneint. Das Motiv der »Sünderin« kann auch in der Art adaptiert werden, dass Maria Magdalena mit der Ehebrecherin aus Joh 7,53–8,11 identifiziert wird, so etwa im Jesusfilm *Die größte Geschichte aller Zeiten*,[319] wo die Erstbegegnung Jesu mit Maria in ebendieser Szene stattfindet. Maria (rotes Kleid, aufgelöste Haare) wird von Jesus gerettet, anschließend fragt er sie – abweichend von Joh 8 – nach ihrem Namen und erfährt, dass sie Maria heißt.

---

318 Beispielhaft dafür ist der Einspruch von Luise Rinsers Mirjam: »Was tat ich in jener Höhle? Wer hat die Geschichte erfunden, ich habe dort ein heiliges Büßerleben geführt, einen blanken Totenschädel in Händen und meine Sünden beweinend? Törichtes Geschwätz. Wofür hätte ich büßen sollen, da er mich freigesprochen hat?« (10).

319 George Stevens, Die größte Geschichte aller Zeiten (The Greatest Story Ever Told), USA, George Stevens Productions 1965.

In Erzählungen der Jesusgeschichte müssen sich die jeweiligen Autoren oder Autorinnen entscheiden, wie sie Maria Magdalena narrativ einführen. Das verspätete Auftreten Marias, die ja in drei der vier neutestamentlichen Evangelien zum ersten Mal in der Kreuzigungsszene auftritt, bedeutet erzähltechnisch eine Schwierigkeit, die in den narrativen Gestaltungen der Jesusgeschichte in irgendeiner Form zu bewältigen ist.[320] Die Romane lösen dieses Problem mehrfach so, dass sie eine Vorgeschichte der Beziehung zwischen Jesus und Maria erzählen. Beliebt ist dabei die Variante, die beide schon als Kinder oder Jugendliche zusammenführt: Nicht nur *Die Bibel nach Biff* erzählt eine solche Vorgeschichte, sondern z. B. auch Rinser und Kazantzakis. In Verfilmungen ist ein solcher Einstieg in die Geschichte ungeeignet: Filme erfordern eher eine prägnant erzählte erste Magdalena-Szene, in der sie erkennbar und eindeutig charakterisiert ist. Eine weitgehende Umsetzung dieser Maxime erfolgt in einer der frühen Verfilmungen des Jesusstoffes: Der Stummfilm *The King of Kings* von 1927[321] setzt bei der Erzählung der Jesusgeschichte mit Maria Magdalena ein. Magdalena (roter Umhang, spärliche Kleidung, viel Schmuck, kunstvolle Frisur) wird durch den ersten Zwischentitel als »Kurtisane« gekennzeichnet und räkelt sich in der Anfangsszene auf einer Ottomane. Die Szenerie ist ein dekadentes Sym-

---

320 Demgegenüber funktionieren Gedichte oder argumentierende Texte anders, da sie fast immer nur einen Aspekt oder Ausschnitt der Geschichte thematisieren.

321 Cecil B. DeMille, The King of Kings, Stummfilm, Schwarz-weiß, teilweise koloriert, USA, DeMille Pictures Corporation 1927; der Film ist portioniert bei YouTube zu betrachten; die kolorierte Anfangssequenz unter: www.youtube.com/watch?v=oMwZEsJagj0&feature=watch_response_rev; zuletzt eingesehen am 15.9.2010.

posium, bei dem Magdalena lieber einer Raubkatze als den anwesenden Männern ihre Aufmerksamkeit schenkt. Als sie erfährt, dass ihr Geliebter, nämlich Judas (!), nicht wegen einer anderen Frau verschwunden ist, sondern einem vagabundierenden Zimmermann nachläuft, geht sie die Wette ein, dass sie ihn wiedergewinnen kann. Sie verlässt das Symposium auf einem eleganten vierspännigen Wagen, gezogen von Zebras. Die Einstiegsszene von *The King of Kings* knüpft an die Bildtradition des 19. Jh.s an, in der Magdalena als Verführerin und *femme fatale* inszeniert wurde. Ihre tatsächliche Erstbegegnung mit Jesus führt dann zur Verwandlung: Bemerkenswert ist die filmische Umsetzung von der Austreibung der sieben Dämonen (vgl. Lk 8,1–3), die in Überblendungen als Figurierungen der sieben Todsünden neben und hinter Magdalena visualisiert sind.[322] Im Verlauf des Films tritt Magdalena im Kontext der Osterereignisse mehrfach wieder auf, der Ablauf der Erscheinungserzählungen orientiert sich dabei primär an Joh 20. Betrachtet man den gesamten Film (unbedingt empfehlenswert!), so wird die Geschichte Magdalenas als Geschichte ihrer Verwandlung erzählt: Von der dekadenten Kurtisane wird sie zur Anhängerin Jesu und Auferstehungszeugin. Der Film erzählt mithin eine eigene Maria-Magdalena-Geschichte – ganz im Gegensatz zu manchen neueren Magdalenendarstellungen, in denen sie, zur Ehefrau Jesu und Mutter seiner Kinder mutiert, doch ein eher konventionelles Rollenbild verkörpert und ihre neutestamentliche Identität als Zeugin der Osterereignisse weitgehend verloren hat.

---

322 Vgl. www.youtube.com/watch?v=b1sDelU3bzo&feature=related, zuletzt eingesehen am 15. 9. 2010.

5. Magdalena-Doppelgängerinnen und das Evangelium nach Maria

Im Gegensatz zu den älteren, direkten und zum Teil monumentalen Wiedergaben der Jesusgeschichte gibt es in neueren Romanen und Filmen eine Tendenz, das Geschehen verschlüsselt, gebrochen oder auf mehreren Ebenen zu erzählen. Dadurch kommt es zu »Magdalena-Doppelgängerinnen«: So möchte ich jene Frauenfiguren nennen, die auf einer anderen als der historischen Erzählungsebene die Figur der Magdalena repräsentieren.[323] Zweien dieser Doppelgängerinnen sind wir im vorigen Abschnitt schon begegnet: Die beiden modernen Frauenfiguren in den Romanen von Dan Brown und Kathleen McGowan sind nicht nur auf der Suche nach Magdalena, sondern stehen auch in einer besonderen Verbindung mit ihr (verwandtschaftlich und/oder telepathisch), und ihre Geschichte verdoppelt Teile der rekonstruieren Magdalena-Geschichte auf der modernen Erzählebene.

Zwei weitere neue Magdalena-Erzählungen verfahren vergleichbar, wenn auch literarisch insgesamt anspruchsvoller. In Patrick Roths Erzählung *Magdalena*

---

323 Eine weitere, oben nicht besprochene Möglichkeit des Doppelgängerinnen-Motivs besteht darin, dass eine Magdalenenfigur ausschließlich auf der modernen Erzählebene auftritt und dabei mehr oder weniger deutlich als eine solche gekennzeichnet wird. Dies ist z. B. der Fall in Krzysztof Kieslowski, Dekalog 6, Fernsehfassung 1990 (montiert/geschnitten aus: »Ein kurzer Film über die Liebe«, Polen Zespol Filmowy »Tor« 1988). Die Hauptfigur namens Magda meldet sich zwischendurch einmal mit dem Namen Magdalena am Telefon. Verfolgt man diesen Hinweis, so lassen sich zahlreiche subtile Bezüge zur Magdalenentraditon herstellen.

am Grab[324] ist die Doppelgängerin eine rätselhafte junge Schauspielerin namens Monica Esposito. Der Doppelgängerinnen-Effekt beruht zunächst darauf, dass sie gemeinsam mit dem Ich-Erzähler die Begegnungsszene aus Joh 20 nachspielt. Gleichzeitig beginnen aus der Perspektive des Erzählers beide Figuren ineinander zu verschwimmen: Die Tränen Magdalenas erinnern ihn an die Tränen, die er zuvor bei Monica vermutete. Er fragt sich, ob er diese Tränen bei Monica vermutet hatte, weil er wusste, dass sie Magdalena spielen würde, und stellt dann gleich darauf die Frage: »Oder war es umgekehrt?«[325]

Die Erzählung Roths ist auch exegetisch interessant: Die beiden Spielenden stoßen nämlich bei ihrem Spiel auf ein konkretes Textproblem: In Joh 20,16 wendet Maria sich um, als Jesus sie bei ihrem Namen ruft, obwohl sie sich zuvor schon einmal zu Jesus gewendet hatte, als sie ihn noch für den Gärtner hielt (vgl. Joh 20,14). Wie also kann sie sich noch einmal umdrehen? Wenig plausibel ist, dass sie sich bei der Namensnennung von ihm wegdreht. Im Spielen nun findet Monica/Magdalena eine Lösung dieser Frage: Maria muss zwischenzeitlich vom Grab weg- und am »Gärtner« vorbeigelaufen sein, um sich dann wieder zu ihm umdrehen zu können – was bedeutet, dass auch Jesus sich ihr noch einmal zuwendet, als er sie anspricht. In Joh 20,14–16 werden also nicht alle notwendig mitzudenkenden und zu spielenden Bewegungen der Figuren erzählt. Roths Ich-Erzähler zieht theologische Schlüsse aus dem rekonstruierten Geschehen, ausgehend von Jesus:

---

324 PATRICK ROTH, Magdalena am Grab, Insel-Bücherei Nr. 1234, Frankfurt a. M. / Leipzig 2003.
325 ROTH, Magdalena, 22.

»Aber auch er hat sich in diesem Moment des Wiedererkennens verwandelt: Er ist nicht mehr der dunkle Gott, der sich nicht zu erkennen gibt, der fremd vor ihr, dann abgewandt von ihr stand, sondern jetzt ist er der Erkannte. Und Magdalena ist erst *darin* – durch diesen Moment des Erkanntseins – auch auferstanden.

Jesus selbst, das ist so wichtig, und eben das ist an dieser Stelle ausgelassen, übersprungen worden: Jesus selbst ist ein ›Sichtgewandthabender‹. Er wendet sich – noch bevor Maria von Magdala sich wandte. …

Gott wandelt sich, sagt dieses Bild, durch unser Suchen nach ihm, ja selbst durch unser An-Ihm-Vorbeigehen noch: wandelt er sich, um sich nach uns zu wenden nämlich, in seinem Verlangen zu sehen, das heißt: bewußt gesehen zu *werden*.«[326]

In Roths Erzählung bestimmt jene Verwandlung, die potentiell mit der Figur der Magdalena verbunden ist, auch andere Bereiche der Geschichte. Die Figuren der modernen Erzählwelt verwandeln sich, ebenso Magdalena und Jesus, und schließlich auch Gott.

Ganz anders geartete Doppelgängerinnen Magdalenas als bei Roth treten in einem Roman der litauischen Autorin Jurga Ivanauskaite mit dem Titel *Die Regenhexe*[327] auf. In diesem Roman wechseln drei Erzählebenen miteinander ab, in denen jeweils eine weibliche Ich-Erzählerin von ihrer Beziehung mit einem besonderen und religiös gebundenen Mann berichtet. Die neuzeitliche Ich-Erzählerin liebt einen Priester, die mittelalterliche einen heiligen Eremiten, und im dritten Erzählstrang berichtet Maria Magdalena von ihrer Beziehung zu Jesus. Die drei Geschichten sind vielfach

326   ROTH, Magdalena, 48 f.
327   JURGA IVANAUSKAITE, Die Regenhexe. Roman, München 2002 (Vilnius 1993).

miteinander verwoben; dieselben Motive und Szenen kehren in allen drei Erzählsträngen mit Variationen wieder. Alle drei Frauen verlieren ihren Geliebten, alle haben Selbstmordgedanken. Die Geschichte der ersten Begegnung von Magdalena und Jesus ist eine Adaption der Ehebrecherin-Geschichte aus Joh 7,53–8,11, erzählt aus der Perspektive der um ihr Leben zitternden Frau. Nachdem sie von Jesus gerettet wird, steht dieser fortan im Zentrum aller ihrer Gedanken und ihrer Sehnsucht. Es kommt jedoch nicht zu einer auch sexuellen Begegnung beider – im Gegensatz zu den beiden anderen Erzählebenen, auf denen die jeweils Beteiligten auch eine sexuelle Beziehung eingehen. Trotzdem – oder vielleicht gerade deswegen – ist die Jesus-Magdalena-Beziehung nicht als eine dermaßen fatale und zerstörerische Beziehung geschildert wie die beiden anderen. Es findet sich hier wieder der Typ der nicht-sexuellen Beziehung zwischen Jesus und Maria, durch die die Exzepionalität Jesu erzählerisch umgesetzt wird, verstärkt noch durch den Kontrast zu den beiden parallelen Erzählsträngen.

Interessant ist an dem Roman Ivanauskaites zudem, dass sie sich explizit auf die wiedergefundenen »gnostischen« Quellen beruft: In der mittelalterlichen Geschichte trifft die Ich-Erzählerin im Kerker auf eine andere, von der Inquisition verfolgte Frau, die über Maria Magdalena redet und sich auf die Evangelien nach Philippus, Thomas und Maria sowie den Dialog des Erlösers bezieht.[328] Entsprechend sind auch für den Magdalena-Erzählstrang Passagen aus diesen Texten, insbesondere aus dem Thomasevangelium, verwendet.

Mit einer gewissen zeitlichen Verzögerung sind also das Mariaevangelium und andere »gnostische« Texte in

---

328 Vgl. Ivanauskaite, Regenhexe, 43–45.

den modernen Magdalenendarstellungen angekommen. Der eben besprochene Roman ist nicht das einzige Beispiel dafür. Nicht nur Dan Brown bezieht sich auf die Evangelien nach Maria und Philippus, sondern auch im schon erwähnten Magdalenenroman der schwedischen Autorin Marianne Fredriksson sind Passagen aus dem Evangelium nach Maria verarbeitet. Ein weiteres Beispiel ist eine filmische Umsetzung des Magdalena-Stoffes aus neuerer Zeit, in der Szenen aus dem Mariaevangelium aufgenommen und gespielt werden. Ebenso wie die Erzählungen von Roth und Ivanauskaite spielt auch der Film des amerikanischen Regisseurs Abel Ferrara mit dem Titel *Mary*[329] auf mehreren Erzählebenen: Er setzt mit einem Film im Film ein: Gedreht wird dieser zweite Film, der den Titel *This Is My Blood* trägt, in Israel, die Eröffnungsszene ist eine Auffindung des leeren Grabes (inklusive Erscheinung des Auferstandenen), später werden noch weitere Szenen aus diesem Film gezeigt, die u. a. auf den Fragmenten des Mariaevangeliums beruhen. Im Anschluss an die Dreharbeiten beschließt die Maria-Magdalena-Darstellerin des Filmes (gespielt von Juliette Binoche), nicht mit dem Regisseur in die USA zurückzureisen, sondern in Israel zu bleiben. Der Film wechselt anschließend mehrfach die Ebenen und Erzählstränge, nicht nur zwischen den im Film gedrehten Filmszenen und der modernen Erzählung, sondern auch zwischen dem Fortgang der Handlung in Israel bzw. den USA sowie zwischen erzählerischen und dokumentarischen Passagen. In den dokumentarischen Passagen werden Interviews mit tatsächlichen Personen aus der amerikanischen Wissenschaft eingeschaltet, die sich, wie z. B.

---

329 Abel Ferrara, Mary – This is My Blood, Italien/Frankreich/USA, Wild Bunch 2005.

273

Elaine Pagels, mit den »gnostischen« Texten beschäftigt haben. Filmisch eingebunden sind diese Interviews, indem der in Israel gedrehte Film in einer amerikanischen Talkshow vorgestellt werden soll, die sich mit religiösen Themen beschäftigt und in der auch Experten und Expertinnen befragt werden. Die Erzählstruktur dieses Films ist derart komplex, dass es Mühe bereitet, sie beim ersten Ansehen zu durchschauen. Inhaltlich läuft die Gesamterzählung darauf hinaus, dass die Verwandlungsgeschichte von der Magdalena-Figur auf die modernen Erzählebenen ausstrahlt: Nicht nur die Magdalena-Darstellerin verändert ihr Leben, sondern auch der zunächst ungläubige Talkmaster gerät im Verlaufe des Films in eine tiefe Krise und verwandelt sich.

Das Evangelium nach Maria und die anderen wiedergefundenen Texte sind, wie an einigen Beispielen gezeigt, inzwischen nicht nur in der exegetischen Diskussion, sondern auch in der künstlerischen Ausgestaltung der Figur Maria Magdalena angekommen. Dabei gibt es eine interessante Koinzidenz der alten und der neuen Texte (und Filme): Passend zum fragmentarischen Charakter der wiedergefundenen Quellen und der Mehrschichtigkeit des Mariaevangeliums scheinen auch in der Postmoderne die Fragmentierungen und Vielschichtigkeiten innerhalb der Magdalena-Erzählungen zuzunehmen.

Epilog: Maria Magdalena als Zeitdiagnose

Unser Wissen über die historische Maria aus Magdala ist begrenzt. Sie war Jüdin, stammte aus dem Ort Magdala am See Gennesaret oder wohnte zeitweise dort. Sie hat Magdala verlassen, vermutlich in der Nachfolge

Jesu. Die Form ihres Namens lässt vermuten, dass sie nicht verheiratet oder familiär gebunden war. Wir kennen weder ihr Alter noch ihr Geburts- oder Todesdatum; wir wissen nicht, wie gebildet sie war. In den neutestamentlichen Texten ist sie Zeugin der Kreuzigung, findet das leere Grab und begegnet dem auferstandenen Jesus. Auch historisch dürfte sie eine entscheidende Rolle bei den Osterereignissen gespielt haben. Nach Ostern verliert sich ihre Spur; es lässt sich darüber spekulieren, ob dies im Zusammenhang mit einem Konflikt mit Petrus gestanden haben könnte.

In den folgenden fast 2.000 Jahren hat die Figur der Maria Magdalena dann eine bemerkenswerte und vielschichtige Entwicklung durchlaufen. Innerhalb dieser Entwicklung lassen sich drei Grundtypen der Charakterisierung unterscheiden, die sich auch überschneiden können: die besondere und bevorzugte Jüngerin, die Sünderin und Büßerin sowie die Geliebte und Ehefrau. Die erstgenannte Variante ist zunächst über einige Jahrhunderte die dominierende. In Anknüpfung an die Rolle Marias bei den Osterereignissen und wohl auch in Kontinuität zum historischen Befund wird die Figur Maria als bevorzugte Jüngerin und Apostelin ausgestaltet. Sie ist die Lieblingsjüngerin und Jesus näher als die anderen Personen aus seinem Umkreis, was sich etwa innerhalb der »gnostischen« Quellen darin ausdrückt, dass sie von Jesus spezielles Offenbarungswissen vermittelt bekommt, welches sie an die anderen weitergibt. In dieser Figur der Lieblingsjüngerin mit überlegenem Wissen spiegelt sich wohl auch das »gnostische« Selbstverständnis, eingeweiht zu sein und mehr zu wissen als die »normalen« Gemeindemitglieder. Insgesamt werden an der Gestalt Magdalenas strittige Fragen der ersten Jahrhunderte abgehandelt, so etwa in Bezug auf das Verhältnis der jeweiligen Gruppe zu Petrus, im Hinblick auf die Bedeutung der Geschlechterdifferenz oder auf die Frage nach Frauen mit Verkündigungstätigkeit oder in kirchlichen Ämtern.

Der zweite Magdalenentypus, die Sünderin und Büßerin, ist später aus der Identifikation unterschiedlicher neutestamentlicher Frauengestalten entstanden. Entscheidend für Magdalenas Image als reuige Sünderin war die Identifikation mit der anonymen, als »Sünderin« bezeichneten Frau in Lk 7,36–50, die Jesu Füße mit ihren Tränen wäscht, mit ihren Haaren trocknet und anschließend salbt. Zunächst, im Lukasevangelium und auch noch bei Gregor dem Großen um 600 n. Chr., waren die »Sünden« dieser Frau inhaltlich nicht näher bestimmt. In späterer Zeit wurden sie jedoch spezifisch als sexuelle Normübertretungen gedeutet (so etwa, abhängig vom Sündenverständnis der jeweiligen Zeit, als Wollust, Prostitution, Ehebruch oder Promiskuität). Zeitbedingt dominieren unterschiedliche Momente die Magdalenenfigurierungen: Im Mittelalter ist sie primär Büßerin, in barocken Darstellungen wirkt sie entrückt, im 19. Jh. sehen wir sie gleichzeitig als paradigmatische Prostituierte und als Verführerin. Es ist deutlich, dass die jeweiligen Themen der Zeit in die Darstellung der Magdalenenfigur eingehen und von dieser gespiegelt werden. Ihre Gestalt dient zur Verarbeitung jeweils diskutierter und zentraler Themen.

Der dritte Magdalenentypus, die Ehefrau und Geliebte, ist ein neuzeitliches Produkt. Diese Magdalena dient in erster Linie dazu, Jesu wahres Mensch-Sein zu garantieren und erzählerisch darzustellen. Auffallend ist darüber hinaus die große Rolle, die die »Beziehungsgeschichten« zwischen Jesus und Maria (als sexuelle oder auch transzendierte) in vielen neueren Romanen spielen. Vergleichbares lässt sich weder in antiken noch in mittelalterlichen Texten finden. Auch in diesem Punkt scheint sich wieder der Zeitgeist in Magdalena zu spiegeln, der ein erfülltes Leben primär in menschlichen Zweierbeziehungen sucht und Buße, Askese oder die Beziehung zu Gott deutlich seltener ins Zentrum stellt.

Ebenfalls ein modernes Thema (an dem sich auch dieses Buch beteiligt) ist die Frage nach der historischen Maria aus Magdala. Diese Fragestellung hat ihre Wurzeln im 19. Jh., als die Suche danach, »wie es denn eigentlich gewesen sei«, zum Ziel von Geschichtsschreibung avancierte. Unsere Geschichtskonstruktionen sind jedoch nie nur objektiv, sondern immer Konstruktionen, die die jeweiligen Zeitfragen und -umstände spiegeln. Besonders projektionsverdächtig ist, wer behauptet, die ganze Wahrheit zu kennen und gegen alle Widerstände und Gefahren zu enthüllen: Auch die Verschwörungstheorie ist ein Zeitphänomen und eine Geschichtskonstruktion, und zudem eine, die auf eine nachvollziehbare Deutung und Kontextualisierung von Quellen weitgehend verzichtet.

Die für mich beeindruckendsten neuzeitlichen Magdalenenadaptionen sind letztlich Verwandlungsgeschichten – mit oder ohne salbende Sünderin. Das Verwandlungsmotiv lässt sich durch die Zeiten verfolgen, sei es in Marias Verlassen ihres Wohnortes in der Nachfolge Jesu, sei es in Marias Wendung zu Jesus in Joh 20 oder ihrer Übernahme der Rolle Jesu und ihrem »Aufstieg« im Mariaevangelium, in der Umkehr der Sünderin bei Gregor oder auch in den Wandlungen der modernen Magdalenenfiguren. Ich vermute, dass Maria aus Magdala auch in Zukunft weitere Verwandlungsgeschichten hervorbringen wird.

D. VERZEICHNISSE

Bei den folgenden Literaturverzeichnissen ist keine Vollstän-
digkeit angestrebt; der Schwerpunkt liegt auf deutschen (und
einigen englischsprachigen) Veröffentlichungen. Die unter 1.
aufgeführten Abkürzungen, Textausgaben und Übersetzungen sollen das Auffinden der relevanten apokryphen Texte
und ihrer Übersetzungen ins Deutsche oder Englische erleichtern. Generell richten sich Abkürzungen nach: SIEGFRIED
M. SCHWERTNER, Internationales Abkürzungsverzeichnis für
Theologie und Grenzgebiete, Berlin / New York ²1992.

1. ABKÜRZUNGEN, TEXTAUSGABEN UND ÜBERSETZUNGEN DER ANTIKEN SCHRIFTEN

1.1. Übergreifendes

BG = Codex Berolinensis Gnosticus; in Berlin aufbewahrter
koptischer Papyruscodex aus dem 5. Jh. n. Chr., enthält
EvMar, AJ, SJC und einen Text aus den Petrusakten.

CT = Codex Tchacos, im Jahr 2006 erstmalig publizierter koptischer Papyruscodex aus dem 3. oder 4. Jh. n. Chr., enthält
u. a. das Evangelium des Judas und eine Version der 1Apc-
Jac unter dem Titel »Jakobus«.

NHC = Nag Hammadi Codex/Codices; 1945 in Ägypten in
der Nähe des Ortes Nag Hammadi gefundene koptische
Codices aus dem 4. Jh. n. Chr., inzwischen in Kairo aufbewahrt; zitiert wird mit Nummer des Codex und anschlie-
ßender Nummer der Schrift darin, also EvThom = NHC
II,2, d. h. die zweite Schrift im Codex mit der Nummer
zwei.

NHD = Nag Hammadi Deutsch; deutsche Gesamtübersetzung der Nag-Hammadi-Schriften mit Einleitungen:

SCHENKE, HANS-MARTIN / BETHGE, HANS-GEBHARD / KAI-
SER, URSULA ULRIKE (Hrsg.): Nag Hammadi Deutsch.
1. Band: NHC I,1–V,1; 2. Band: NHC V,2–XIII,1, BG 1 und
4. Eingeleitet und übersetzt von Mitgliedern des Berliner

Arbeitskreises für Koptisch-Gnostische Schriften, GCS NF 8; 12, Berlin / New York 2001; 2003; auch als einbändige Taschenbuchausgabe mit gekürzten Einleitungen:

Schenke, Hans-Martin / Bethge, Hans-Gebhard / Kaiser, Ursula Ulrike (Hrsg.): Nag Hammadi Deutsch. Studienausgabe. Eingeleitet und übersetzt von Mitgliedern des Berliner Arbeitskreises für Koptisch-gnostische Schriften, 2., überarbeitete Auflage, Berlin / New York 2010.

NHS/NHMS = Nag Hammadi Studies, später umbenannt in Nag Hammadi and Manichaean Studies; Reihe mit Textausgaben aller Texte der NHC und des BG mit englischen Übersetzungen.

NTApo 1/2: Deutsche Ausgabe der wichtigsten apokrypen Texte des frühen Christentums mit Einleitungen, teilweise nicht mehr auf dem letzten Stand (eine Neuausgabe ist in Arbeit):

Schneemelcher, Wilhelm (Hrsg.): Neutestamentliche Apokryphen in deutscher Übersetzung. Bd. I: Evangelien, Tübingen [6]1990; Bd. II: Apostolisches, Apokalypsen und Verwandtes, Tübingen [6]1997.

Eine deutsche Übersetzung vieler Texte (mit Einleitungen) findet sich auch in:

Plisch, Uwe-Karsten: Was nicht in der Bibel steht. Apokryphe Schriften des frühen Christentums, Brennpunkt Bibel 3, Stuttgart 2006.

1.2. Einzelne apokryph gewordene Schriften

1ApcJac = Die (erste) Apokalypse des Jakobus (NHC V,3 und CT,2):

Schoedel, William R. (Hrsg./Übers.): The (First) Apocalypse of James, in: Parrott, Douglas M. (Hrsg.), Nag Hammadi Codices V,2–5 and VI with Papyrus Berolinensis 8502,1 and 4, NHS 11, Leiden 1979, 65–103.

Schletterer, Imke (Einl.) / Plisch, Uwe-Karsten (Übers.): Die erste Jakobusapokalypse, in: NHD 2, 407–418.

Kasser, Rodolphe / Wurst, Gregor u. a. (Hrsg./Übers.): The Gospel of Judas, together with the Letter of Peter to Philip, James, and a Book of Allogenes from Codex Tchacos. Critical Edition, Washington DC 2007, 115–176.

Brankaer, Johanna / Bethge, Hans-Gebhard (Hrsg./ Übers.): Codex Tchacos. Texte und Analysen, TU 161, Berlin 2007, 81–162.

2ApcJac = Die (zweite) Apokalypse des Jakobus (NHC V,4):
Hedrick, Charles W. (Hrsg./Übers.): The (Second) Apocalypse of James, in: Parrott, Douglas M. (Hrsg.), Nag Hammadi Codices V,2–5 and VI with Papyrus Berolinensis 8502,1 and 4, NHS 11, Leiden 1979, 105–149.
Kaiser, Ursula Ulrike (Einl.) / Plisch, Uwe-Karsten (Übers.): Die zweite Jakobusapokalypse, in: NHD 2, 419–432.

AJ = Das Apokryphon des Johannes (NHC II,1; III,1; IV,1 und BG,2):
Waldstein, Michael / Wisse, Frederik (Hrsg./Übers.): The Apocryphon of John. Synopsis of Nag Hammadi Codices II,1; III,1 and IV,1 with BG 8502,2, NHS 33, Leiden u. a. 1995.
Waldstein, Michael (Einl./Übers.): Das Apokryphon des Johannes (NHC II,1; III,1; IV,1 und BG,2), in: NHD 1, 95–150.

Dial = Der Dialog des Erlösers (NHC III,5):
Emmel, Stephen (Hrsg./Übers.): Nag Hammadi Codex III,5. The Dialogue of the Saviour, NHS 26, Leiden 1984.
Petersen, Silke (Einl.) / Bethge, Hans-Gebhard (Übers.): Der Dialog des Erlösers (NHC III,5), in: NHD 1, 381–397.

EpAp = Epistula Apostolorum (in koptischer und äthiopischer Version):
Schmidt, Carl (Hrsg./Übers.): Gespräche Jesu mit seinen Jüngern nach der Auferstehung. Ein katholisch-apostolisches Sendschreiben des 2. Jahrhunderts. Übersetzung des äthiopischen Textes von Isaak Wajnberg, TU 43, Leipzig 1919, Nachdruck Hildesheim 1967.
Müller, C. Detlef G.: Epistula Apostolorum, in: NTApo 1, 205–233.

EvMar = Das Evangelium nach Maria (BG,1 und griechische Fragmente):

Wilson, Robert McL. / MacRae, George W. (Hrsg./Übers.): The Gospel According to Mary, BG I,7,1–19,5, in: Parrott, Douglas M. (Hrsg.), Nag Hammadi Codices V,2–5 and VI with Papyrus Berolinensis 8502,1 and 4, NHS 11, Leiden 1979, 453–471.

Lührmann, Dieter: Die griechischen Fragmente des Mariaevangeliums POx 3525 und PRyl 463, in: NT 30, 1988, 321–338.

Till, Walter Curt (Hrsg./Übers.): Die gnostischen Schriften des koptischen Papyrus Berolinensis 8502, TU 60, Berlin 1955; 2., erw. Aufl. bearbeitet von Hans-Martin Schenke, Berlin 1972.

Hartenstein, Judith (Einl./Übers.): Das Evangelium nach Maria (BG 1), in: NHD 2, 833–844.

EvPetr = Evangelium nach Petrus (griechische Fragmente):

Kraus, Thomas J. / Niklas, Tobias (Hrsg./Übers.): Das Petrusevangelium und die Petrusapokalypse. Die griechischen Fragmente mit deutscher und englischer Übersetzung, GCS 11, Berlin / New York 2004.

Lührmann, Dieter: Fragmente apokryph gewordener Evangelien in griechischer und lateinischer Sprache, hrsg., übers. und eingel. in Zusammenarbeit mit Egbert Schlarb, MThSt 59, Marburg 2000.

EvPhil = Das Evangelium nach Philippus (NHC II,3):

Isenberg, Wesley B. (Einl./Übers.) / Layton, Bentley (Hrsg.): The Gospel According to Philip, Nag Hammadi Codex II,3, in: Layton, Bentley (Hrsg.), Nag Hammadi Codex II,2–7, Bd. 1, NHS 20, Leiden u. a. 1989, 131–217.

Schenke, Hans-Martin (Hrsg./Übers.): Das Philippus-Evangelium (Nag Hammadi-Codex II,3). Neu hrsg., übers. und erklärt, TU 143, Berlin 1997.

Schenke, Hans-Martin (Einl./Übers.): Das Evangelium nach Philippus (NHC II,3), in: NHD 1, 183–213.

EvThom = Das Evangelium nach Thomas (NHC II,2 und griechische Fragmente):

Köster, Helmut (Einl.) / Layton, Bentley (Hrsg.) / Lambdin, Thomas O. (Übers.): The Gospel According to Thomas, Nag Hammadi Codex II,2, in: Layton, Bentley

(Hrsg.), Nag Hammadi Codex II,2–7, Bd. 1, NHS 20, Leiden u. a. 1989, 38–128.

SCHRÖTER, JENS (Einl.) / BETHGE, HANS-GEBHARD U. A. (Übers.): Das Evangelium nach Thomas (NHC II,2), in: NHD 1, 151–181.

PS = Pistis Sophia, vier Bücher (Codex Askewianus):

SCHMIDT, CARL / MACDERMOT, VIOLET (Hrsg./Übers.): Pistis Sophia, NHS 9, Leiden 1978.

SCHMIDT, CARL (Übers.): Pistis Sophia. Ein gnostisches Originalwerk des dritten Jahrhunderts aus dem Koptischen übersetzt, Leipzig 1925.

SJC = Die Sophia Jesu Christi (NHC III,4; BG 3 und griechische Fragmente); Vorlage dieser Schrift ist:

Eug = Der Brief des Eugnostos (NHC III,3 und V,1):

PARROTT, DOUGLAS M. (Hrsg./Übers.): Nag Hammadi Codices III,3–4 and V,1 with Papyrus Berolinensis 8502,3 and Oxyrhynchus Papyrus 1081, Eugnostos and the Sophia of Jesus Christ, NHS 27, Leiden u. a. 1991.

HARTENSTEIN, JUDITH (Einl./Übers.): Eugnostos (NHC III,3; V,1) und die Weisheit Jesu Christi (NHC III,4; BG, 3), in: NHD 1, 323–379.

1.3. Weitere antike Quellen

(Texte und Übersetzungen der Kirchenväter nach den jeweils in den Fußnoten angegebenen Reihen: BKV: Bibliothek der Kirchenväter; SC: Sources Chrétiennes; CChr.SG: Corpus Christianorum, Series Graeca; CChr.SL: Corpus Christianorum, Series Latina; FC: Fontes christiani; PG: Patrologiae cursus completus, Series Graeca; PL: Patrologiae cursus completus, Series Latina)

ACHELIS, HANS / FLEMMING, JOHANNES (Übers.): Didaskalia Apostolorum. Deutsch, TU 25,2, Leipzig 1904

ALLBERRY, CHARLES R. C. (Hrsg./Übers.): A Manichaean Psalm-Book. Part II, Manichaean Manuscripts in the Chester Beatty Collection. Bd. II, Stuttgart 1938.

BONWETSCH, GOTTLIEB NATHANAEL (Hrsg./Übers.): Hippolyt 1; GCS 1, Leipzig 1897.

Bovon, François / Bouvier, Bertrand / Amsler, Frédéric (Hrsg./Übers.): Acta Philippi: Textus, CChr.SA 11, Turnhout 1999.

Bradshaw, Paul F. / Johnson, Maxwell E. / Philipps, L. Edward (Übers./Komm.): The Apostolic Tradition. A Commentary, Minneapolis 2002.

Budge, E. A. Wallis (Hrsg./Übers.): Coptic Apocrypha in the Dialect of Upper Egypt, London 1913.

Lattke, Michael (Übers.): Oden Salomos, FC 19, Freiburg u. a., 179.

Lipsius, Ricardus A. / Bonnet, maximilianus (Hrsg.): Acta Apostolorum Apocrypha II,2; III, Nachdruck Darmstadt 1959.

Richter, Siegfried G. (Hrsg.), The Manichaean Coptic Papyri in the Chester Beatty Library, Psalm Book II,2: Die Herakleides-Psalmen, Corpus Fontium Manichaeorum Series Coptica 1, Brepols 1998.

Scheidweiler, Felix / Schneemelcher, Wilhelm (Einl./Übers.): Bartholomäusevangelium, in: NTApo 1, 424–440.

2. Wissenschaftliche Monographien und Artikel

Aland, Kurt: Bemerkungen zum Schluß des Markusevangeliums, in: Ellis, Edward Earle / Wilcox, Max (Hrsg.), Neotestamentica et semitica. Studies in Honour of Matthew Black, Edinburgh 1969, 157–180.

Atwood, Richard: Mary Magdalene in the New Testament Gospels and Early Tradition, EHS.T 23, 457, Bern u. a. 1993.

Bader, Dietmar (Hrsg.): Maria Magdalena – Zu einem Bild der Frau in der christlichen Verkündigung, München/Zürich 1990.

Baer, Richard A.: Philo's Use of the Categories Male and Female, ALGHJ III, Leiden 1970.

Bautz, Friedrich Wilhelm: Artikel: Faber, Jakob, Biographisch-Bibliographisches Kirchenlexikon, Bd. I, 1582–1584, Hamm ²1990 (aktualisierte Internet-Version: www.bautz.de/bbkl/f/faber_ja.shtml; zuletzt eingesehen am 5. 9. 2010).

BENZ, RICHARD: Die Legenda aurea des Jacobus de Voragine. Aus dem Lateinischen übersetzt von Richard Benz, Heidelberg ⁹1979.

BIEBERSTEIN, SABINE: Verschwiegene Jüngerinnen – vergessene Zeuginnen. Gebrochene Konzepte im Lukasevangelium, NTOA 36, Freiburg (Schweiz) 1998.

BÖTTRICH, CHRISTFRIED: Petrus. Fischer, Fels und Funktionär, Biblische Gestalten 2, Leipzig 2001.

BROCK, ANN GRAHAM: Mary Magdalene, The First Apostel: The Struggle for Authority, HThS 51, Cambridge 2003.

BROOTEN, BERNADETTE J.: »Junia ... hervorragend unter den Aposteln« (Röm 16,7), in: Moltmann-Wendel, Elisabeth (Hrsg.), Frauenbefreiung. Biblische und theologische Argumente, GT.S 12, München ²1978, 148–151.

BULTMANN, RUDOLF: Die Geschichte der synoptischen Tradition, FRLANT.NF 12, Göttingen ²1931 u. ö. (zuerst 1921).

BULTMANN, RUDOLF: Die Krisis des Glaubens, in: Ders., Glauben und Verstehen. Gesammelte Aufsätze II, Tübingen 1952, 1–19.

BUTLER, JUDITH: Das Unbehagen der Geschlechter, Frankfurt a. M. 1991 (Gender Trouble. Feminism and the Subversion of Identity, New York 1991).

CHARLESWORTH, JAMES H. / AVIAM, MORDECHAI: Überlegungen zur Erforschung Galiläas im ersten Jahrhundert, in: Claußen, Carsten / Frey, Jörg (Hrsg.), Jesus und die Archäologie Galiläas, BThS 87, Neukirchen-Vluyn 2008, 93–127.

DE BOER, ESTHER: The Gospel of Mary. Beyond a Gnostic and a Biblical Mary Magdalene, JSNT.S 260, London u. a. 2004.

DU TOIT, DAVID S.: Der abwesende Herr. Strategien im Markusevangelium zur Bewältigung der Abwesenheit des Auferstandenen, WMANT 111, Neukirchen-Vluyn 2006.

EISEN, UTE E.: Amtsträgerinnen im frühen Christentum. Epigraphische und literarische Studien, FKDG 61, Göttingen 1996.

FINNEGAN, FRANCES: Do Penance or Perish. Magdalene Asylums in Ireland, Congrave, Piltown 2001.

Gaffron, Hans-Georg: Studien zum koptischen Philippus-evangelium unter besonderer Berücksichtigung der Sakramente, Bonn 1969.

Gnilka, Joachim: Das Evangelium nach Markus (Mk 8,27–16,20), EKK II,2, Solothurn und Düsseldorf/Neukirchen-Vluyn ⁴1994.

Graham, Susan L.: Silent Voices, Women in the Gospel of Mark, in: Semeia 54, 1992, 145–158.

Hansel, Hans: Die Maria-Magdalena-Legende: Eine Quellenuntersuchung, Erster Teil, GBLS 16,1, Greifswald 1937.

Harnack, Adolf von: Über das gnostische Buch Pistis-Sophia. Brod und Wasser: Die eucharistischen Elemente bei Justin, Zwei Untersuchungen, TU 7,2, Leipzig 1891.

Hartenstein, Judith: Geschichten von der Erscheinung des Auferstandenen in nichtkanonischen Schriften und die Entwicklung der Ostertradition, in: Nicklas, Tobias / Merkt, Andreas / Verheyden, Joseph (Hrsg.), Gelitten. Gestorben. Auferstanden. Passions- und Ostertraditionen im antiken Christentum, WUNT 2,273, Tübingen 2010, 123–142.

Hartenstein, Judith: Die zweite Lehre. Erscheinungen des Auferstandenen als Rahmenerzählungen frühchristlicher Dialoge, TU 146, Berlin 2000.

Hartenstein, Judith / Petersen, Silke: Das Evangelium nach Maria. Maria Magdalena als Lieblingsjüngerin und Stellvertreterin Jesu, in: Schottroff, Luise / Wacker, Marie-Theres (Hrsg.), Kompendium feministische Bibelauslegung, Gütersloh 1998, 757–767.

Hartenstein, Judith / Petersen, Silke: Das Evangelium nach Thomas. Frühchristliche Überlieferungen von Jüngerinnen Jesu oder: Maria Magdalena wird männlich, in: Schottroff, Luise / Wacker, Marie-Theres (Hrsg.), Kompendium feministische Bibelauslegung, Gütersloh 1998, 768–777.

Haskins, Susan: Mary Magdalene. Myth and Metaphor, London 1993.

Hengel, Martin: Maria Magdalena und die Frauen als Zeugen, in: Betz, Otto/Hengel, Martin / Schmidt, Peter (Hrsg.), Abraham unser Vater. Juden und Christen im Gespräch über die Bibel, FS Otto Michel, Leiden/Köln 1963, 243–256.

HENTSCHEL, ANNI: Diakonia im Neuen Testament. Studien zur Semantik unter besonderer Berücksichtigung der Rolle von Frauen, WUNT II, 226, Tübingen 2007.

HOFFMANN, PAUL / HEIL, CHRISTOPH: Die Spruchquelle Q. Studienausgabe Griechisch und Deutsch, Darmstadt 2002.

HOLZMEISTER, URBAN: Die Magdalenenfrage in der kirchlichen Überlieferung, in: ZKTh 46, 1922, 402–422, 556–584.

ILAN, TAL: Lexicon of Jewish Names in Late Antiquity. Part I: Palestine 330 BCE – 200 CE, TSAJ 91, Tübingen 2002.

JANSEN, KATHERINE LUDWIG: Die Ankunft Maria Magdalenas in Vézelay, in: Welt und Umwelt der Bibel: »Maria Magdalena« 2/2008, 56–57.

JENSEN, ANNE: Maria von Magdala – Traditionen der frühen Christenheit, in: Bader, Dietmar (Hrsg.), Maria Magdalena – Zu einem Bild der Frau in der christlichen Verkündigung, München/Zürich 1990, 33–50.

JONAS, HANS: Gnosis und spätantiker Geist. Erster Teil. Die mythologische Gnosis. Mit einer Einleitung zur Geschichte und Methodologie der Forschung, Göttingen ⁴1964 (Nachdruck 1988), (¹1934), Zweiter Teil, Erste Hälfte. Von der Mythologie zur mystischen Philosophie, Göttingen 1954.

JONAS, HANS: Der Gottesbegriff nach Auschwitz. Eine jüdische Stimme, Frankfurt a. M. 1987 (zuerst 1984).

KING, KAREN L.: The Gospel of Mary of Magdala. Jesus and the First Woman Apostle, Santa Rosa (California) 2003.

KING, KAREN L.: What is Gnosticism?, Cambridge (MA)/London (England) 2003.

KLAUCK, HANS-JOSEF: Die dreifache Maria. Zur Rezeption von Joh 19,25 in EvPhil 32, in: Ders., Alte Welt und neuer Glaube. Beiträge zur Religionsgeschichte, Forschungsgeschichte und Theologie des Neuen Testaments, NTOA 29, Göttingen 1994, 145–162.

KLAUCK, HANS-JOSEF: Die religiöse Umwelt des Urchristentums 2. Herrscher- und Kaiserkult, Philosophie, Gnosis, Stuttgart u. a. 1996.

KÖSTER, HELMUT: Ancient Christian Gospels. Their History and Development, London ³1992 (1990).

Kollmann, Bernd: Die Jesus-Mythen. Sensationen und Legenden, Freiburg i. B. 2009.

Lampe, Peter: Jesu DNS-Spuren in einem Ossuar und in einem Massengrab seine Gebeine? Von medialer Pseudowissenschaft und zuweilen unsachgemäßen Expertenreaktionen, in: ZNT 10, 2007, 72–76.

Laqueur, Thomas: Auf den Leib geschrieben. Die Inszenierung der Geschlechter von der Antike bis Freud, Frankfurt a. M. / New York 1992 .

Laurent, Sophie: Auf den Spuren Maria Magdalenas in der Provence, in: Welt und Umwelt der Bibel: »Maria Magdalena« 2/2008, 58.

Leicht, Barbara: Von Galiläa nach Frankreich. Die *legenda aurea*, in: Welt und Umwelt der Bibel: »Maria Magdalena« 2/2008, 54–55.

Lührmann, Dieter: Die apokryph gewordenen Evangelien: Studien zu neuen Texten und zu neuen Fragen, NT.S 112, Leiden u. a. 2004.

Maisch, Ingrid: Maria Magdalena zwischen Verachtung und Verehrung. Das Bild einer Frau im Spiegel der Jahrhunderte, Freiburg/Basel/Wien 1996.

Malbon, Elizabeth Struthers: Fallible Followers. Women and Men in the Gospel of Mark, in: Semeia 28, 1983, 29–48.

Marjanen, Antti: The Woman Jesus Loved. Mary Magdalene in the Nag Hammadi Library and Related Documents, NHMS 40, Leiden u. a. 1996.

Markschies, Christoph: Valentinus Gnosticus? Untersuchungen zur valentinianischen Gnosis mit einem Kommentar zu den Fragmenten Valentins, WUNT 65, Tübingen 1992.

Moltmann-Wendel, Elisabeth: Ein eigener Mensch werden. Frauen um Jesus, Gütersloh 1980.

Mohri, Erika: Maria Magdalena. Frauenbilder in Evangelientexten des 1. bis 3. Jahrhunderts, MThSt 63, Marburg 2000.

Nagel, Peter: Mariamme – Netzewerferin und Geist der Weisheit (PsB II p. 192,21 und 194,19), in: Fluck, Cäcilia,

u. a. (Hrsg.), Divitiae Aegypti. Koptologische und verwandte Studien zu Ehren von Martin Krause, Wiesbaden 1995, 223–228.

NAGEL, PETER: Die Thomaspsalmen des koptisch-manichäischen Psalmenbuches, Quellen 1, Berlin 1980.

NUN, MENDEL: Ancient Ports of Galilee, www.magdalaproject.org/WP/?p=771, zuletzt eingesehen am 20.9.2010.

PAGELS, ELAINE H.: Versuchung durch Erkenntnis. Die gnostischen Evangelien, Frankfurt a. M. 1981.

PATTERSON, STEPHEN J.: The Gospel of Thomas and Jesus, Sonoma CA 1993.

PENN, MICHAEL PHILIP: Kissing Christians. Ritual and Community in the Late Ancient Church, Philadelphia 2005.

PETERSEN, SILKE: Das andere Evangelium. Ein erster Wegweiser durch die Johannesforschung, in: ZNT 23, 2009, 2–11.

PETERSEN, SILKE: Die Evangelienüberschriften und die Entstehung des neutestamentlichen Kanons, in: ZNW 97, 2006, 250–274.

PETERSEN, SILKE: »Natürlich, eine alte Handschrift«. Nag Hammadi, die Gnosis und das Neue Testament, in: ZNT 4, 1999, 2–11.

PETERSEN, SILKE: Nicht mehr »männlich und weiblich« (Gen 1,27). Die Rede von der Aufhebung der Geschlechterdifferenz im frühen Christentum, in: Fischer, Irmtraud/Heil, Christoph (Hrsg.), Geschlechterverhältnisse und Macht. Lebensformen in der Zeit des frühen Christentums, exuz 21, Berlin u. a. 2010, 78–109.

PETERSEN, SILKE: »Die sieben Frauen – sieben Geistkräfte sind sie«. Frauen und Weiblichkeit in der Schrift »Jakobus« (CT 2) und in der (ersten) Apokalypse des Jakobus (NHC V, 3), erscheint in: Popkes, Enno Edzard / Wurst, Gregor (Hrsg.), Judasevangelium und Codex Tchacos. Studien zur religionsgeschichtlichen Verortung einer gnostischen Schriftensammlung, WUNT, Tübingen 2011.

PETERSEN, SILKE: »Zerstört die Werke der Weiblichkeit!« Maria Magdalena, Salome und andere Jüngerinnen Jesu in christlich-gnostischen Schriften, NHMS 48, Leiden/Boston/Köln 1999.

PLISCH, UWE-KARSTEN: Das Thomasevangelium. Originaltext mit Kommentar, Stuttgart 2007.

REINMUTH, ECKHART: Historik und Exegese – Zum Streit um die Auferstehung Jesu nach der Moderne, in: Alkier, Stefan / Brucker, Ralph (Hrsg.), Exegese und Methodendiskussion. TANZ 23, Tübingen/Basel 1998, 1–20.

ROBINSON, JAMES M.: Nag Hammadi. The First Fifty Years, in: Turner, John D. / McGuire, Anne (Hrsg.), The Nag Hammadi Library after Fifty Years. Proceedings of the 1995 Society of Biblical Literature Commemoration, NHMS 44, Leiden u. a. 1997, 3–33.

RUSCHMANN, SUSANNE: Maria von Magdala im Johannesevangelium. Jüngerin – Zeugin – Lebensbotin, NTA.NF 40, Münster 2002.

SCHABERG, JANE: The Resurrection of Mary Magdalene. Legends, Apocrypha, and the Christian Testament, New York / London 2004.

SCHABERG, JANE / JOHNSON-DEBAUFRE, MELANIE: Mary Magdalene Understood, New York / London 2006.

SCHIFFNER, KERSTIN: Lukas liest Exodus. Eine Untersuchung zur Aufnahme ersttestamentlicher Befreiungsgeschichte im lukanischen Werk als Schrift-Lektüre, BWANT 172, Stuttgart 2008.

SCHOTTROFF, LUISE: Maria Magdalena und die Frauen am Grabe Jesu, in: EvTh 42, 1982, 3–25.

SCHÜNGEL-STRAUMANN, HELEN: Die Frau am Anfang – Eva und die Folgen, Freiburg 1989; Münster [3]1999.

SCHÜSSLER FIORENZA, ELISABETH: Zu ihrem Gedächtnis … Eine feministisch-theologische Rekonstruktion der christlichen Ursprünge, München 1988.

STANDHARTINGER, ANGELA: Geschlechterperspektiven auf die Jesusbewegung, in: Zeitschrift für Pädagogik und Theologie 4, 2004, 308–318.

STROUMSA, GUY G.: Hidden Wisdom. Esoteric Traditions and the Roots of Christian Mysticism, SHR 70, Leiden u. a. 1996.

SYNEK, EVA MARIA: Heilige Frauen der frühen Christenheit. Zu den Frauenbildern in hagiographischen Texten des christlichen Ostens, Das östliche Christentum NF 43, Würzburg 1994.

TASCHL-ERBER, ANDREA: Between Recognition and Testimony. Johannine Relecture of the First Easter Witness and Patristic Receptions, erscheint in: Bieringer, Reimund u. a. (Hrsg.), To Touch or Not to Touch. Interdisciplinary Perspectives on Noli me Tangere, Leuven 2011.

TASCHL-ERBER, ANDREA: »Eva wird Apostel!« Rezeptionslinien des Osterapostolats Marias von Magdala in der lateinischen Patristik, in: Fischer, Irmtraud / Heil, Christoph (Hrsg.), Geschlechterverhältnisse und Macht. Lebensformen in der Zeit des frühen Christentums, exuz 21, Berlin u. a. 2010, 161–196.

TASCHL-ERBER, ANDREA: Maria von Magdala – erste Apostolin? Joh 20,1–18: Tradition und Relecture, HBS 51, Freiburg u. a. 2007.

THEISSEN, GERD: Erleben und Verhalten der ersten Christen. Eine Psychologie des Urchristentums, Gütersloh 2007.

THEISSEN, GERD: Die Jesusbewegung. Sozialgeschichte einer Revolution der Werte, Gütersloh 2004.

THEISSEN, GERD / MERZ, ANNETTE: Der historische Jesus. Ein Lehrbuch, Göttingen 1996 u. ö.

THEOBALD, MICHAEL: Das Evangelium nach Johannes. Kapitel 1–12, RNT, Regensburg 2009.

THRAEDE, KLAUS: Ursprünge und Formen des »Heiligen Kusses« im frühen Christentum, in: JbAC 11/12, 1968/69, 124–180.

THYEN, HARTWIG: Das Johannesevangelium, HNT 6, Tübingen 2005.

TIWALD, MARKUS: Wanderradikalismus. Jesu erste Jünger – ein Anfang und was davon bleibt, ÖSB 20, Frankfurt a. M. 2002.

TOLBERT, MARY ANN: Sowing the Gospel. Mark's World in Literary-Historical Perspective, Minneapolis 1996.

TUCKETT, CHRISTOPHER: The Gospel of Mary, Oxford Early Christian Gospel Texts, Oxford 2007.

VALANTASIS, RICHARD: The Gospel of Thomas, New Testament Readings, London / New York 1997.

VANDER STICHELE, CAROLINE / PENNER, TODD: Contextualising Gender in Early Christian Discourse. Thinking Beyond Thecla, London / New York 2009.

VOGT, KARI: »Männlichwerden« – Aspekte einer urchristlichen Anthropologie, in: Concilium 21, 1985, 434–442.

WILCKENS, ULRICH: Auferstehung. Das biblische Auferstehungszeugnis historisch untersucht und erklärt, Stuttgart 1970.

WILLIAMS, MICHAEL A.: Rethinking »Gnosticism«. An Argument for Dismantling a Dubious Category, Princeton 1999.

WIND, RENATE: Maria aus Nazareth, aus Bethanien, aus Magdala. Drei Frauengeschichten, KT 145, Gütersloh ²1996.

WIRE, ANTOINETTE CLARK: The Corinthian Women Prophets. A Reconstuction through Paul's Rhetoric, Minneapolis 1990.

WISSKIRCHEN, ANJA: Identität gewinnen an Maria Magdalena. Eine Untersuchung der mythologischen Erzählstrukuren in den biblischen Texten und deren Rezeption in »Jesus Christ Superstar« und »Die letzte Versuchung Christi«, Pontes 6, Münster 2000.

ZANGENBERG, JÜRGEN: Jeschua aus Talpiot und Jesus von Nazareth. Bemerkungen zum angeblichen Grab Jesu und seiner Familie, in: Welt und Umwelt der Bibel 44, 2007, 2–7.

ZANGENBERG, JÜRGEN: Jesus – Galiläa – Archäologie. Neue Forschungen zu einer Region im Wandel, in: Claußen, Carsten / Frey, Jörg (Hrsg.), Jesus und die Archäologie Galiläas, BThS 87, Neukirchen-Vluyn 2008, 7–38.

Zur Archäologie Magdalas vgl. auch die Berichte in: www.magdalaproject.org; www.custodia.fr/SBF-News-Magdala-Project-2007.html?lang=it; beide zuletzt eingesehen am 20.9.2010.

3. ROMANE, GEDICHTE, FILME, POPULÄRES

BAIGENT, MICHAEL / LEIGH, RICHARD: Verschlußsache Jesus. Die Qumranrollen und die Wahrheit über das frühe Christentum. Aus dem Englischen von Paul S. Dachs und Brigitta Neumeister-Taromi, München 1991 (The Dead Sea Scrolls Deception, London 1991).

BROWN, DAN: Sakrileg. The Da Vinci Code. Thriller, aus dem Amerikanischen von Piet van Poll, Vollständige, erweiterte Taschenbuchausgabe, Bergisch Gladbach 2006 (The Da Vinci Code 2003).

DeMille, Cecil B.: The King of Kings, Stummfilm, Schwarz-weiß, teilweise koloriert, USA, DeMille Pictures Corporation 1927 (in Teilen im Internet: www.youtube.com/watch?v=oMwZEsJagj0&feature=watch_response_rev; www.youtube.com/watch?v=b1sDelU3bzo&feature=related, zuletzt eingesehen am 15.9.2010).

Eco, Umberto: Das Foucaultsche Pendel. Aus dem Italienischen von Burkhart Kroeber, München/Wien 1989 (Il pendulo di Foucault, Mailand 1988).

Ferrara, Abel: Mary – This Is My Blood, Italien/Frankreich/USA, Wild Bunch 2005.

Fredriksson, Marianne: Maria Magdalena. Roman. Aus dem Schwedischen von Senta Kapoun, Frankfurt a.M. 1999 (Enligt Maria Magdalena, Stockholm 1997).

Howard, Ron: The Da Vinci Code – Sakrileg (The Da Vinci Code), Extended Version, USA, Columbia Pictures 2006.

Ivanauskaite, Jurga: Die Regenhexe. Roman. Aus dem Litauischen von Markus Roduner, München 2002 (Ragana ir lietus, Vilnius 1993).

Jewison, Norman: Jesus Christ Superstar, USA, Universal Pictures 1973 (Auschnitte im Internet: www.youtube.com/watch?v=jkje4FiH9Qc&feature=related;www.youtube.com/watch?v=18GTVeXNWfg; zuletzt eingesehen am 14.9.2010).

Kazantzakis, Nikos: Die letzte Versuchung. Roman, Deutsch von Werner Kerbs, Reinbek bei Hamburg 1984 (zuerst 1951).

Kieslowski, Krzysztof: Dekalog 6, Fernsehfassung 1990 (montiert/geschnitten aus: »Ein kurzer Film über die Liebe«, Polen Zespol Filmowy »Tor« 1988).

Lincoln, Henry / Baigent, Michael / Leigh, Richard: Der heilige Gral und seine Erben. Ursprung und Gegenwart eines geheimen Ordens. Sein Wissen und seine

Macht. Aus dem Englischen übertragen von Hans E. Hausner, Bergisch Gladbach 1.–4. Auflage 1984 (The Holy Blood and the Holy Grail, 1982).

McGowan, Kathleen: Das Magdalena Evangelium. Roman. Aus dem amerikanischen Englisch von Rainer Schumacher und Barbara Först, Bergisch Gladbach 2008 (The Expected One. Book I of The Magdalene Line, 2006).

Moore, Christopher: Die Bibel nach Biff. Die wilden Jugendjahre von Jesus, erzählt von seinem besten Freund Biff. Roman. Deutsch von Jörn Ingwersen, München 2002 (Lamb: The Gospel According to Biff, Christ's Childhood Pal, 2002).

Pease, Allan / Pease, Barbara: Warum Männer nicht zuhören und Frauen schlecht einparken: Ganz natürliche Erklärungen für eigentlich unerklärliche Schwächen, Berlin 2003 (Why Men Don't Listen and Women Can't Read Maps: How We're Different and What to Do About It, 2001).

Pizan, Christine de: Das Buch von der Stadt der Frauen. Vollständige Ausgabe. Aus dem Mittelfranzösischen von Margarethe Zimmermann, dtv klassik, München ³1990 (Le Livre de la Cité des Dames, Paris 1405).

Rilke, Rainer Maria: Neue Gedichte. Erster Teil, Leipzig 1907.

Rinser, Luise: Mirjam, Frankfurt a. M. 1987 (zuerst 1983).

Rossetti, Christina Georgina: The Poetical Works of Christina Georgina Rosetti. With Memoir and Notes by William Michael Rosetti, London 1911.

Roth, Patrick: Magdalena am Grab, Insel-Bücherei 1234, Frankfurt a. M. / Leipzig 2003 (zuerst 2002).

Saramago, José: Das Evangelium nach Jesus Christus. Roman. Deutsch von Andreas Klotsch, Reinbek bei Hamburg, ⁸2009 (O Evangelho segundo Jesus Christo, Lissabon 1991).

Scorsese, Martin: Die letzte Versuchung Christi (The Last Temptation of Christ), USA, Cineplex Odeon Films 1988.

Stevens, George: Die größte Geschichte aller Zeiten (The Greatest Story Ever Told), USA, George Steven Productions 1965.

Thiering, Barbara: Jesus von Qumran. Sein Leben – neu geschrieben. Aus dem Englischen übersetzt von Sieglinde Denzel und Susanne Naumann, Gütersloh 1993 (Jesus the Man. A New Interpretation from the Dead Sea Scrolls, 1992).

4. Abbildungsverzeichnis

Abb. 1: Antonio da Atri: Maria Magdalena, von zwei Engeln in den Himmel begleitet, um 1410/20; Tempera und Gold auf Holz, 84 × 47,5 cm, Privatbesitz (wien.orf.at/stories/328202/; www.liechtensteinmuseum.at/de/pages/2550.asp; Katalog: Liechtenstein Museum Wien, Auf goldenem Grund. Italienische Malerei zwischen gotischer Tradition und dem Aufbruch zur Renaissance, zur Ausstellung in Wien vom 12. 12. 2008–14. 4. 2009).

Abb. 2: Donatello (Donato die Niccolò di Betto Bardi): Maria Magdalena, Statue um 1455, Museo dell'opera del Duomo in Florenz (www.heiligenlexikon.de).

Abb. 3: Tizian (Tiziano Vecellio): Büßende Maria Magdalena, um 1533, Öl auf Leinwand, 84 × 69 cm, Palazzo Pitti, Florenz (de.academic.ru/pictures/dewiki/84/Tizian_010.jpg; www.artbible.info/art/large/500.html).

Abb. 4: Matthias Grünewald: Isenheimer Altar, Außenseite, um 1514, Öl auf Holz, 336 × 459 cm (Gesamtaltar), Musèe de Unterlinden, Colmar (de.academic.ru/pictures/dewiki/77/Mathis_Gothart_Grunewald_022.jpg).

Abb. 5: James Tissot: View from the Cross, 1886–94, gouache, 25 × 23 cm, Brooklyn Museum, New York City (www.artbible.info/art/large/495.html).

Abb. 6: Rogier van der Weyden: Kreuzabnahme, um 1435, Öl auf Holz, 220 × 262 cm, Museo del Prado, Madrid (www.artbible.info/art/large/323.html; WUB 2/2008; 30).

Abb. 7: Giotto di Bondone: Noli me tangere, um 1320, Fresko in der Magdalena-Kapelle in der Unterkirche von Assisi (www.wga.hu; www.heiligenlexikon.de; www.scalarchives.it).

Abb. 8: Rembrandt (Rembrandt Harmenszoon van Rijn): Christus erscheint Maria Magdalena, 1638, Öl auf Leinwand, 51 × 60 cm, Royal Collection, Buckingham Palace, London (www.heiligenlexikon.de; WUB 2/2008, 48).

Abb. 9: Nag Hammadi Codex II, Einband (vgl.: The Facsimile Edition of the Nag Hammadi Codices. Published under the Auspices of the Department of Antiquities of the Arab Republic of Egypt in Conjunction with the United Nations Educational, Scientific and Cultural Organization, Bd. 2., Leiden 1974, 7).

Abb. 10: EvMar; Papyrus Oxyrhynchus 3525 (King, Gospel of Mary, 91).

Abb. 11: EvPhil, NHC II, p.63 mit größeren Lücken im unteren Teil der Seite (vgl.: The Facsimile Edition of the Nag Hammadi Codices. Published under the Auspices of the Department of Antiquities of the Arab Republic of Egypt in Conjunction with the United Nations Educational, Scientific and Cultural Organization, Bd. 2., Leiden 1974, 75).

Abb. 12: Häfen am See Gennesaret (www.magdalaproject.org/WP/?p=771).

Abb. 13: Fußbodenmosaik aus Magdala (www.magdalaproject.org/WP/?paged=2).

Abb. 14: Albani-Psalter, 1. Hälfte 12. Jh., Hildesheim, St. Godehard (www.heiligenlexikon.de; WUB 2/2008; 32).

Abb. 15: Meister der Magdalena: Maria Magdalena mit acht Szenen aus ihrem Leben, um 1270/80, Galleria dell'Academia in Florenz (www.heiligenlexikon.de; WUB 2/2008; 34).

Abb. 16: Giotto di Bondone: Die Reise nach Marseille, um 1320, Fresko in der Magdalena-Kapelle in der Unterkirche von Assisi (www.wga.hu; www.heiligenlexikon.de; www.scalarchives.it).

Abb. 17: Giotto di Bondone: Die Himmelfahrt der Maria Magdalena, um 1320, Fresko in der Magdalena-Kapelle in der Unterkirche von Assisi (www.wga.hu; www.heiligenlexikon.de; www.scalarchives.it).

Abb. 18: Lukas Moser: Magdalenen-Altar, 1431/32; in der Kirche Maria Magdalena in Tiefenbronn im Schwarzwald (www.wga.hu; www.heiligenlexikon.de, WUB 2/2008; 55).

Abb. 19: Basilika Sainte Madeleine in Vézelay; (www.para-doxplace.com/Photo%20Pages/France/Burgundy%20Ch ampagne/Vezelay/Vezelay.htm).

Abb. 20: Domenico Tintoretto: Büßende Maria Magdalena, um 1598, Pinacoteca Capitolina, Rom (www.aug.edu/au-gusta/iconography/museiCapitolini/magdaleneTintoretto.html; www.christianismus.it/).

Abb. 21: El Greco (Dominikos Theotokópoulos): Büßende Maria Magdalena, um 1576, Öl auf Leinwand, 164 × 121 cm, Szépmüvészeti Muzeum, Budapest (www.wga.hu; Michael Scholz-Hänsel, El Greco. Domenikos Theotokopoulos. 1541–1614, Taschen GmbH, Köln 2006, 27).

Abb. 22: Guido Reni: Büßende Maria Magdalena, um 1638, Öl auf Leinwand, 91 × 74 cm, Walters Art Museum Baltimore (www.wga.hu; art.thewalters.org/viewwoa.aspx?id=40183).

Abb. 23: Jules-Joseph Lefebvre: Maria Magdalena in der Grotte, 1876, Öl auf Leinwand, 71,5 × 113,5 cm, Eremitage, St. Petersburg (www.jules-joseph-lefebvre.org; de.academic.ru/pictures/dewiki/77/Mary_Magdalene_In_The_Cave.jpg).

Abb. 24: Leonardo da Vinci: Das letzte Abendmahl, um 1496, Mischtechnik, 460 × 880 cm; Refektorium, S. Maria delle Grazie, Mailand (www.artbible.info/art/large/150.html).